述往

述往事，思来者

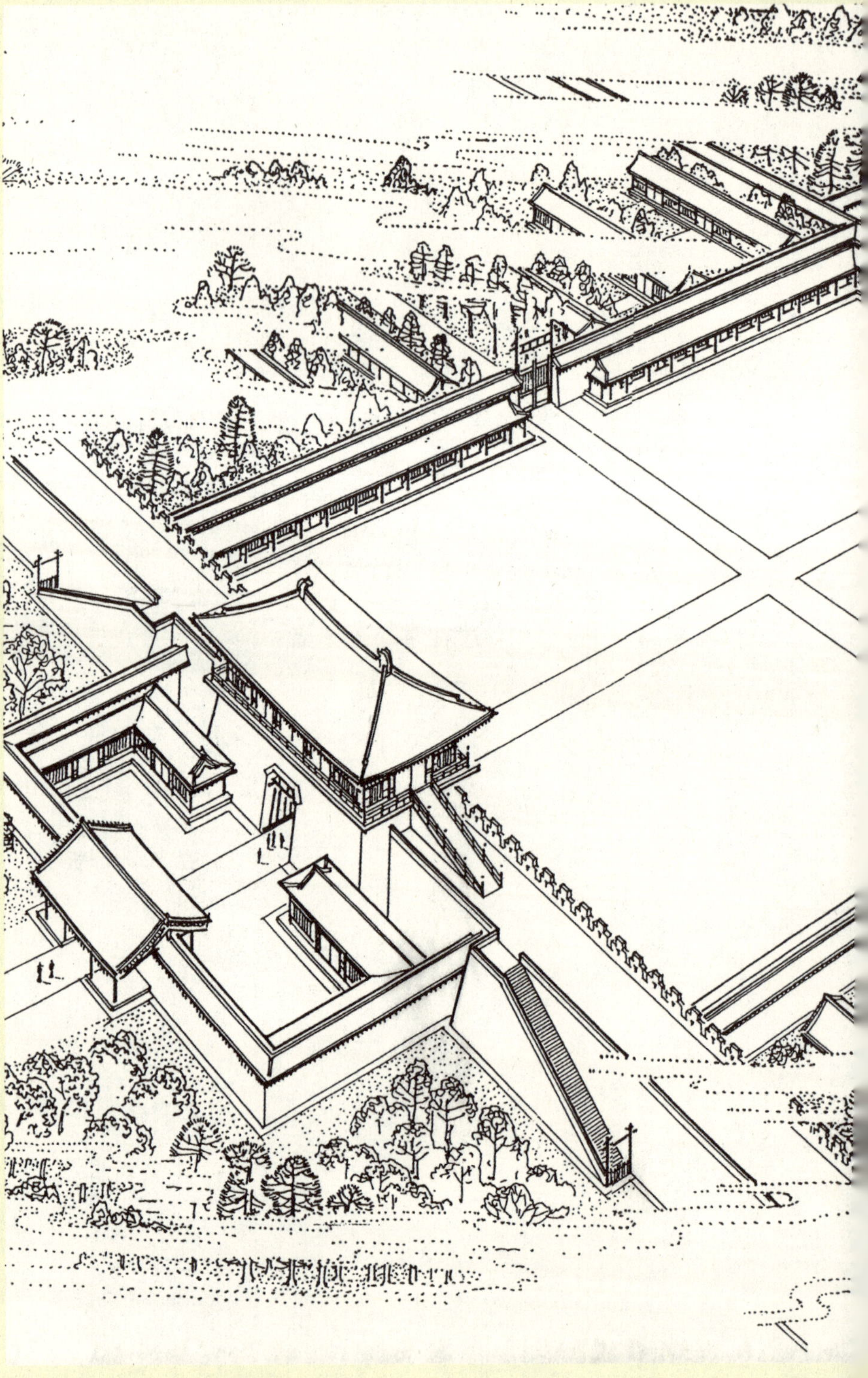

唐长安大明宫玄武门及重玄门复原图　傅熹年绘于 1976 年

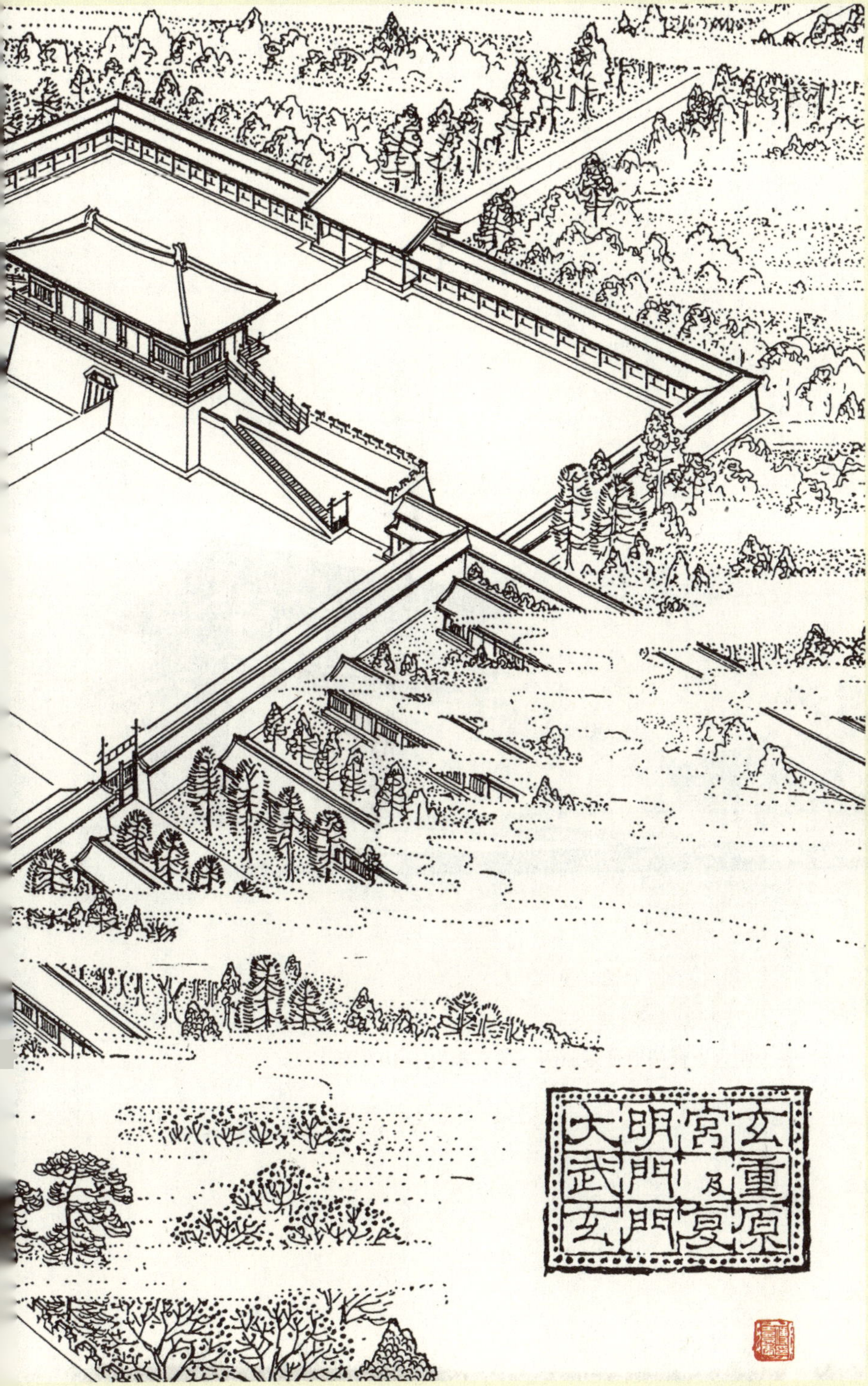
大明宫玄武門及重玄門復原

唐长安大明宫玄武门遗址复原图　傅熹年绘于 1976 年

隋唐大时代

李亚平 著

北京出版集团
北京出版社

图书在版编目（CIP）数据

隋唐大时代 / 李亚平著 . — 北京 ：北京出版社，2021.4

ISBN 978-7-200-14997-5

Ⅰ. ①隋… Ⅱ. ①李… Ⅲ. ①中国历史—隋唐时代—通俗读物 Ⅳ. ① K240.9

中国版本图书馆 CIP 数据核字（2019）第 088127 号

策　　划　安　东　高立志
责任编辑　王铁英
特约编辑　张　荷
责任印制　陈冬梅
整体设计　鲁明静

隋唐大时代
SUI-TANG DA SHIDAI
李亚平　著

出　　版　北京出版集团
　　　　　北京出版社
地　　址　北京北三环中路 6 号
邮　　编　100120
网　　址　www.bph.com.cn
总 发 行　北京出版集团
印　　刷　北京华联印刷有限公司
经　　销　新华书店
开　　本　700 毫米 ×1000 毫米　1/16
印　　张　18.75
字　　数　219 千字
版　　次　2021 年 4 月第 1 版
印　　次　2021 年 4 月第 1 次印刷
书　　号　ISBN 978-7-200-14997-5
定　　价　69.80 元

目　录

唐高祖李渊

唐太宗李世民

三朝外戚
独孤天下

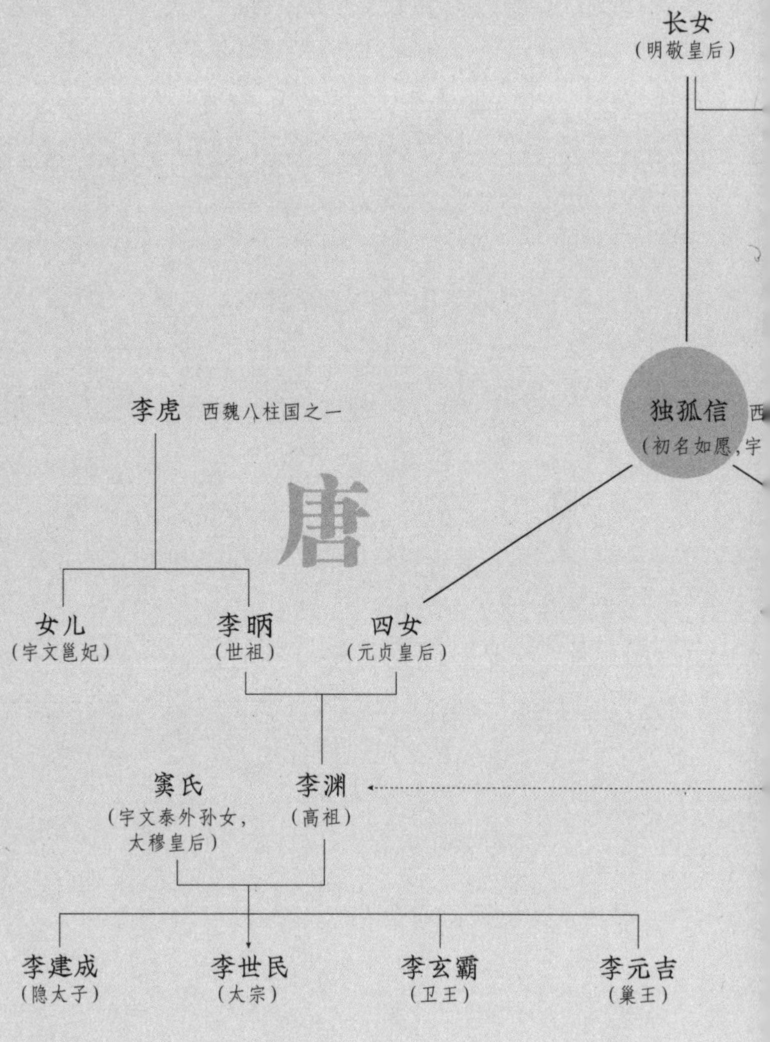
北周
长女
（明敬皇后）
独孤信 西
（初名如愿，宇
李虎 西魏八柱国之一
唐
女儿
（宇文邕妃）
李昞
（世祖）
四女
（元贞皇后）
窦氏
（宇文泰外孙女，
太穆皇后）
李渊
（高祖）
李建成
（隐太子）
李世民
（太宗）
李玄霸
（卫王）
李元吉
（巢王）

北周—隋—唐 姻亲图

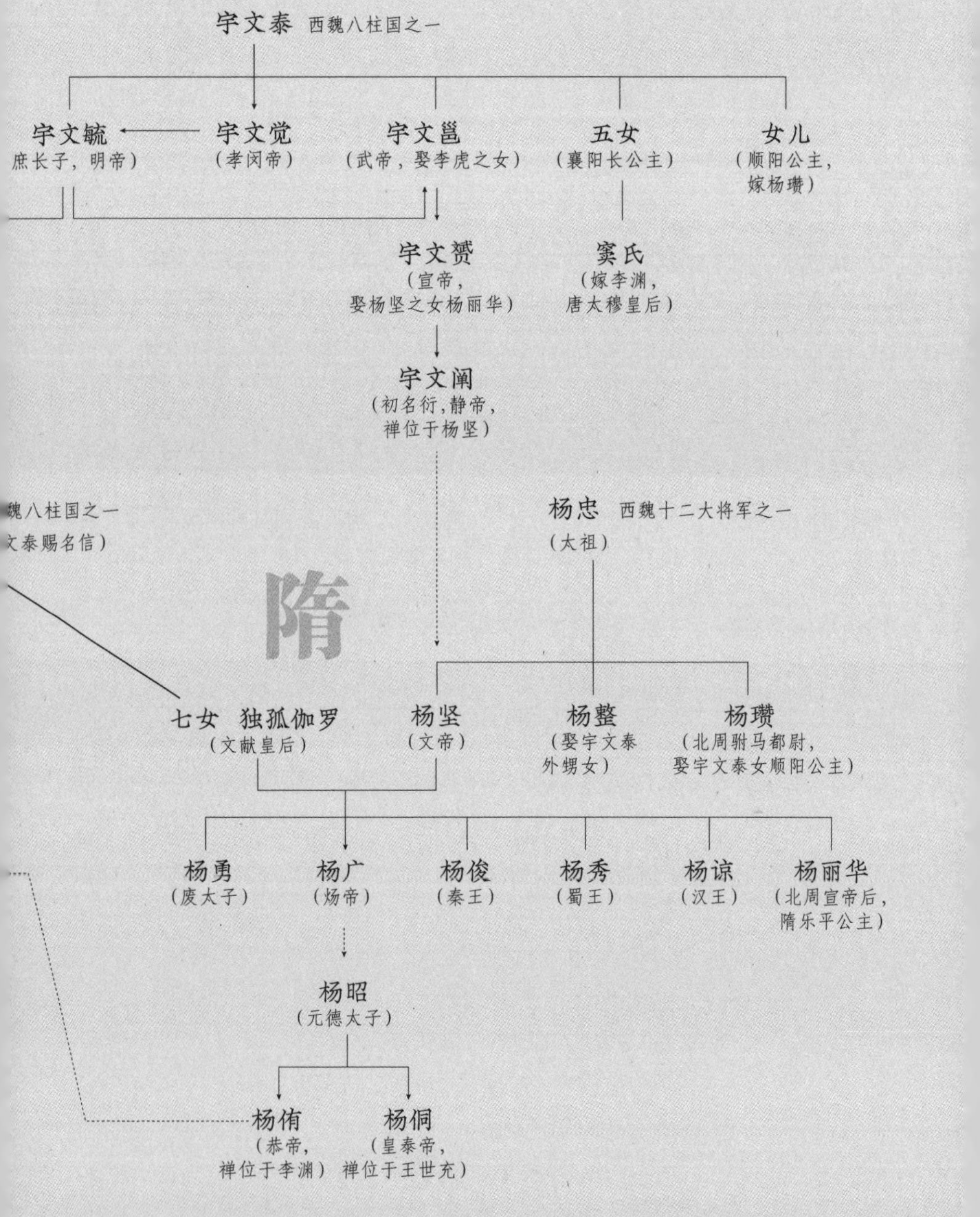
宇文泰 西魏八柱国之一
宇文毓
庶长子，明帝）
宇文觉
（孝闵帝）
宇文邕
（武帝，娶李虎之女）
五女
（襄阳长公主）
女儿
（顺阳公主，
嫁杨瓒）
宇文赟
（宣帝，
娶杨坚之女杨丽华）
窦氏
（嫁李渊，
唐太穆皇后）
宇文阐
（初名衍，静帝，
禅位于杨坚）
魏八柱国之一
文泰赐名信）
杨忠 西魏十二大将军之一
（太祖）
隋
七女 独孤伽罗
（文献皇后）
杨坚
（文帝）
杨整
（娶宇文泰
外甥女）
杨瓒
（北周驸马都尉，
娶宇文泰女顺阳公主）
杨勇
（废太子）
杨广
（炀帝）
杨俊
（秦王）
杨秀
（蜀王）
杨谅
（汉王）
杨丽华
（北周宣帝后，
隋乐平公主）
杨昭
（元德太子）
杨侑
（恭帝，
禅位于李渊）
杨侗
（皇泰帝，
禅位于王世充）

01

隋炀帝，犯错误最多者先死

公元六一八年即大业十四年三月十日，江都扬州极罕见地刮起大风霾，就是我们今天所说的沙尘暴。深受隋炀帝信任的中央警卫部队将领司马德戡等人，按照多日以来的策划，于是日深夜三更时分发动兵变，杀进宫城。

当夜，宫内值夜的首长是隋炀帝外公独孤信的孙子、隋炀帝杨广的舅表兄弟独孤开运，成象殿殿前值班将领是独孤信收养的家人独孤盛。当时，扬州江都宫的内院宫门也叫玄武门。独孤开运在玄武门叩宫报告皇帝说："我们装备齐全，人数也不少，只要皇帝出来指挥，很快就可以控制住局面。"

在火光冲天、人声鼎沸中，经历过大风大浪的皇帝杨广没有这样做。他换上便装，躲进西阁，仿佛决心把一切都交给命运。独孤开运孤掌难鸣，数百名卫士一哄而散。叛军将领对昔日同事独孤盛说："事已至此，不关将军的事，将军躲开就是了。"独孤盛连声斥骂："老贼，你们是什么东西！"然后，连铠甲都来不及穿，便上前拼死阻挡，终为乱军所杀。

玄武门卫士是皇帝亲自挑选的，待遇很高，极受信任，皇帝甚至时不时把宫女赏赐给他们为妻。但是，他们的领导却已经被收买。当天，这个变节的魏姓长官伪造诏书，把忠于皇帝的武士们调出城外。叛军来时，宫门洞开，在一个美人的指点下，皇帝落入乱兵之手。

所有的人都在不断犯错误。

如今回过头去看，当日厮杀成一团的各路豪杰，几乎都在不停地犯错误。杨玄感不必再说了。李密、窦建德、薛举薛仁果父子、王世充、宇文化及……那掀起远远不止四十八处烟尘的好汉们，有一个算一个，刚冒出来时，个个气宇轩昂，煞是不可一世；没过多久，便一个个烟消云散。古代中国政治文化传统中的游戏规则，赢者通吃。在这种游戏规则下，犯错误就意味着输。输的后果极度可怕，绝大多数时候，不仅仅输者一人，他的家人、亲戚、朋友、支持者，甚至同情者，甚至不相干的人，都有可能会人头滚滚落地。斩草除根不留后患、只问目的不择手段、胜者为王败者为寇是这个规则中的应有之义，输家绝少有机会改正和弥补自己的错误。

因此，在中国，不仅仅是在政治领域，在任何一个领域中，进行人与人之间的博弈时，都需要至少做到下列两点：

其一，自己尽可能少犯甚至不犯错误。我们知道，这是一个很高的要求，人无完人，只要是人就很难做到这一点。发现错误后能够及时纠正，已经算是太不错了；否则，相当于自己把自己送上断头台。

其二，尽可能多地诱导别人犯错误。这相对容易许多。事实上，只要能够在心理上放开就可以了。在中国政治文化传统之下，人们恰好没有什么放不开的。

于是，一切阴谋、术数、威逼、利诱、叛卖、设圈套、下绊子、背信弃义、三十六计、七十二变，等等，统统都在可以考虑之列。数不胜数之历史事实表明，不管多么下流无耻，官场中人并没有什么特殊不敢做的禁忌。而且，只要能够战胜对手，自然就会有很多知识分子扑上来，用他们毕生所学到的知识为其抹平一切，直到使之一眼看上去，就像古往今来之第一完人。

在当时所有站在前台的人物之中，隋炀帝杨广最是让人一言难尽。过去，他所犯的那些错误，并不是别人引诱的结果；如今，他老人家在扬州江都宫中的作为表明，他已经不仅仅是在犯错误，他这个人的存在本身，似乎已经构成了一个不小的错误，令大隋帝国确曾有过的辉煌灿烂篇章，只能以惨不忍睹告终。

杨坚、杨广父子两代皇帝，尤其是儿子杨广，在非正常状态下得到的权位，可能特别需要用业绩来证明自己的合法性。作为天子，中国的皇帝没有人会自卑；但是自我感觉好到杨广这种程度，并且把甚为明显的心理变态一股脑应用到治国实践上去的，隋炀帝杨广可能和古今中外任何一个帝王都堪有一比。

古人说他“二代承基，志包宇宙”，于是“负其富强之资，思逞无厌之欲”；“骄怒之兵屡动，土木之功不息”（《隋书》卷四，炀帝纪下 史臣曰）。意思是说，皇帝杨广的自负和志向比宇宙还大，仗着国家多年打拼积攒起来的财富，想要满足自己无边的欲望。因此，没完没了地兴建大工程，屡屡在骄横、恼怒之下，发动大规模战争。人的欲望永远填不满，也只有皇帝们才有条件去填这个无底洞。在这方面，隋炀帝杨广算是做到了极致，其魄力和想象力绝对称得上是古今中外少见的大手笔。

公元六一六年即大业十二年，开年就不好。元旦大朝会是一年之中最为隆重的典礼，原本济济一堂的各国使节竟然一个都没来；就连各地的朝集使都有二十多个郡缺席。直到二月，才有一个真腊国使节前来朝贡。之所以姗姗来迟，也是因为遍地盗贼，交通断绝。

三月初三上巳节，是当时很受重视的一个节日。那一天，需临水祓禊，就是在水边祭祀，以消灾祈福。王羲之的《兰亭集序》写的就是这种事。今年的上巳节，皇帝过得别出心裁。他先是命学士杜宝收集整理了古往今来七十二种水祭方式，编撰了一本《水饰图经》，证明中国文化自古便博大精深；然后，命朝散大夫黄衮，用木头做出一个从未有过的水上祭器。这个祭器不得了，漂浮在水上，中间是盛酒的小船，边上是演奏音乐和敬酒的偶人。这些偶人如真人一般栩栩如生，且能自己行动，那些乐器发出的音乐也十分悠扬悦耳。这个水上祭器和皇帝的图书馆有异曲同工之妙。洛阳的皇家图书馆叫观文殿，有书房十四间，每三间安装一个自动开关的房门，门上有锦缎的门帘，门帘里面上方安装了两个飞天仙女，门外地上有开关，皇帝去书房，宫女执香炉先行，只要用脚触碰开关，飞天仙女就会从天而降，将门帘卷起，房门自动打开，皇帝进去后，门便自动关闭。这表明中国科学技术自古便领先世界不是一星半点儿。

在水边祈福还不到一个月，大业殿就燃起大火。皇帝以为发生暴乱，躲进西苑的草丛中，直到火灾被扑灭。

到了五月，皇帝又想出了新鲜点子：他下令征集萤火虫，然后，从洛阳景华宫夜出游山，将收集到的数斛萤火虫悉数放出。据说，当时山谷中一片璀璨，极为壮观美丽。斛是中国古代的容量单位，当时，十斗米为一斛，重约一百斤；抓数斛萤火虫这个乐子，显然不是一般人玩得起的。当然，比起前些年动不动就号令几十万、上百万人一起出动，皇帝如今已经太过节制了。后来，这个主意成为某些地区仲夏夜里消夜、照明的习俗，但其发明权应该属于大业十二年的杨广。

六月，在杨玄感兵变中被烧毁的龙舟船队，第二次重新打造完毕，据说比第一次的形制规模还要庞大。七月，皇帝决定到江都扬州去。这是十二年中，隋炀帝第八次大规模出巡，也是第三次下扬州。

右候卫大将军赵才认为，如今百姓疲惫不堪，盗贼四起，令不行禁不止，皇帝最好是回到京师长安去，这样才谈得上休养生息，安定天下。皇帝下令，将他关进监狱。

赵才不是个普通人，他是跟随了杨广几十年的老部下。论起来，他出身酒泉，父祖两代都是西魏—北周刺史级的高官，无疑属于关陇贵族集团。赵才从小不好读书，喜欢弯弓射箭；养成一种粗野的为人，又很质朴，不会装模作样，于是，没有什么威仪官派，也很难统军做官。杨坚以隋代周之后，赵才因为立了不少军功，一步步晋升为上仪同三司，被分配在杨广的晋王府当差。

赵才不是个当官的材料，对杨广却特别忠心耿耿。我们知道，隋炀帝杨广是个喜欢到处乱跑的皇帝，在他当皇帝的十三年时间里，八次出巡、三下扬州，有一半以上的时间花在各地巡行的路上。赵才每次都是开路先锋，负责打前站。他一不怕苦二不怕死，任劳任怨，总是能把皇帝侍候得舒舒服服；见到随行的皇亲国戚、公卿贵族们不守规矩，他敢于张嘴就骂，而且骂得极为粗鲁。大家都很烦他，嫌他没有教养不知轻重。但他为人正派，忠诚可靠，皇帝特别喜欢他，别人也就拿他毫无办法。

对于皇帝在这种时刻三下江都，赵才这样一个人都觉得不对劲儿了，他怕皇帝脸上挂不住，专门背着人进宫劝谏皇帝。结果，还是惹得皇帝大怒，不由分说就把他送进了监狱。这使当朝重臣们个个心生警惕：连赵才都进了大牢，大家还是识趣一点儿，闭上嘴巴为好。

不过，任何时候都有不怕死的人。

有一天上朝时，一位名叫任宗的六品小官反对皇帝南行，结果被皇帝下令当场打死在朝堂之上。

皇帝动身那天，在帝国东都洛阳城正南面的建国门，一位更小的九品官崔民象拦住皇帝车队，劝谏皇帝说：京城之外，到处都是盗贼，皇帝实在不宜出行。“上大怒，先解其颐，乃斩之。”皇上可能恨他当众无遮无拦，大怒，下令先用刀剁开他的嘴、下巴和脸颊，然后砍下脑袋（《隋书》卷四，炀帝纪下）。

皇上车驾走到汜水即今日河南省荥阳境内时，又一个九品小官王爱仁上书请皇上回西京长安，“上怒，斩之而行”。

皇帝走到梁郡即今日河南商丘时，有郡民拦驾上书，曰：“陛下要是这么去了江都的话，天下就会不属于陛下了。”陛下不听，将其斩之（《资治通鉴》卷一八三，隋纪七，隋炀帝大业十二年七月）。

就这样，我们的皇帝冲破重重阻力，终于胜利到达了美丽的扬州。

其间，发生过一个小插曲。这回不是发生在小官儿身上，而是皇帝身边的心腹重臣虞世基。当时，车驾走到巩县，虞世基建议皇上应该增兵，加强洛口仓的防务。皇帝颇不以为然，回答说：“你可真是个书生，瞧你那胆小鬼的劲儿。”（《隋书》卷六十七，列传第三十二 虞世基）结果——

皇帝车驾过去不久，九、十月间，翟让在李密的谋划下，拿下了郑州（当时也叫郑州）和商丘（当时叫梁郡）；又过了不到四个月，洛口仓易手。此后没多久，帝国东都洛阳就开始闹粮荒，最严重的时候，一度靠杀老人、孩子充饥。这是后话。此时，皇上已经无须为此烦恼。因为，他早就安全到达了繁华富庶的江都扬州。

从史书记载上看，生活在温柔富贵之乡的皇帝，最讨厌两件事情：其一是“恶闻贼盗”，其二是“讳人言反”。

厌恶别人谈论盗贼，不是从现在开始的。其实，离开洛阳之前，皇帝就是因为这个缘故，气得差点儿抽苏威耳光，并差点儿要了这八十岁老宰相的老命。

大业年间，隋炀帝杨广最信任重用五个人，他们是苏威、宇文述、裴蕴、虞世基和裴矩，号称“大业五贵”。当时的所有方针大计，基本是由他们帮助隋炀帝决策与执行的。

虞世基是享有盛名的才子，年轻时是个宰相呼来不上船的人物，高傲而有气节，一度贫穷得靠给人家抄抄写写度日。后来，杨广赏识他的才华，将他一直提拔成了宰相，成为皇帝文胆式的人物，掌握着帝国最高机要。众多以皇帝名义发布的政令文告诏书，都是出自他的手笔。有时，他一天要起草上百件红头文件，从来都不会遗漏失误。他感激皇帝的知遇之恩，至死不肯背叛隋炀帝。却也用他的方式，给隋炀帝的棺材上砸进了几颗钉子。

这几颗钉子，一个是他的贪婪。公正地说，这个坏名声在很大程度上是他的夫人给他带来的。这个夫人是他的续弦妻子，虞世基对她特别着迷，宠爱无微不至；衣着用品全部随夫人的喜好，专挑最为豪华昂贵的。据说，这是一位年轻美貌却贪婪无比的女士，她和前夫有一个儿子，也被带进了宰相府。按照当时历史学家的说法，这个小子是一个标准的无赖。他和他的母亲一起，把宰相府经营成了帝国官位市场和从帝国监狱里往外捞各类罪犯的基地。

实事求是地说，这一对儿母子很有经济头脑。因为，在帝国体制下，他们所从事的，正是古代中国最为红红火火且无本万利的大生意。不论从什么角度看，虞世基的宰相府都没有成为例外的理由。事实证明，这一对儿成功打进宰相府的母子，经营得更为成功。《隋书》这样介绍这对母子的经营才干与经济效益，叫作宰相府“其门如市，金宝盈积”——门庭若市的宰相府堆满了金银珠宝（《隋书》卷六十七，列传第三十二 虞世基）。

虞世基的亲弟弟虞世南是后来唐太宗李世民的宰相，官声不错。撰写《隋书》的这帮人，不是他的同事，就是他的下属。虞世基被宇文化及叛军杀死前，虞世南扑在虞世基身上，要求替他去死，可见他对哥哥的感情之深。在这种情形下，《隋书》能够秉笔直书虞世基贪赃枉法的事迹，表明这虞世基贪婪的名气可能世人皆知，已经到了无法遮盖的程度。

虞世基另外一件广受抨击的事情，就和皇帝“恶闻贼盗”“讳人言反”有关了。

在皇帝身边日子久了，虞世基听到、见到了太多事情，致使他完全不敢违背皇帝的心意。应该说，这实在是太可以理解了。不过，有时，当他向前再多走几步时，就显得面目特别可憎。

有一位名叫杨义臣的大臣，相当能干，指挥军队打了不少胜仗，连连重创反政府武装。后来，他向皇帝汇报工作，将在各地打败和招降的叛军人数罗列出来，竟然达到数十万人。隋炀帝一看，大为惊诧，说：“我从来不知道有这么多叛贼，这杨义臣怎么招降了这么多叛贼啊！”

虞世基赶紧说：“这些鼠窃狗偷之辈，再多也没什么可怕的；杨义臣打败了他们，拥有重兵，又这么长时间在外面，倒真是不太合适了。”

杨广一听，觉得特别有理，立即下令解散杨义臣统率的部队。结果，已经被杨义臣镇压下去的反政府武装纷纷死灰复燃。

杨广到扬州之后，洛阳在翟让、李密等人的攻击下，风雨飘摇。留守洛阳的越王杨侗派遣元善达“间行贼中”，来到扬州告急求救。当时，李密已经攻下洛口仓，洛阳即将断粮。

元善达哭着对皇帝说："如果皇帝能够返回洛阳，那帮乌合之众就会作鸟兽散；皇帝要是不肯回去，洛阳就很危急了，肯定会被攻陷。"

史书记载说，杨广闻之改容，表明他至少是很看重元善达的报告。谁知，站在一旁的虞世基不阴不阳地说道："越王年纪小，容易被这种人忽悠。要是真的如此危急，善达是怎么到这儿来的？"

杨广一听，勃然大怒，曰："元善达，你这个小人，竟敢在朝堂之上侮辱我的智商！"立即下令，让元善达经过反政府武装的据点，到东阳去催运粮米。倒霉的元善达被乱军杀死在半路上（《隋书》卷六十七，列传第三十二 虞世基）。

虞世基的风度气质很好，智商极高且才华横溢，言谈举止沉着稳健，说话不多，和皇帝很有几分相像。隋炀帝杨广特别信赖和喜欢他。中国历史上的那些所谓奸臣，大多属于这种类型。官场把一个意气风发、颇有傲骨的读书人，变成一个令人不齿的真正小人，并不是什么很困难的事情，于不知不觉之中，很稀松平常地就可以完成这整个过程，简单得会让人根本就觉不出来。翻翻史书，此类事例可以车载斗量。

"大业五贵"中，最受皇帝信任、最先死去、死后还间接要了皇帝命的一位，是宇文述。

宇文述的资格极老，到大业年间，他可能是出身武川镇的军事贵族中，硕果仅存的一位。关于他的事迹，我们已经陆陆续续地知道了不少。比如，他是一位军功显赫的将军，为杨广获得太子地位立下过汗马功劳，是杨广最信任、最倚重，也给予了最丰厚回报的心腹重臣。他受重用的程度，超过了两朝宰相苏威；他的富贵显赫则超过了当时所有人，差不多可以和不久前的杨素家族比肩。

在收拾李浑李敏叔侄时，他既报复了自己的对头，又消除了皇帝的烦恼，其手段和政治才华表现得淋漓尽致。下面这个故事则表明，他还可以做到既培植自己的势力，又满足皇帝的需求；从中大体可以知道，皇帝为什么对他如此宠爱有加了——

云定兴是隋朝有名的能工巧匠之一，他的女儿是废太子风波中很有名的云昭训，最受皇帝的哥哥、前太子杨勇喜爱。杨勇的孩子大多是和这位云昭训生的，为此，惹得独孤皇后大为愤恨，成为杨勇被废的重要原因之一。云昭训受宠时，曾经把一个名贵的明珠璎珞帐给了父亲。云定兴很有先见之明，把这皇家宝物私下里送给了宇文述，从此二人交往甚密。

宇文述以军功封许国公，虽然是个战场上冲杀出来的将军，却很有风度气质，他的言谈举止，一举手一投足之间，都把分寸拿捏得恰到好处，特别受皇帝欣赏，成为宫廷内外人们效仿的榜样。云定兴曾经为宇文述制作了一副马鞍垫，在后角上别出心裁地设计了三寸缺方留白，不料，一时间竟成首都时尚，人们争相模仿，号称“许公缺势”。冬日在皇宫值班，出来进去耳朵冻得难受，云定兴为宇文述设计了一个可以暖和耳朵的头帕，又成为京城时尚，号曰“许公帕势”。老将军宇文述很风光，很有面子。

有一天，宇文述告诉云定兴：“你知道你的官职为什么升不上去吗？就是因为你那几个外孙子的缘故。”宇文述指的是云昭训和废太子杨勇所生的那些孩子。

云定兴毫不犹豫地对宇文述说：“那都是些没用的废人，干吗不劝皇帝除掉他们？”

于是，宇文述找个机会向皇帝建言献策，曰：“废太子的孩子们都长大了。让他们跟随皇帝御驾吧，很难把握他们；把他们留在京城吧，又不知道会出什么事情。进退两难，请皇帝及早处理为好。”

皇帝深以为然，很快用毒酒鸩杀了老大，其他七个孩子全部发配到岭南。然后，派人在半道上将他们一一杀死。

此后，宇文述时不时在皇帝耳边为云定兴铺垫，云定兴果然官运亨通，一路青云直上。到大业十一年，此人已经官居左屯卫大将军，成为帝国最重要的高级将领之一。

大业十二年十月，跟随皇帝来到江都不久，宇文述病死。患病期间，皇帝派来探视的使者一拨接着一拨，史书形容为“络绎不绝”于途。皇帝还打算亲自前去探病，被左右劝阻，遂派人前往听取遗言。

宇文述告诉皇帝：他的二儿子宇文智及凶恶狂悖，将来令宇文家族家破人亡的必是这个逆子。而大儿子宇文化及很早就在宫廷里侍奉皇帝，求皇帝能够可怜可怜这个儿子。

皇帝边听边流泪，答应宇文述，一定善待他的儿子。从后来发生的情况看，宇文述的这两个儿子，实在都不值得善待。事实上，如果说当时世界上还有一个适合他们生活的地方的话，那就是监狱。假如皇帝真想善待他们，就应该早一点儿把他们一起送到监狱里去，那才是真正对他们哥儿俩好，他们也就不至于弄得自己和那么多人家破人亡了。

宇文述有三个儿子，宇文化及、宇文智及和宇文士及。这三个儿子可都不是省油的灯。

史书上形容宇文化及“性情凶险”。他蔑视法律制度，特别喜欢骑骏马挟弓箭弹丸狂奔，是京城著名的轻薄公子。中国历史上任何一个朝代的高干子弟权二代中，都是此种纨绔的集中出产地。杨广做太子时，这厮是太子身边的侍卫，每天在东宫进进出出。他不止一次升官，又不止一次丢官，原因都是因为他特别珍视官位带来的权力，控制不住地要用那权力来换取利益。假如不是宇文述的儿子的话，他可能早就玩儿完了。

南阳公主是隋炀帝杨广的大女儿，下嫁给了宇文述的三儿子为妻。谁知，驸马宇文士及还没怎么样，驸马的哥哥宇文化及却轻狂起来，比自己娶了公主还得意。他完全以皇亲国戚自居，在公卿大臣面前，信口雌黄，全然不讲礼数，骨头轻得不知道要怎么嘚瑟才好；看到漂亮姑娘或稀罕物件，就一定要弄到手才算完，可能干了不少狗仗人势的勾当。他出身豪门，又身居显要，却全无自尊自爱，为了揩油牟利，整日里和些不入流的贩夫屠贾混在一起。杨广登基后，任命他为太仆少卿，相当于今天的副部级干部。这厮了不得了，“依恃旧恩，贪冒尤甚”——仗着皇帝的恩宠，贪赃枉法的事儿全不在话下。

他弟弟宇文智及则是另外一个路数。这小子从小凶狠顽强，不是一般地喜欢打群架，所交往的全是些亡命之徒。大家聚在一块，走狗斗鸡、架鹰打猎，踹寡妇门，挖绝户坟，没有不敢干的事。史书上说他“烝淫丑秽，无所不为”。在古代汉语里，以下淫上曰烝。一般说来，在君君臣臣父父子子的古代社会，敢这么干的人，差不多算是没有什么底线了；他再做出任何事情来，大体上都不必意外。因此，为一些微小过失，宇文述时不时就用鞭子抽他一顿，并几次想杀掉他，可能都和这种乱伦有关，应该也和害怕他做出更吓人的事情来有关。

老三宇文士及是皇帝的女婿，看不上自己这位二哥。因此，每次危急时刻，都是宇文化及苦苦哀求，才在父亲怒火万丈的屠刀下将他解救出来。所以，宇文智及和大哥的关系一直不错。后来，宇文智及没有死在父亲的鞭子或屠刀之下，反而差一点儿和宇文化及一道被皇帝砍了脑袋，就和宇文智及怂恿大哥捞过了界有关。

大业初期，除了那些巨大的工程之外，皇帝将极大精力用在了对外关系上。宇文智及认为，这样的机会绝不应该轻易错过。于是，在皇帝频频北巡时，动员哥哥趁陪侍皇帝之机，干他几笔走私贸易。结果，兄弟俩双双落入法网。按照禁令，他们犯的是死罪。皇帝极为恼怒，确实准备着要杀掉这两个要财不要命的东西。当时，执行死刑时要解衣辫发，就是把衣服除下，把头发在头顶高高地编成一种特殊的式样，大概是为了砍头时方便吧。这些程序已经全部完成，就等着开刀问斩了。结果，皇帝在最后时刻赦免了这一对儿难兄难弟。

有历史学家认为，这是因为南阳公主为大伯二伯求情的结果。看起来不太像。因为后来宇文化及兵变时，宇文智及曾经专门派人去杀南阳公主，倒像是彼此仇怨很深似的。

皇帝对他们的处置很有意思：将这兄弟二人一起赐给宇文述为奴。大约就是看管起来，不许出来惹是生非的意思。这一管制就管制了九年，从大业三年直到大业十二年底。

在隋炀帝身边，除了萧皇后之外，宇文述可能是对隋炀帝最任劳任怨的一位了；虽然不时也会塞点儿私货进去，但总体上可以算是忠心耿耿。本来，伴君如伴虎，隋炀帝又远不是一个好伺候的主儿。然而，在将近三十年岁月里，宇文述无怨无悔地侍奉着隋炀帝，君臣二人结下了很深的感情。这相当不容易。因此，隋炀帝流着泪听完宇文述的临终遗言后，不但任命宇文化及为右屯卫将军，还任命宇文智及为将作少监。骁果军人兵变时，推举宇文化及为首，表明右屯卫将军可能是一个重要的军职。将作少监是负责皇家与政府土木工程的副长官，应该是一个既有实权又有实惠的不错的肥缺。

其实，以隋炀帝的智商，他完全应该了解，拥有如此斑斑劣迹的人，不大会是一个懂得感恩的人。但是，当了皇帝以后的杨广有许多常人很难理解的举动，大业后期尤其如此；对宇文家二兄弟的任命就属此类。后来，坚决主张杀死隋炀帝的，是宇文智及；同意并下令杀死他的，则是宇文化及。皇帝等于是用这些任命，将绞死自己的那根绳子，交给了绞死自己的那个人。

大业十三年的扬州，烟雨空蒙烟花迷乱，空气中一定弥漫着一种特别复杂而奇怪的氤氲氛围，令人迷茫、错愕、骚动、混乱，夹杂着莫名其妙的激情。一场狂风暴雨在这种情形下积聚着自己的能量。翻一翻中国历史，还真的没有哪一年，像公元六一七年即隋炀帝大业十三年那样，发生如此多不同寻常的故事，令人如此一言难尽：

——正月初，李渊接受皇帝重托，赴任太原留守。李渊认为自己以唐国公之身，来到古唐国之地做官，其中含有某种天意。

窦建德也认为自己符合某种天命，于是，同一个月在河间郡自称长乐王，设置百官，改元丁丑。

江淮地区的反政府武装在杜伏威率领下，横行于江都、扬州的肘腋之间。政府军将领陈稜坚壁不出，意图困顿杜伏威。杜伏威让人拿着妇女穿戴的衣物挑战，口口声声称呼陈将军为“陈姥姥”。曾经打过不少胜仗的陈将军，受不了这种小儿科的挑战，一怒之下领军出战。结果，在大业十三年正月全军覆灭，将军“仅以身免”——一个人逃了回来。

扬州城里悄悄流传着杜伏威的故事。据说，杜伏威不爱财。他有五千名死士，组成一支敢死队，待遇极高。每有战事，都由这支敢死队打先锋，战后检查他们的身体，凡是后背有伤者一律杀之。所有缴获的财物，全部分给将士，自己不取分文。而且，凡是战死的勇士，一律让他们的妻妾殉葬，令他们死后不感孤独。因此，这帮家伙个个奋勇杀敌，所向披靡。各地大小盗贼纷纷归附。

——二月，朔方鹰扬府郎将梁师都起兵，背靠突厥，自称大丞相。

同一个月，另一名帝国府兵将领马邑鹰扬府校尉刘武周起兵，投靠突厥，称定杨可汗。

同一个月，李密攻占洛口仓，大破政府军。几天后，李密即魏公位，开府置官，称元年。

——三、四月之间，李密再破回洛口仓，火烧洛阳天津桥，于帝国东都近在咫尺处安营扎寨，并发布檄文，历数隋炀帝杨广的十大罪恶，认为隋炀帝罪恶滔天，“罄南山之竹，书罪无穷；决东海之波，流恶难尽”。这副联句对仗工整，想象力极其大胆而出色，特别适合进行政治斗争和人身攻击，故成为千古名句，在历史上引用频率极高。

在此期间，秦叔宝、程咬金两位大名鼎鼎的历史文化名人，跟随帝国高级将领裴仁基，投降了瓦岗寨，成为李密的骠骑将军，就此走上历史前台。

东都洛阳成为政府军和反政府武装反复攻守厮杀之地，并随着形势的演变，越来越像一座汪洋大海中的孤岛。所有人都知道，这座孤岛肯定会沉没，至于什么时候沉没，只是时间问题而已。

当月，又一位帝国府兵将领、金城即今日甘肃兰州鹰扬府校尉薛举起兵，自称西秦霸王，建元秦兴，迅速攻占陇西各地。

——五月十五日，被隋炀帝倚重为国之干城的皇亲国戚、太原留守李渊，在太原，以勾结突厥的罪名杀死副留守王威、高君雅，揭起改朝换代的旗帜；

——六月，李渊派遣李建成、李世民兄弟打响起兵后第一仗，并迅速攻下西河郡即今日山西汾阳地区，杀死郡丞高德儒。

当月，李渊以称臣纳贡为条件，换取突厥的支持。不久，突厥可汗派遣使节送战马给李渊。

当月，李密再次击败洛阳派出的政府军。

——七月，李渊兵出太原，直取帝国首都长安。发布檄文，历数隋炀帝之罪恶。

若是论文采风流，该檄文谈不上有什么想象力，完全没有能够让人回肠荡气的佳句，和李密那一篇相比形同云泥霄壤，不在一个数量级上，基本是一篇面目可憎的老生常谈；而若是论起政治上的韬晦谋略，他们显然也不在一个数量级上。李渊的老谋深算是李密所远远不及的。比如，就在这篇檄文中，李渊宣布，准备尊隋炀帝杨广为太上皇，立代王杨侑为帝；这个政治宣言，完全符合北周取代西魏、隋取代北周的传统，极有助于争取最广泛的同情与支持，完全没有李密咄咄逼人的锋芒毕露。大批隋朝中央与地方中高级官员成建制地归附李渊，不是没有缘由的。

当月，武威人李轨起兵，攻陷河西地区各郡县，自称凉王。

——九月，已经很久听不到好消息的江都，传来激动人心的喜讯：皇帝十分赞赏裴矩的建议，命令扬州人民中的寡妇与未婚女子，必须嫁给跟随皇帝来到扬州的骁果勇士。

——十月四日，李渊到达长安，从太原出兵时，他带领的军队大约有三万人，到达长安时，两个多月的时间里，投靠他的军队已经达到二十多万人。

——十月二十七日，李渊下令攻城。

——十一月九日，帝国首都长安失守，李渊进入京城。

——十一月十五日，李渊正式立隋炀帝杨广的孙子、十三岁的代王杨侑为帝，遥尊杨广为太上皇。

我们无法知道，身处扬州江都宫中的杨广，听到上述消息后心中做何感想。从史书上看，除了前面谈到元善达的悲惨遭遇之外，还有一个官员，曾经被皇帝下令用乱棍打死在朝堂之上，原因是——他如实报告了人们造反的情况。

据说，十一月里，有一群乌鸦飞到皇帝的帷幄上做窝，赶都赶不走；太阳也出现异常，阳光像血一样鲜红流散，令皇帝极感厌恶。

有一天，隋炀帝杨广照着镜子，突然对萧皇后说：“这么好的脑袋，还不知道要由谁来砍掉它。”萧皇后大吃一惊，责备皇帝不该说这么不吉利的话。隋炀帝表现得倒是很想得开，他笑着说：“人生在世，贵贱贫富都要尝尝，也没什么了不得的。”

南陈后主陈叔宝称得上是中国皇帝中的一个宝货。此人亡国后，将政治上的一切统统抛开，只要能够舒舒服服过日子就好，令隋炀帝的父亲隋文帝杨坚很是鄙视，也很是放心。遂将陈叔宝封为长城公，让他在酒肉之中着实过了几年好日子，并得以善终天年。刚刚登基时的杨广，何等意气风发，何等不可一世；仅仅过了十三年，江都宫中的皇帝早已全无当年之风采，那当初被他俘虏来的陈叔宝，今天已经成了他心中的楷模。他曾经很认真地对萧皇后说：“外面图谋我的大有人在，我顶多再当一回陈叔宝那样的长城公，你也不怕没有叔宝妻子沈皇后那样的待遇。”

《隋书》记载说，知道自己被李渊遥尊为太上皇之后，杨广起居于丹阳，并准备逊位，安心当自己的太上皇——长城公。他不知道，对于他来说，晚了，一切都晚了。他和他曾经辉煌灿烂的大隋帝国，已经走到山穷水尽的最后时刻，致使他这个愿望也显得太过奢侈。

大业十三年哪，大业十三年！

尽管杨广的父亲杨坚足够心狠手辣，但毕竟还讲究一些政治上的政略与谋略，就此，给了陈叔宝一条生路。隋炀帝没有他父亲那样的政略策略，却也大概无论如何都不会想到，先是李渊——杨坚、杨广父子两代君主待之不薄、深切信任的皇亲国戚，会在背后捅来致命的一刀；他大概更加不会想到，自己竟然会落到宇文述的儿子宇文化及和宇文智及这两个小混混儿手中；而这哥儿俩玩的总体路数，根本就是地痞流氓黑吃黑那一套。结果，令他如此卑微的愿望——当一个陈叔宝那样的可怜虫——都实现不了。可以想见，临死那一刻，杨广的心想必在流血，不知道他会不会想起自己过去的那些作为，他可能会痛切感到：人性其实完全靠不住，失去约束的人，不管有多高的地位，都会是这个世界上最坏的动物。杨广大约会觉得死不瞑目。

随着年关临近，扬州城里不但少见节日的喜庆，反而笼罩在躁动不安之中。由政府分配了媳妇的骁果勇士们，安静了几个月，如今骚动得更加厉害。下列原因可能起了主要作用：

其一，李渊拿下长安，对这些骁果们影响巨大。那里是他们的家乡，亲人家园落入李渊手中，他们很难无动于衷。在某种意义上，对于他们首领的冲击更大。比如，李渊进入关中之后，华阴地区政府首脑李孝常归附了李渊。消息传来，皇帝立即逮捕李孝常的两个弟弟，有消息说，皇帝可能会将他们凌迟处死。

长安是帝国首都，京畿地区政府官员何止千百，他们和这些骁果首领们的关系又何止万千？

其二，皇帝特别厌恶听到别人造反、逃亡之类消息，这使骁果将领十分苦恼。因为，当时骁果将士逃亡的很多，若向皇帝报告实情，最先被杀死的可能是报告者自己；要是不向皇帝报告，事发之后更是灭族的大罪。这使他们进退维谷。不只领军将领有这种忧愁，政府部门一些做实际工作的人们也面对着同样的处境。最糟糕的是，这批人虽然职位不算特别高，却都是掌握实权的人物，而这种人在任何时候都是最危险、最应该在制度上被防范的。

其三，扬州是地处膏腴之地的鱼米之乡，很富庶，这没有错。无奈，皇帝带来的各类人等实在太多，仅仅是骁果军人大约就不少于十万人。登基十三年，皇帝三次御驾亲征高丽不算，还曾经八次到各地巡行。最多的一次，各种随行人员包括军队达到了五十多万人，最少的也都在十万人以上。

如今，皇帝带来这么多人，住的时间又如此之长，富裕如扬州也吃不消了。有消息说，东都洛阳早就开始杀老人、孩子充饥，饿死者达到了十之二三。如今，春节刚过，江都扬州就已经传出粮食即将告罄的消息。中国人历来称呼当兵为吃军粮；没有吃的，军队就会比江洋大盗还可怕。

最后，隋炀帝的一个决定，可能是引发这场兵变的导火索。大业十四年三月，隋炀帝下令在丹阳即建康，就是今天的南京修建丹阳宫，准备从扬州移居于此。围绕这个决定，有不同的说法。有一种说法认为：皇帝准备移居丹阳，是为了逊位于江左；另外一种看法则认为，皇帝其实是准备以南京为首都，割据江南，再现不久前南北朝时期的政治格局。总之，皇帝肯定是不想再回中原去了。

出身江南的官僚将佐们，当然欢迎皇帝的这个想法；而那些跟随皇帝南巡的北方人则苦不堪言。

有一位名叫窦贤的骁果军高级将领，看皇帝没有放他们回家的意思，就自说自话带领部下踏上了回乡之路。结果，皇帝派出的使者飞骑追上去，凭借皇帝的一个命令，便取回了窦贤的首级。就是说，直到这个时刻，皇帝的权威还依然可以得到有效的执行。

这种情况，促使骁果军人们只能铤而走险，从只想逃回家，到实行兵变。宇文兄弟则促成了这个转变。

当时，想逃亡回家的勇士很多，他们互相串联，到最后，皇帝身边的工作人员，包括内廷掌管皇帝大印的机要人员、秘书、皇帝侍从、宫门警卫官、皇帝护卫官、御林军少壮军官、府兵将领甚至皇帝的御医，全都参与进来，大家日夜商量办法，甚至到了在公众场合公开讨论的程度，据说差不多有几万人准备集体行动，逃回老家去。

宇文智及是个没事儿都要搅出点事儿的人，如今有了这么大的事情，他如何可能不加入？当几个核心分子将这些情形告诉他之后，宇文智及大喜，曰："皇上虽然无道，权威可是还很灵；

大家要是只想逃亡，就会像窦贤那样找死。现在的情况是：上天要亡隋朝，所以才会英雄并起，几万人想着同一件事情，这是可以成就帝王大事业的机会呀！”

这帮家伙一听，深以为然，于是大家推举宇文化及来领导他们实现这个伟大目标。从西魏——北周——隋三个政权的更迭确立来看，他们的做法显然与武川军事集团——关陇贵族集团的传统十分接近。即便按照中国矛盾百出的传统政治理念，皇帝失道失德成为独夫民贼，老百姓是可以推翻他，换上一个贤明君主的。粗粗看上去，眼下这件事情似乎就有点儿这个意思，他们的行动具有毋庸置疑的正义性。

不过，事情的糟糕之处在于，他们选出来了一个最不适合担当这个任务的人。于是，除了杀死隋炀帝，替李渊走上帝位排除障碍之外，整个事情完全演变成了一出闹剧。他们怎么会推举出宇文化及这么一个烂人来，这是一个很难理解的谜。

在人类历史上的某些特定时刻，一个小丑可能会被时势哄成红透半边天的英雄。这种事例举不胜举。对宇文化及被推为领袖，大约就可以作如是观。史书这样介绍当时的情景：宇文化及本来是个蠢笨而怯懦的人，听说大家要推举自己做领袖，大惊失色，吓出一身的冷汗，过了很久才镇定下来，接受了这个推举(《隋书》卷八十五，列传第五十 宇文化及）。

公元六一八年即隋炀帝大业十四年三月十日，是兵变开始的日子。在此之前，为了坚定大家的决心，兵变组织者们设计了一个计谋：皇帝的御医极有名，此次也参与了谋划兵变。他们让这位名医到军营里，对认识的骁果军人说：“皇帝已经知道骁果军人们想叛逃，让皇宫里的御医们酿造了许多毒酒，准备在聚餐时把大家全部毒死，皇帝只和南方人留在江都。”

一个同样参与了谋划的宫廷侍卫官证明：御医所言不虚；皇

帝不但准备好了毒酒，连让大家会餐的宴会时间都定好了，云云。

至此，条件完全成熟，武士们再也没有什么可犹豫的了。

三月十日夜三更，兵变发动。

当时，裴蕴事先得到了骁果军人将要兵变的情报，他和一些忠于皇帝的人们拟订了平息叛乱的计划，希望宰相虞世基能够批准并帮助他们。虞世基麻痹大意到了不可原谅的程度，他认为裴蕴的情报不可靠，拒绝提供帮助。结果，城门、宫门、殿门很容易地被叛乱者所控制，他们只受到很少一点儿抵抗就把皇帝抓住，虞世基为自己的疏忽付出了惨重代价，他和裴蕴等重臣、来护儿等重要将领一起被杀死，兵变轻而易举地获得成功。

叛军进入皇帝的寝宫后，在一个美人级别宫女的指引下来到西阁，抓住了躲在里面的皇帝。当时，带队的将领名叫裴虔通，早在隋炀帝还是晋王没有做皇帝时，这个裴虔通就是晋王府中的亲信侍卫。皇帝问他："你是我的老侍从了，有什么深仇大恨非要造反？"裴虔通回答："臣不敢造反，只是将士们思念家乡，想要侍奉陛下回京城去。"皇帝说："我也正想回去，只是在等一批粮食运来。我们一起回去就是了。"

天亮后，已经控制住了局面的宇文化及下令杀死皇帝。临死前，在皇帝与杀死他的那些人之间，曾经发生过一场唇枪舌剑。皇帝问："我有什么罪，你们这样对待我？"

一位颇有水平的叛军将领回答说："陛下抛弃宗庙，到处巡游不息；对外穷兵黩武，对内骄纵奢侈；搞得青壮年人死在疆场，妇孺老幼死于动乱；士农工商全都没有了生路，到处都是盗贼反叛；朝廷只用那些会拍马屁的小人，文过饰非，拒绝批评，面对这桩桩件件，皇帝难道还能说自己无罪吗？"

皇帝叹息说："我确实对不住天下百姓；可你们这些人功名富贵到了极点，为什么也要干这种事情？今天谁是领头的？"

兵变真正的领袖司马德戡说："溥天之下都在怨恨陛下，何止哪一个人。"

宇文化及不愿意面对皇帝，派封德彝前来数说皇帝的罪状，皇帝对封德彝说："你是个读书人，怎么也掺和到这种事情里来？"说得封德彝面红耳赤，很尴尬地退了下去。

隋炀帝杨广有三个儿子，老大是元德太子杨昭，早年病死；最小也最受皇帝喜爱的是杨杲。这是一个容貌俊美、特别聪明伶俐又十分孝敬父母的孩子，小小年纪，就能背诵父亲写的所有诗词；有一次，看到父亲生病不能吃饭，他就陪着父亲一起挨饿。此时，看到父亲窘迫的样子，他泣不成声。裴虔通挥刀把这个十二岁的孩子砍死在他父亲隋炀帝身边，鲜血溅了皇帝一身。

按照古人的说法，天子的血要是流到地上的话，将会导致天下大旱七年，赤地千里。今天，我们知道，这是儒家文人们编出来献媚用的，当时的人们可能还真的很相信。

杨广对准备杀死自己的人们说："天子自有天子的死法，不是可以让你们用刀宰杀的。去取毒酒来。"

叛军领袖们不同意，一个武士将杨广摁在座位上，准备勒死他。杨广自己解下一条练巾，就是白色的绢巾，交给那个将领。隋炀帝杨广就这样被勒死了。时年五十岁。史书记载说，在扬州的隋朝皇亲国戚，除了极个别的之外，无论老少全部都被杀死了。

隋炀帝长子元德太子杨昭有三个儿子，他们是燕王杨倓、越王杨侗和代王杨侑。

燕王杨倓是隋炀帝最喜欢的孙子，跟随在皇帝身边。兵变开始时，他试图带人混进宫中，救援祖父杨广，受阻，后来被乱兵杀死，时年十六岁。

越王杨侗，受命镇守洛阳。这是一个"眉目如画"的俊美少年，富有学识教养，性情仁慈宽厚，仪容俨然，很有帝王气象。隋炀帝死后，他被洛阳城中的大臣们拥戴为帝，改元皇泰。后来，王世充逼迫他禅让皇位给自己，他不卑不亢却大义凛然地予以拒绝，遂被毒死。临死前，要求与母亲见最后一面，被拒绝；喝下毒酒前，被允许焚香祝祷，他的祝祷词是："愿生生世世不生在帝王富贵家。"时年约十四岁，死后被王世充加谥号为恭皇帝。

他的同父异母哥哥代王杨侑，负责坐镇帝国首都长安，先是被李渊立为皇帝，隋炀帝死后，在李渊的胁迫下，禅让帝位。一年后，被李渊毒死，时年约十五岁。李渊给他加的谥号也是恭皇帝。两个恭皇帝都是在隋炀帝死后的公元六一九年即武德二年五月被害死的。

隋炀帝杨广的二儿子名叫杨暕。从史书的介绍中，我们可以知道，这是一个眉目疏朗、仪容俊美的男子，不但聪慧，而且能文能武，皇帝一度很喜欢他。元德太子死后，他认为按照顺序应该轮到自己当皇帝，可是太子哥哥又留下了三个孩子，为了消灭竞争者，他使用了诅咒巫蛊等邪门歪道，结果事情暴露，围在他身边的人们处死的处死，流放的流放。皇帝曾经准备把这个儿子也公开处死，但因为小儿子当时还只是一个婴儿，皇帝害怕绝后而留下了他一命。此后，杨暕一直处于皇帝的严密监控之下。

兵变发生时，隋炀帝曾经问妻子萧皇后，会不会是杨暕所为？而当叛军去杀杨暕时，杨暕还以为是父亲派来的刽子手，请求他们给自己留点儿申述的时间，因为自己没做对不住皇帝的事情。结果，直到被杀死，他都不知道杀死自己的究竟是谁。天家骨肉亲情真是令人欲说还休，不说也罢。

杨暕有两个儿子，也被乱军杀死；留下了一个遗腹子，名叫杨政道。后来，嫁到突厥去的隋家公主接萧皇后到突厥避难，萧皇后把他的母亲和肚子里的他一起带到突厥；突厥尊崇李世民为天可汗之后，和萧皇后一起被接回唐朝，是大隋帝国皇家幸存下来的唯一血脉。到唐玄宗李隆基时，这一血脉的三个传人——杨慎矜兄弟三人，在宫廷政治争斗中，被李隆基网进冤案之中，一起冤杀。至此，大隋帝国皇室的正宗血脉遂告断绝。

南阳公主嫁给宇文士及时，只有十四岁，人长得漂亮，教养、气质也极好。生在帝王之家，却很温婉孝顺，老公宇文士及生病时，公主都是亲手调制饮食，亲手端汤端药。一直到兵变之后，这位公主方显出是一位极为刚烈的女子。她是隋炀帝杨广与萧皇后的大女儿。父亲被杀时，她也差一点儿被二伯宇文智及派来的军士杀死。后来，窦建德杀死宇文化及，她的丈夫宇文士及在外出差，遂趁机逃走，投奔了李渊。在窦建德面前，公主从容自若，流着泪陈述了自己国破家亡而不能报仇雪恨的沉痛，据说，在场者无不为之动容。

公主有一个十岁的儿子，名叫宇文禅师，按照当时的法律，宇文家族要灭族，禅师也要被处死。窦建德派一位前隋朝高官征求公主的意见，说如果公主求情，可以考虑留下禅师的性命。公主告诉来者：你作为隋朝的高级官员，应该按照隋朝的法律去做。结果，宇文禅师被杀。

后来，公主出家为尼。在前往长安路过洛阳时，与丈夫宇文士及意外重逢。宇文士及请求与公主破镜重圆，公主将宇文士及拒之门外，她说："你我之间有不共戴天的杀父之仇，我恨不得亲手杀死你。如果不是你说事先不知道这些阴谋，我也不会跟你这样了断因缘。"随后，让宇文士及滚开。宇文士及站在门外再三求情，公主告诉他："你要想和好，除非现在立即去死。"宇文士及只好作罢。

初唐年间，宇文士及做了唐朝的宰相。他竭力表白自己没有参与杀死岳父的行动，当时的修史者们也是这么记录的。实际上，很早以前，他就参与了李渊的阴谋；兵变前后，他可能不但知道所有阴谋，更参与了两个哥哥的许多事情，并出了不小的气力；甚至有资料显示，他的作用还在他哥哥之上。后来，跟随在唐太宗身边，曾经很起劲儿地拍皇帝的马屁，结果，受到李世民煞是不留情面的嘲讽和斥责。可以看出，此人是一个水很深的人。

很有可能，他是在对妻子和世人撒谎，并且已经被公主看穿，否则，公主应该不会绝情至此。另外一个可能，就是唐朝的史官们有意隐瞒了许多内情——宇文士及是大唐的宰相，一个谋杀了皇帝、谋杀了岳父的人，道貌岸然、堂而皇之地当上了大唐盛世的宰相，这话似乎怎么听怎么别扭。除非是在一种情况下——皇帝李渊和他根本就是同谋。

贞观四年，萧皇后被唐太宗从突厥接回来时，隋炀帝杨广已经死去十二年。此后，萧皇后一直生活在大唐首都长安。她的弟弟是李世民的宰相萧瑀，她的女儿南阳公主也在长安，萧皇后一直活到了贞观二十二年，去世时，可能已经年届八十。

她的晚年，也许不会特别凄凉。

02

谁能告诉我，是对还是错？

皇帝死了。

在中国，一般说来，皇帝死了就意味着一个时代的结束，意味着对过去一段岁月的盖棺论定，意味着一切重新开始。过去的一切虽然还会有袅袅余音，却毕竟属于过去，终将消逝无形。

隋炀帝最为宠信的“大业五贵”，并没有全部随着皇帝离去。

宇文述有幸病死在大业十二年底，没有机会看到自己那两个不争气的儿子，在他的请求和皇帝的爱护下，为他那大隋朝第一繁华富贵家族，惹来断子绝孙的滔天大祸。

虞世基和裴蕴在兵变中被杀死，死后，基本被认定为是需要对帝国沦丧负责的奸佞之臣，至今看不到咸鱼翻身的希望。

还有两个活下来的“贵”——八十多岁的老臣苏威和能臣裴矩，最是让人一言难尽。

在过去的岁月里，我们已经知道了许多关于苏威的故事。人们普遍同意，隋文帝杨坚奠定了前无古人的繁荣昌盛，隋氏之盛，史称小康。其中，高颎和苏威两位宰相的密切配合与卓有成效的工作，是其重要原因。

到了晚年，苏威似乎已经全无当年之风采，变成了一个让人心情极度复杂的老爷子。

有一次，皇帝很认真地询问左右："你们总说外边有盗贼，到底有多少人？"

宇文述回答说："现在正在逐渐减少。"

皇帝不那么容易对付，追问说："比过去减少了多少？"

宇文述说："现在大概还不到过去的十分之一。"

站边上的苏威，一看宇文述这小子又在不打草稿地撒谎，又不敢戳穿他，就悄悄往柱子后边躲，希望皇帝不要问到自己。结果，还是被皇帝点了名。

苏威很吃力地绕山绕水，说盗贼原来在离得很远的山东章丘一带，如今已经到了河南荥阳地区，越来越近；以前上缴的赋税很多，现在越来越少；过去征召役丁很容易，眼下越来越困难。去年在雁门，皇帝答应大家不再征伐高丽，如今也不算数了。

老宰相唠唠叨叨，言下的核心意思就是盗贼越来越多，却又不明说。搞得皇帝十分闹心。

五月初五过端午节，大家比着赛着给皇帝贡献奇珍异宝。苏威却给皇帝献了一本《尚书》。所有人都一头雾水，不知道老宰相是什么意思。有人告诉皇帝，苏威是劝告皇帝不要过于贪图游乐。皇帝为此很不高兴。

有一天，皇帝要和苏威讨论第四次征伐高丽的事儿。苏威很详尽地为皇帝筹划说：

"这次征伐高丽，可以不用发动军队，只要赦免各地盗贼，就能获得几十万人马。派他们去打高丽，会一举两得。朝廷免了他们的罪过，他们必定感激，又有了立功的机会，他们就会人人奋勇争先。如此看来，一年之内，就可以灭掉高丽。”

然后，苏威相当精确地帮助皇帝安排，水路用哪儿的盗贼合适，陆路用哪儿的盗贼方便，等等。皇帝有点儿疑惑，也不太高兴，说：

“我亲自去尚且不能取胜，鼠窃狗偷的蟊贼们就那么管用？”

苏威走后，“大业五贵”中的另一“贵”、皇帝最信任的重臣之一裴蕴对皇帝说：

“这个人出言不逊，对皇帝大不敬，哪里有那么多盗贼？”

皇帝恍然大悟，说：“这老不死的最奸诈，他竟敢拿盗贼吓唬我！我要不是一再忍着，就抽他嘴巴了。”

裴蕴的职务是御史大夫，秦汉时期以来，相当于副宰相级别，是帝国监察方面的最高负责人。他知道皇帝恼火苏威后，就把早已收集好的苏威的黑材料捅了出去。皇帝组织专案组调查，最后，案子到了裴蕴手里，裴蕴判处苏威死刑。

据说，苏威并不为自己辩护，只是磕头谢罪，反反复复地说：

“自己侍奉两代皇帝三十多年，精诚和浅薄还是没有让皇帝了解，大错小错不停地犯，真是罪该万死。”

最后，皇帝看着这个为皇家效力几近四十年的老臣，动了恻隐之心，把他一家三代开除公职了事。

老宰相苏威被开除公职后，皇帝仍然把这位老臣带在身边。可能是怕离开自己后，那些影响安定团结的因素会作祟的缘故，杨广在各地游荡时，每次都随身携带着一大批政治犯或者政治上犯了错误的不可靠分子。是故，苏威一直待在扬州。杨广曾经一度想重新起用老先生，虞世基和裴蕴一致认为此人已是昏庸老朽，且多病。遂作罢。

宇文化及兵变后，为了增加合法性，把这位在帝国官场五上五下的、近四十年的两朝老宰相请出来，用他号召文武百官和民众百姓。老先生十分喜悦地接受了一个品级很高的荣誉职位：光禄大夫、开府仪同三司。这个头衔，大约可以理解成是今天的政协副主席之类。

宇文化及被李密打败后，一大帮被宇文化及带来的高官落到李密手里。苏威是名高位重的元老重臣，李密对他很是谦恭有礼。这老先生并不和李密谈论天下大事，只是对李密再三舞蹈——古时很正式很高规格的礼拜仪式，说是“万万没想到今天又能见到圣明”，差不多是拿李密当圣明天子来对待，马屁拍得实在有点过了，所以司马光在《资治通鉴》里记载说：“时人鄙之”——当时很被人看不起（《资治通鉴》卷一八五，唐纪一，高祖武德元年）。

李密失败后，苏威回到洛阳，越王杨侗授他为上柱国，封邳国公；王世充毒死杨侗，自己成了郑国皇帝后，又封苏威为太师。这是三公之首，是文臣最高头衔。

王世充投降李世民后，有一天，李世民坐在东都洛阳皇宫的阊阖门内，苏威前来求见。他表示：自己太老啦，无法给秦王下跪。李世民将他拒之门外，派人斥责他说：

“你在隋朝身居要职，国政昏乱，国君被杀、国家灭亡，百姓遭受摧残，你都不能弥补挽救，还到李密、王世充面前三跪九拜。你既然老了，就不麻烦你来见我了。”

后来，苏威到了长安，请求觐见李渊仍然被拒绝。不久，郁郁寡欢地死去，终年八十二岁。老先生差不多算是李世民的曾祖父辈。八十多岁了对当朝者仍然如此热衷，不知道是不是还有什么抱负需要施展，否则，真不知道他干吗要把自己弄到这个份上。

裴矩的事迹和命运则更加富有中国特色，也更意味深长。细细品来，比苏威还要叫人五味杂陈。

在“大业五贵”中，裴矩可能是最清廉、最能干，也做了最多实事的一位。在隋炀帝手下，作为“大业五贵”之一，他已经差不多是宰相了；隋朝垮台后，他又成了宇文化及的宰相；窦建德把宇文化及干掉之后，极为器重裴矩，请他做了自己的宰相；最后，在人才济济一堂的李世民手下，他仍然出任了詹事和民部尚书，职权差不多可以理解为今天的国务委员。

用今天的语言描述，裴矩是一个在事业上特别玩儿命的工作狂，以至于《隋书》作者认为，在以往的古人中，找不出来像他这么夜以继日、废寝忘食地扑在工作上的人。

大业后期，社会和官场上的风气变得极坏，“大业五贵”中的虞世基、裴蕴、宇文述贪赃枉法，声名狼藉，就连威望素著、以清廉俭约著称的老宰相苏威都没能保持住晚节清白，唯独裴矩干干净净，为人处世始终廉洁谨慎，颇受时人赞美。

然而，历史的进程有时真是吊诡至极。偏偏是这个裴矩，遭到后世历史学家的切齿痛恨与痛斥。譬如司马光就认为，隋炀帝固然败家，但隋朝大好基业的败坏，裴矩要负主要责任；隋炀帝在对外交往中那些心理变态的举动，隋朝国运由盛到衰的演变，全部都与裴矩的高度事业心和热情有关。因为，裴矩是负责外交与民族事务的最高官员。

从当时的实际情况看，那种没边没沿的虚骄与自大并不是隋炀帝君臣的专利，完全归罪于裴矩可能有失公正。不过，从历史发展的角度观察，下列情形也真是很难否认——就连裴矩无限忠诚、勤奋与高效率的工作，事实上都变成了加速帝国崩溃的一连串催命符。

这是一个很长的故事，要追溯到前一任外交与民族事务负责人长孙晟、先皇帝杨坚和帝国在此问题上的基本思路。

古代农业技术条件下，在年降雨量二百八十毫米以下地区进行农业生产，其投入产出很不划算。因此，二百八十毫米等雨线以南地区，成为中原农耕地区，以北则为游牧地区。于是，农耕和游牧这两种文明的冲突与调和，便贯穿了中华民族的全部历史。与这条等雨线差不多并肩蜿蜒西行的长城，是这种冲突与调和的经典例证，无言地述说着漫长的战争与和平。这是帝国的宿命，没有任何一个朝代能够逃脱这个宿命的笼罩。

魏晋南北朝三百多年的战乱，实际上，是生活在这块土地上的不同种族相互融合的过程。汉、匈奴、羯、氐、羌、鲜卑经过不断的冲突与调和，胡人汉化，汉人胡化，最后融为一体，熔铸出了隋唐时代宏大的格局与世界帝国的风采。隋唐及其后世文化与秦汉时期的极大差别，就是这种不同民族文化融合的结果。

杨坚重新统一中国之后，同样需要面对北方草原上已经崛起的强大力量——突厥；杨坚和所有历朝历代的统治者一样，所能选择的，仅仅是采用什么样的手段而已。

突厥是继匈奴、鲜卑、柔然之后，崛起于中国北方和西北部的一个游牧民族。中国、波斯即伊朗、拜占庭即东罗马帝国的古代文献中，都有关于突厥的记载；近现代的考古发掘中，也有许多涉及突厥的墓葬和碑铭。不过，似乎还不足以形成关于突厥起源的权威论断。

在中国的古代典籍，如《周书》《隋书》中，于此有不同的说法。

一是认为突厥“出于索国，在匈奴之北”，与柯尔克孜族的祖先契骨，游牧于今天的阿巴根河与叶尼塞河一带；

第二种说法，认为突厥是匈奴的一支，“盖匈奴之别种”，在蒙古高原上逐水草而居，迁徙到了高昌之北山，就是今天吐鲁番盆地北面的天山，又迁徙到金山即今日之阿尔泰山南麓；

第三种说法认定突厥的祖先是“平凉杂胡也”，居住在陕甘一带，曾经臣服于沮渠北凉，到北魏时，才迁居金山。

《隋书·突厥传》中的记载，浪漫而富有文化人类学气息——

据说，突厥的祖先生活在西海之滨，就是我们今天所说的里海附近，在与邻国的仇杀中被灭，只有一个男孩儿活了下来，但腿和手臂都被敌人砍下，抛弃在荒野，一只母狼叼肉将男孩喂养长大。敌人听说后，又来斩草除根。母狼用天神赐予的力量，把他衔到遥远的高昌国北山。山上有个洞，母狼进入洞中发现，山洞通往一片二百多里的大草原。在这肥美的草原上，母狼为那个人生了十个儿子，其中一个叫阿史那，就是突厥人的祖先。

狼是突厥人的图腾，突厥部落以狼旗为号召。他们强悍勇猛，以病死在家为耻辱，以战死在沙场为光荣。公元五世纪初，柔然部族强大时，征服了突厥部落，将他们强制迁移阿尔泰山南麓。当时，突厥人掌握了很好的冶铁技术，因此，沦为柔然人的“锻奴”。按照《周书》上的解释，金山即阿尔泰山的形状像是兜鍪，就是作战时戴的头盔，突厥人称呼头盔为“突厥”，就成了他们部族的称呼（《周书》卷五十，突厥传）。而按照鄂尔浑突厥文碑铭的说法，突厥这个词是勇士、成熟、热烈的意思。不管怎样，迁居金山后，突厥这个部族开始出现在中国的史书上。

从史料中看，突厥人大约在公元六世纪上半叶有了文字，他们与中原地区的官方交往，是在宇文泰建立西魏之后的第十一个年头。当年，宇文泰派遣使者前往突厥，意图联合突厥制约柔然；第二年，突厥首领阿史那土门遣使回访，双方开始交往。

在后来的一二十年中，柔然飞快衰败，突厥迅速崛起，并建立起了一个巨大的突厥汗国。这个国家东起辽西，西到里海，南自沙漠以北，北到贝加尔湖，可汗牙帐建置在神圣的郁督军山，这是北方游牧民族的神山，又称于都斤山、乌德鞬山，就是今天蒙古国境内的杭爱山。继匈奴、鲜卑、柔然之后，蒙古高原与西域地区再次统一，成为一个超大型马背国家。

宇文泰死后，北周和北齐都想拉拢突厥，希望借助强大的突厥骑兵来制约甚至干掉对方。突厥可汗十分明白他们想干什么，于是，一会儿帮助北周打北齐，一会儿帮助北齐打北周，弄得双方谁都不敢怠慢，每年争相馈赠大批财物给突厥。突厥可汗他钵开心已极，说："只要南面那两个儿子孝顺，我还用为财物操心吗？"

他钵可汗去世后，继承者是沙钵略可汗，当时，中原地区正值杨坚以隋代周。不久前出使过突厥的长孙晟遂成为杨坚的顾问，帮助皇帝制定外交与民族政策。

北魏孝文帝改革时，曾经模仿中原制度，将人群按照家世分别贵贱。这是导致六镇之乱的重要原因之一。当时，将鲜卑贵族中最为显赫的七个姓氏定为国姓，长孙氏就是这七大国姓之一。长孙晟的祖先最高曾经出任过北魏的太师，他的父祖也都是西魏—北周时期的高官。唐太宗李世民的妻子长孙皇后，是历史上有名的贤德皇后，她的父亲就是长孙晟。在李世民当上皇帝之前，长孙晟的名气比他的女儿可要大得太多了。

西魏—北周和隋唐时代的贵族子弟，崇尚军功。大家相聚时，最喜欢谈论、比试的就是骑射武功。据说，没有一个人是长孙晟的对手。因此，长孙晟年纪很轻时，名气就不小。周宣帝时，沙钵略可汗要求与北周通婚，朝廷将皇族赵王宇文招的女儿千金公主嫁给可汗。为了显示实力，在群臣中精心挑选武艺高强的人担任送亲使者，长孙晟遂被挑选出来出任送亲副使。

长孙晟之前，北周派往突厥的使节多达几十批，沙钵略可汗从不假以颜色。唯独对长孙晟不同，不但热心款待，还把他挽留在突厥住了一年多。有一次，沙钵略可汗邀请长孙晟一起出去打猎，看见两只大雕在空中争夺一块肉，便取出两支箭交给长孙晟。长孙晟只接过一支，然后纵马上前，一箭把两只大雕射将下来。生活在草原上的人们很实在，佩服有真本事的人。就此，长孙晟一下子成了草原上家喻户晓的射雕英雄。

杨坚建立隋朝时，杀掉了许多宇文皇室的亲王。沙钵略可汗说：“我是北周的女婿，眼睁睁看着杨坚夺走北周的天下，实在没有脸面去见可贺敦。”突厥可汗的妻子叫可贺敦，沙钵略可汗的可贺敦就是长孙晟护送出塞和亲的千金公主。不久，突厥骑兵配合北齐残余势力，一举攻下临渝。立国不久的隋，朝廷上下一片惊恐。

长孙晟反对单纯使用武力强制征服，主张采用古老的策略：远交而近攻，离强而合弱。说明白一点儿，就是纵横捭阖，挑拨离间；扶持弱小，削弱强大，以收渔人之利。隋文帝杨坚将长孙晟召入皇宫，听他当面讲解突厥态势。长孙晟毕竟在突厥生活了一年多，他手写笔画滔滔不绝，对突厥山川形势了如指掌。结果，隋文帝杨坚接受了他的主张。

几年后，经过几场大规模的残酷战争，长孙晟持续不断的挑拨离间开始发生作用，突厥内部分裂为东、西突厥，草原上陷入战乱纷争之中。隋文帝开皇四年二月，西突厥的达头可汗派遣使者前来建立友好同盟。当年底，沙钵略可汗与千金公主在外部攻击和内部纷争中焦头烂额，也派人前来，要求认隋朝天子为父，千金公主希望能够改姓为杨，做隋文帝杨坚的义女。杨坚表示同意，遂将千金公主改封为大义公主。就此，隋朝和突厥之间维持了十来年友好和平的光景。

后来，发生一件始料不及的事情，勾起了大义公主心中的隐痛，遂使局势又生波澜。

沙钵略可汗死后，按照民族习俗，他的儿子都蓝可汗续娶了与自己没有血缘关系的庶母大义公主。开皇九年，隋文帝杨坚灭掉南陈，成功地再次统一全国。然后，将一架南陈宫廷中用过的屏风，作为礼物送给了义女大义公主。这本来应该是一番好意。

不料，亡国之君陈叔宝用过的屏风，深深触动了大义公主亡国灭家的隐痛，公主很是同情陈叔宝，憎恶隋朝及其皇帝。于是，在屏风上题写了一首五言诗，抒发对陈叔宝、对自己故国家世、对人生无常的郁郁之情。该诗写得并不深奥，只是将一个女子远离家国、漂泊异乡、目睹世事沧桑、悲欢离合的感受，很沉痛地表达出来。从中可以看出，这位公主应该算是一位颇有才情的女子。兹抄录于下：

盛衰等朝暮，世道若浮萍。荣华实难守，池台终自平。
富贵今安在？空事写丹青。杯酒恒无乐，弦歌讵有声？
余本皇家子，飘流入虏庭。一朝睹成败，怀抱忽纵横。
古来共如此，非我独申名。唯有明君曲，偏伤远嫁情。

长孙晟可能在突厥可汗的金帐里安排了卧底。公主的诗很快传到了她的义父杨坚耳朵里。杨坚很不高兴，开始渐渐疏远都蓝可汗和大义公主。

不久，草原上又来了一个名叫杨钦的颇为神秘的人物，隋朝认定此人是个逃犯，他自己则坚决否认。其实，他可能是一位当时的持不同政见者。到了可汗金帐后，他要求和大义公主面谈。他告诉公主，自己受彭公刘昶的派遣，前来与公主共商大事。

刘昶娶的也是北周宇文皇室的公主，和大义公主算是很近的亲戚。杨钦说，刘昶夫妇准备发动政变，希望公主和可汗能够派突厥骑兵，前往边境地区声援接应。

上柱国刘昶是一个循规蹈矩的人，娶了公主后，大约很满足，并没有惹是生非的念头。这么一个老实人，居然生养出了一个全然不同的儿子。这个儿子名叫刘居士。刘居士本人和他的名字相去十万八千里，是个能够把天捅出窟窿来的狠角色。

他受父祖的恩荫，在东宫担任千牛备身，就是太子的侍卫官。这小子不好好工作，天天和一批喜欢闹事的公子王孙、高干子弟们搅在一起，并组织了一个很严密的黑社会集团。凡是参加这个集团的人，要求膂力过人，并且经过一个特殊的仪式考验方可。

这个仪式是：把一个车轮子套在要求入伙者的脖子上，然后，众人持棒子乱打，直到打得昏死过去也不求饶的壮士，才有资格成为其成员。其中，身手敏捷者编入“饿鹘队”，武功在身的编入“转蓬队”。这帮小子极为嚣张，整个长安城里没有他们不敢干的事情，就连皇亲国戚、公卿妃主们轻易也不敢招惹他们。假如不是因为卷入政治事件中，这个全部由当权者子弟构成的黑社会团伙，还会继续嚣张下去。

这个杨钦很有可能与黑帮老大刘居士有关。为了增加说服力，才愣把刘昶扯了进来。都蓝可汗和大义公主远在千里之外，哪里搞得清其中奥妙？竟然就相信了杨钦。不但断绝了朝贡，还真的派兵去侵扰边境。

开皇十三年，长孙晟出使塞外。大义公主和都蓝可汗对这位备受草原人民喜爱的射雕英雄十分冷淡，长孙晟没有取得任何成果，无功而返。大义公主有一个名叫安遂迦的情人，大约是位来自今天哈萨克斯坦一带的胡商，也参与了对付长孙晟的活动。长孙晟的外交活动虽然归于失败，却很清楚地了解到了真实的内情。

不久，长孙晟再次来到可汗金帐。这回，他有备而来，一见到都蓝可汗，便要求他交出杨钦。都蓝可汗自然不肯，声称自己尊贵的客人中，没有叫杨钦的这个人。可汗没有想到，有不少突厥人喜欢并且愿意帮助长孙晟，再加上长孙晟背后有大隋帝国国库的支持，出手阔绰，很容易得到自己想要的情报。他不但知道杨钦的藏身之地，就连大义公主和安遂迦的幽会都一清二楚。有一天深夜，长孙晟带人悄悄抓住了杨钦，并当众公开了大义公主及其情人的隐私。都蓝可汗极为尴尬，不但同意长孙晟带走杨钦，就连公主的情人安遂迦都一并交给长孙晟处置。就此，长孙晟算是大获成功地回到长安。杨坚将他晋升为崇高的开府仪同三司，并决定派人去废黜大义公主。

这回，被委派去的人，就是我们前面已经熟悉了的裴矩。

裴矩比他的皇帝还狠。他不但要废黜公主，还表示要借助都蓝可汗之手，杀死大义公主。

当时，草原上分成许多势力。都蓝可汗的堂弟号称突利可汗，居住在草原北部，西方还有一位达头可汗。突利可汗曾经派人要求和隋朝和亲。杨坚命令裴矩传话给突利可汗，必须先杀死大义公主，然后才能把隋朝公主嫁给他。为了促使都蓝可汗杀死大义公主，杨坚还派大学者大官僚牛弘出使突厥金帐，给可汗专程送去四位美貌的歌舞伎，然后，命裴矩开始实行借刀杀人的计划。经过裴矩的忽悠，突利可汗来到可汗金帐，到堂哥都蓝可汗那里搬弄是非，结果，这都蓝可汗稀里糊涂地就把那位可怜的大义公主杀死了。

都蓝可汗杀死大义公主后，向隋朝提出要再娶一位公主。杨坚本来已经准备答应他了，长孙晟认为不可。他的理由是：都蓝可汗反复无常，他和西部的达头可汗一直有矛盾，对突利可汗也心存疑虑。他和隋朝和亲的真实意图，是要借助隋朝的力量，命达头可汗和突利可汗臣服。要是让他强大起来，恐怕就会极难控制。长孙晟建议，突利可汗一直对隋朝表示忠诚友好，且兵少势弱，不如先把公主嫁给他，用他来牵制都蓝可汗。

杨坚同意了这个计划。这使都蓝可汗极度恼火，他说：“我是大可汗，怎么反倒不如别人？”就此，与隋朝反目为仇。

开皇十九年，都蓝可汗与达头可汗联合进攻亲隋的突利可汗。这一仗，突利可汗损失惨重，兄弟子侄几乎全部战死，他只带着五个人往隋朝方向逃跑，其中，还有隋朝使节长孙晟。几个人逃到天亮，又陆续收集了几百名残兵败将。来到隋朝边境时，突利可汗越想越觉得不是滋味，害怕这么狼狈地去见隋朝皇帝，恐怕不会受到尊重。于是，决定投奔过去无冤无仇的达头可汗。

长孙晟见突利可汗改变了主意，便派人通知隋朝边防军，让他们立即大举烽火。然后，骗突利可汗说："国家有规定：若敌人来得少，就只点燃两座烽火台，来犯的人多，就点三座。如果是大举进攻，就要点燃所有烽火。看来他们一定是发现了大批敌人，并且已经离得很近了。"这回，突利可汗慌了，他再无退路，只能跟在长孙晟屁股后面，连夜赶赴帝国首都长安。

当年十月，隋文帝杨坚册封突利可汗为"意利珍豆启民可汗"，翻译成汉语的意思是：智慧勇健的草原之王，就是著名的启民可汗。此时，启民可汗的妻子安义公主已经去世，皇帝将另一个皇室女孩儿义成公主嫁给了他。这位公主，就是后来把隋炀帝杨广的妻子萧皇后接到突厥去避难的那一位。皇帝还将隋朝控制下的突厥军民，全部交给启民可汗统领，并且，先是在今天内蒙古和林格尔附近、后来在河套以南的鄂尔多斯草原筑城，安置启民可汗。

在此期间，都蓝可汗被手下人杀死；达头可汗自称大可汗，并于开皇二十年率军杀进边关。这一次，晋王杨广参加了针对突厥的军事行动，长孙晟在这次行动中归杨广指挥。突厥人在草原上喝的是泉水，长孙晟派人在泉水的上游下毒，毒药顺流而下，毒死了许多人和牲畜。突厥军队不知就里，认为是上天降下的惩罚，于是连夜撤兵。史书记载说，长孙晟在后面趁机追杀，战果颇丰。

在庆功宴会上，一个投降的突厥军官告诉杨广，长孙晟是突厥人心目中的英雄，以至于突厥人把他开弓的声音形容成是惊雷，把他骑马奔驰说成如闪电一般疾迅。可见，那是一个十分淳朴的民族。

不久，达头可汗突然在人间蒸发了一般，消失得无影无踪。启民可汗则在隋朝的帮助下，恢复了对草原的统治，象征草原最高权力的狼头纛，如今飘扬在他的牙帐上空。

隋炀帝杨广继位后，启民可汗一直备受礼遇。东都洛阳建成后，他是隋炀帝请来观礼的第一批客人。为此，杨广命令为启民可汗上演“百戏”。这是一种融合音乐、歌舞、幻术、杂技与杂耍的大型文艺演出，许多节目都是从西域传输而来的，曾经盛行于北齐宫中。其中包括鱼龙杂戏、俳优、侏儒、山车、巨象、拔井、种瓜、杀马、剥驴，等等，据说该表演不仅场面宏大而且难度更大。北周灭掉北齐之后，周宣帝的宠臣、后来帮助杨坚夺位的郑译，是一位多才多艺的艺术性人才，他将这些表演艺人收罗到北周宫中，为周宣帝带来许多快乐。杨坚是一位特别节俭的皇帝，夺位后，下令将这些艺人全部驱逐出去。

这些表演场面很大，需要皇家的财力方能支持；被驱逐出宫的艺人们很难有机会在民间表演；再加上杨坚在皇帝宝座上一坐就是二十四年，导致当年的很多老艺人已经谢世，不少绝活濒临失传；即便还活着的，年纪也都不小，很难胜任那些高难度的演出。于是，隋炀帝杨广命令“大业五贵”之一的裴蕴负责抢救这些人类文化遗产。

这个裴蕴真是很有能耐，居然在很短的时间里，不但把这百戏抢救回来，还迅速排练好，马上就可以成功地投入演出。

看看史书中所描绘的那些演出盛况，今日豪华无比却又乏味到了姥姥家的春晚之类大型文艺演出，实在都相形见绌：

演出是在东都洛阳西苑举行的。因为有许多水戏和水上表演，所以将演出场地安排在了积翠池畔。百戏以一出大型杂技开场，只见一只猫科猛兽猞猁跃入池内，在池中奔腾跳跃，并做出许多逗人的姿态；随着这畜生的动作，池中渐渐溢出水来，众多龟鳖鱼虾随之而来，水越漫越高，一个水人出现在乌龟王八之间，做各种表演，最后，竟然有一只硕大的鲸鱼浮出水面，鲸鱼的鼻孔喷出高高的水雾，把阳光都给遮住；忽然，那水雾中一条七八丈长的黄色巨龙腾空飞起，所有演员都在那巨龙面前舞蹈雀跃，欢声雷动。

这还仅仅只是一个开场的节目，节目的名字叫黄龙变。后面的众多节目也都达到了极高的，甚至是难以想象的水平。单是在名字上都能够想象出其精彩：幻人吐火、神龟负山、夏育扛鼎、平地种瓜、杀驴变马，等等。不但演出技艺高超，就连舞台美术和制作都是今日之文艺和电视工作者所远远不及，更不要说对皇帝心思的揣摩了。看来挖掘中国传统文化宝藏，还真是任重道远。

就这样，启民可汗在大业二年洛阳新城落成时前来共襄盛举；到大业三年农历新年，参加完一年之中最为隆重的大朝会之后，方才离去。在此期间，启民可汗一再要求放弃其传统服饰，全部改穿隋朝衣冠，皇帝没有应允；次日，启民可汗率领在京部下，再一次前来皇宫集体请愿。皇帝仍然没有答应。遥想当年，登上皇位三年、刚刚三十八岁的大隋帝国皇帝杨广，心中可能充满了辉煌的成就感。在他心目中，可能会由衷地感到：世界上没有什么人可以不匍匐在他的脚下。

当年三月，送走启民可汗不久，皇帝便下令派人前往琉球群岛。这个琉球群岛，可能不是今天我们所理解的琉球群岛，而是台湾岛。若果真如此，中国对于台湾的经营，大约就是这个时候开始的。对此，尚有争议。我们姑且存疑。

大业三年下半年，皇帝北巡，准备从榆林经过突厥的地面前往涿郡，长孙晟奉命前去安排。这次，长孙晟干了一件不大、但今天读起来很是令人讨厌的事情：

当时，启民可汗召集各个部落酋长开会，准备迎接皇帝。长孙晟指着可汗金帐周围的草说：“这些草味道很香呵。”

可汗真的去闻那草，然后很奇怪地说：“一点儿都不香呀。”

长孙晟说：“天子经过的地方，诸侯都要亲自洒扫干净，以示尊敬。我看你们这儿杂草丛生，还以为是专门为皇帝留的香草呢。”

启民可汗连忙说：“我的一切都是大隋皇帝给的，所以，我愿意做任何事情，以表达对皇帝的感激。多谢您教导我知道了这些礼节。”

随后，可汗拔出佩刀，带着酋长们开始割草，并征集全国百姓服劳役，修建从榆林北到可汗金帐，再到蓟州、涿郡的御道，全长达三千多华里、宽一百多米。这是草原上从来都没有过的事情，如今，在长孙晟的手下出现了。为了给皇帝拍马屁，连邻国的百姓都要吃长孙晟狐假虎威的苦头了。他的这股劲儿，实在有点像北京人所说的“装孙子”，里面透出了一股很是不祥的味道。

皇帝果然对此大为赞赏，连连为长孙晟加官晋爵。好在老先生适时地死去了，没有留下更多类似的记录。

长孙晟是在大业五年去世的。此后，那些一件比一件不祥的事情，都是经由他的接班人裴矩之手推展开的。

比如，大业五年那场烈火烹油般的张掖地区大型国际嘉年华盛会，就是裴矩热心规划并一手操办的。第二年正月，将大批外国使节和商人邀请到帝国首都，连续举办一个月大型歌舞表演，酒肉招待不取分文，并声称中国人喝酒吃肉从来都不收费等扯淡事儿，也是由裴矩所通盘主持的。

当时，有些老外看出了这种败家举动的用心，故意吹捧说：“中国人过的简直就是神仙的生活。”隋炀帝杨广听到诸如此类的汇报后，很严肃地告诉身边的几位近臣：“只有裴矩最能体察我的心。

裴矩说的事情，都是我已经想好还没有说出来的事情。如果不是一门心思地忠君爱国，怎么可能做到这一点？”

其实，当时就有酒足饭饱的外国敌对势力，不怀好意地问：“寒冬季节，看到很多乞讨的人饥寒交迫，干吗不用缠在树上的彩帛和免费的酒肉救济他们？”

史书记载说，被问到的人很尴尬。

看来，裴矩们对皇帝的心思体会得还是不够无微不至，工作做得也欠缺周到细致。朝廷实在应该会同各地方政府，把流落首都和各地街头的穷人事先抓回去，看管起来。或者，至少就可能出现的别有用心，为国人准备好标准答案才是。

启民可汗是在大业五年前后去世的。他死后，他的儿子始毕可汗继位。按照习俗，始毕可汗要求娶自己的庶母义成公主为妻，隋炀帝下诏同意按突厥人的民族风俗改嫁公主。此后，双方又经过了一段短暂的蜜月期，才渐渐开始又生波澜。

此时，隋王朝的外交与民族事务，也在长孙晟死后，由裴矩接手处理。

隋炀帝继位时，裴矩是吏部侍郎，负责干部人事工作。他受命在洛阳新城的建设中负责修建政府机关的办公楼，颇受皇帝好评。随后，皇帝派遣他去张掖，管理全国最大的对外贸易市场。

当时，西域有许多城邦国家，中国和中西亚、波斯、拜占庭即东罗马帝国的贸易，基本都是通过这些城邦国家的商人进行的。最多时，仅仅洛阳一个城市，就有一万多家西域商人在经商。在罗布泊和尼雅遗址中发现的汉文木简上，一位精通汉文的西域商人一次就采购了四千多匹绸缎，这个贸易额就是放在今天都称得上是巨大了。其总体贸易规模之大由此可以想见。

匈奴、柔然、突厥强大时，分别控制住了这条东西方国际贸易通道，在来来往往于中国和中西亚、波斯、东罗马帝国的商队中，获取的利益相当大。这些部族相继衰落后，西域商人直接来到隋朝境内进行贸易，张掖则是国家指定的最大的商品集散地。

中国人有一个很好玩儿的习性，就是不管过去了多少年，不管时代发生了多大的变化，永远都认为只有远古祖先们说的话是最正确的。因此，到隋炀帝时代的中国人，对西域的认识，还停留在七百多年前汉武帝时代的认识上，基本还都按照张骞通西域的知识来制定国家贸易政策。

裴矩来到张掖后，发现自己面对的西域，早已不是七百多年前史书所记载的西域了。西域究竟有多大？究竟有多少个国家？西域再往远走是哪里？所有一切，在以往的记载中都是大而化之的，现如今只有古董的价值了。

作为一个事业心超强的官员，裴矩只能从头开始，凭借一己之力来重建一个国家对外部世界的认识。

史书上描述裴矩的这项研究工作时，使用了一个“诱”字，大概他在不停地诱导、引诱、诱惑那些商人们，给自己介绍西域的各种情况，包括风土人情、山川地理、历史沿革，等等。最后，这位孜孜不倦的官员研究者，终于用自己所收集到的资料，完成了三卷《西域图记》。这是到那时为止，中国人对西部世界最完整最权威的认识了。

通过裴矩的工作，我们大体可以知道：隋唐之际，汉代所说的西域三十六国，只剩下了十几个。它们之中，有的还在使用过去的名称，但族类已经与过去不同；有的使用了新的名字，但国家依旧还是过去那个国家。

从那里，有三条道路通向广大得无人知晓的外部世界：

其一是北道。从哈密经天山北麓，过巴里坤湖，渡伊犁河，向西越过中亚细亚草原，可以到达美丽的黑海之滨。那里是东罗马帝国，又称拜占庭帝国。

其二是中道。沿着天山南麓，通过伊朗高原，顺着沙漠边缘可以到达温暖的波斯湾。

其三是南道。沿着塔里木盆地南部边缘，翻过众山之结帕米尔高原，经阿富汗进入印度河流域，能够抵达南亚次大陆西部的各个港口。

直到很久以后，我们才知道，当时，上述所有地区都已经发展出了并不逊色于中国的文明，有一些地区的文明甚至比中国发育得还要早很多。但不管怎样，裴矩所提供的知识，是到那时为止，中国人对世界最早、最真实的认识。好玩儿的是，这些知识后来又被遗忘了，直到一八四〇年鸦片战争之后，在将近一千三百多年时光里，几乎再也没有哪一个中国人，能够达到裴矩当年的认识水平了。

另外一个很好玩儿的情况是，通过这些堪称了不起的认识，裴矩得出来了一个特别富有中国特色的结论：所有这些国家之所以不能到中国来朝拜和上贡，都是因为突厥和吐谷浑从中阻梗的缘故。

裴矩的研究大约是在大业三年前后完成的。隋炀帝北巡回到洛阳时，看到了这份报告，皇帝极为高兴，赏给他五百段帛，接连几天把他召到内殿，研究西域形势和对付突厥、吐谷浑的策略。随后，皇帝将裴矩调为民部侍郎，还没上任又改为黄门侍郎，这是一个可以参与最高机要的职位，实际上已经相当于副宰相。皇帝让裴矩再赴张掖，把十几个国家的商人召到东都来朝见皇帝。

大业四年八月，皇帝祭祀北岳恒山，裴矩又邀请了西域十余国商人前来助祭。由于皇帝和裴矩给了这些西域商人极为优厚的回报，因此，大家特别踊跃地前来朝拜中国皇帝。

这里，实际上有一个文化不同所导致的极大差别。

所谓西域城邦国家，实际上是地处中亚细亚地区的许多绿洲国家。这里处在亚洲腹心的枢纽地带，东部为华夏文明，西部为中西亚及后来的阿拉伯文明，南部为印度文明，北部为草原文明，既是交通东南西北亚洲的十字路口，又是亚洲最重要的文化和商业交汇之地。因此，战争频仍，民族、人口、文化的变迁极为剧烈。自古以来，这里就形成了一种并不特别关心政治变动，但是却十分注重贸易和商业利益的文化传统。

这种情形与农耕立国的中国差别巨大。中国社会地处远东一角，相对封闭，重农抑商，极少迁徙和变化，对政治变迁高度敏感，对自己之外的世界了解甚少，并坚持认为自己所处的世界就是整个天下，坚持认为自己的人种与文明均优越于所有其他人，很像国人自己经常嘲讽的夜郎人或井底之蛙。

因此，那些追逐商业利益的外来人，很容易让中国的政府官员和皇帝们相信，他们是因为倾慕与热爱中华文化、为了向天子表达归顺与忠诚才来到这个国家的。许多历史资料显示，能够做到这一点的商人们，得到的回报，价值常常比他们献给中国皇帝的财物价值，高出十数倍甚至数十倍，也有记载认为，可以高出数百倍。他们眼中属于商业行为的举动，经常会被中国政府官员和皇帝看成是来朝拜，或是进贡，术语称为“朝贡”。显然，与巨大的回报比较起来，中国人愿意把这种商业行为称呼成什么，对于他们来说应该都是次要次要再次要的小意思了。

假如他们能够带来国王或任何一个地方长官，向中国皇帝表示敬意的信件的话，就会被中国官员们翻译或解释成那个国家或地方已经臣服于天朝，那里的人民已经成为皇帝的臣民。这种情形和官员们的政绩有着密切联系，也和皇帝的威严或尊严紧密相关。因此，中国皇帝给予的赏赐，有时慷慨得会令人感到眩晕。

对于这些西域商人们来说，能够到中国来朝拜或者上贡，的确是一件令人特别激动特别兴奋的、很特殊的商业行为。

有证据显示，裴矩许多辉煌的外交成果，都是通过这种方式实现的。后来，官修正史抱怨说：由于沿途各个地方政府忙于迎送来来往往的西域商人们，浪费了巨额钱财，隋朝甚至因此走向凋敝。

从许多历史记载中判断，当时，这些被当成贵宾接待的商人们，在中国境内的交通费用、食宿费用包括酒肉钱，可能都是由中国政府承担的。实事求是地说，在世界历史上，有过多少民族这样败家的，是可以成为一个疑问的。

就这样，隋王朝两代帝王，基本是按照长孙晟、裴矩两位外交家制定的政策实施对外交往。这种做法的基本思路是：先在各方之间施行离间计，挑动他们互斗，等到大家实力削弱之后，再推行和亲封赏之类的和平政策。平心而论，在当时的历史条件下，我们很难知道是否还会有更好的办法处理这些民族关系。但，上述只讲权术、全不顾及诚信道义的做法，的确潜伏着极深的隐患，很难不受到反弹。

比如，和隋王朝亲如一家的启民可汗死后，他的儿子始毕可汗很快就意识到了隋朝的用心。因此，隋炀帝三征高丽时，一直打算让突厥出兵助战，但始毕可汗死活不肯有所表示。而裴矩担心始毕可汗一家坐大，也在准备重施故技，试图拉拢可汗的弟弟叱吉设，准备拜他为南面可汗，并嫁一位隋朝公主给他做妻子。叱吉设谢绝了裴矩的好意，表示自己没有南面称王的意思。

始毕可汗知道这个情况后，心中十分憎恶隋朝的做法。

裴矩告诉皇帝，突厥人本来很淳朴，只是最近有几个西域商人给他们出了许多坏主意。其中，最难对付的是一个叫史蜀胡悉的家伙，始毕可汗特别信任这个人。只要想办法干掉他，始毕可汗就不会有什么作为了。

应该说，不论从哪个角度衡量，裴矩说的都算不上是个好主意，但是皇帝认为很好。于是，就按照裴矩的计划实施了。

裴矩派人告诉史蜀胡悉，说是隋朝皇帝拿出来了一大批稀世珍宝，准备投放到马邑市场，谁去得早，谁就有可能得到最好的宝贝。这个史蜀胡悉本来是个商人，“商人重利轻别离”，他一听说这个消息，也顾不上给始毕可汗出主意了，拔腿就往马邑狂奔。而裴矩早就在马邑城外设下伏兵，史蜀胡悉一进入埋伏圈，就被干掉了。

这还不算，裴矩真的在拿始毕可汗当傻瓜。他派人通报可汗说：“史蜀胡悉忽然跑到隋朝境内，说是他已经背叛可汗了，要求我们接纳他。可汗早就是大隋的臣子了，我们怎么可以允许他背叛可汗？现在我们已经替可汗把他杀掉了，可汗可以放心啦。”

用古人的说法形容，这叫英雄欺人。意思是：我就欺负你了，我就拿你当傻瓜了，我就拿着不是当理说了，你能怎么着吧？

始毕可汗很快知道了事情的真相，随即停止了与隋朝的官方往来。

不久，就发生了我们已经熟悉的故事——皇帝被十万突厥骑兵包围在雁门关内。说实在的，就算我们的民族感情再深厚再强烈，恐怕也得认为：脚上的泡是自己走出来的——他真的是活该。

当时，被包围在雁门城中的隋炀帝痛哭失声，十分感慨，说：“长孙晟不在了。他要是活着，突厥人断然不敢如此行事。”

到了这种时候，我们的皇帝仍然全无自省，令人只能说：他不但活该，而且根本就该死！他们君臣的愚蠢，导致中原地区与突厥之间陷入更加痛苦的境地。他们实在没有理由得到历史的原谅。

对大隋帝国国运影响巨大的征伐高丽，也和裴矩有直接关系。

当时，裴矩陪同皇帝出巡塞北，与突厥启民可汗盛会于草原。不料，撞上了高丽国王派来的使节。高丽国王不肯朝见自己，却派遣使者与突厥往来密切，令皇帝感觉极不爽。

裴矩说："高丽这地方，本为孤竹国，是周朝箕子的封地，汉代划分为三个郡，到了晋朝则隶属辽东。后来，不守臣节，自说自话地成了一个国家。先帝在时就切齿痛恨，早就想要教训他们了；要不是杨谅无能，也不会拖到现在。到了陛下您这儿，怎么也不能眼看着这个经过礼仪教化的地方，重新变成不开化的蛮夷之乡。现在，他们的使节前来朝见启民可汗，亲眼看见突厥举国教化的情景，感受到皇威浩荡，必定会想到再不臣服的后果就是灭亡。要是晓之以利害，是能够令他们臣服来朝的。"

杨广问："怎么样才能做到？"

裴矩说："请当面诏告高丽使节，让他告诉高丽国王，尽快前来觐见，否则，我们就要带领突厥一同前去讨伐了。"

杨广认为裴矩说得很有道理。一个导致王朝崩溃的重大决策，就这样确定了（《隋书》卷六十七，列传第三十二 裴矩）。

临之以威，不战而屈人之兵。第一次远征高丽时，大隋帝国百万大军仿佛在进行军事表演，可能就是按照裴矩这种如意算盘安排的。

这一切，的确十分符合杨广的心意与风格。从他后来讨伐高丽时发布的文告看，《剑桥中国隋唐史》作者的评论是准确的：帝国威严和处于宇宙中心的观念，恢复汉代光荣业绩的迫切愿望，对于所有抗拒中国仁爱影响的人必能取得伟大胜利的想象，裴矩等人对于现实政治言之成理的分析，应该是皇帝一再坚持错误决策，令灾难重复发生的根源（《剑桥中国隋唐史》，中国社会科学出版社 1990 年，第 144 页）。

从这些情况看，杨坚、长孙晟、杨广、裴矩君臣显然是生活在一种群体性激情中。陷入这种激情之中的人们会相互感染、相互激励，共同失去现实感和真实感。他们手中的权力，不但不会帮助他们恢复理性，反而会令他们沉沦得更深、更无法自拔，直到毁掉他们虚构与真实的一切。因此，人们实在有理由怀疑，他们是不是出自真心地高举那一面激情的大旗，或者是别有所图？

随后，裴矩随同皇帝一起来到了江都扬州。陪同皇帝直到生命的最后一刻。

从其一生行事上判断，裴矩能文能武，文化素养不错，聪慧机敏，在人情世事上特别富有洞察力。因此，到后来，与皇帝比较起来，裴矩很快在一系列灾难性的事变面前清醒过来；同时，和深受皇帝喜爱的其他同僚如虞世基、裴蕴不同，裴矩敢于将外面世界的真实情况报告给皇帝，并劝告皇帝应该尽快回到首都去。这可能一度惹得皇帝很不愉快，甚至准备把他派回风雨飘摇的京师。

裴矩必定是意识到了未来面临的巨大危险，因此，他采取了一种极其富有中国特色的自我保护措施。史书记载说，他更加勤勉谨慎，不得罪任何人，在与所有人交往时，都会让他们得到意外的收获和惊喜，哪怕面对的是勤杂工、奴仆杂役时都是如此。

在此之前，可能是为了更加安全更有效率，皇帝曾经大批招募职业军人，号称“骁果”，就是骁勇剽悍的勇士之意，成为直属皇帝指挥的中央军团。我们已经知道，这批勇士大多是关中人，跟随皇帝长期待在远离家乡的扬州，自然令他们痛苦不堪，于是纷纷逃亡，连军法都制止不住。为此，皇帝很是苦闷，不知道应该怎么办才好。于是，将裴矩召来征询办法。裴矩出的主意证明他确实洞明世事人情：他认为，大家在这儿已经一年多了，要想让勇士们安静下来，只有一个办法——为勇士们分配妻子。

这真是一个能够令所有人都喜出望外的好主意。

首先，皇帝一听就大喜，说：“先生真是富有智慧，此乃奇计也！”然后，立即命令裴矩自己去落实这个奇计。

接下来，是一部分勇士和他们相好的大喜。这些剽悍的壮士们，来到温柔富贵的扬州，已经纷纷找到了相好。她们有的是当地的女子，有的是寺庙中的尼姑，有的是道观里的女道士。本来，大家偷吃禁果，谁也不知道出路何在。如今，一切有裴公做主，什么尼姑道士军法军令的，统统不作数了，他们可以公开做夫妇啦。

再后来，裴矩将当地的寡妇和未嫁女子们召集起来，传达皇帝的命令：让没有相好的骁果们去自由相亲。一时间，应该是成就了许多人间佳话。对此，有史为证——那总是板着面孔的官修正史记载道："由是骁果等悦，咸相谓曰'裴公之惠也'"——因为这个缘故，勇士们全都沉浸在喜悦当中，他们一致表示：多亏裴公的政策好哇（《隋书》卷六十七，列传第三十二 裴矩）！

奇计产生的最后一个喜悦，则是令裴矩与自己那几位同事的命运大相径庭。在后来的骁果军人兵变时，皇帝杨广被杀死，皇帝最为信任的虞世基、裴蕴也被杀死，同样受到皇帝倚重的裴矩却安然无恙。那些已经杀红了眼的士兵，手提鬼头刀，到处找人往鬼门关里送。看到裴矩后，大家一致表示："那些坏事和裴公无关！"

于是，裴公不但保住了性命，还一路做官，直到在李世民手下，仍然稳坐大唐民部尚书之位，略高于我们今天部委级领导。可见，这个民族奖惩人物时，自有一套特殊的心理与思维方式，并不以他是否糟践过自己的国家民族为依归。中国历史上那众多善有恶报恶有善报的故事，依据着的大约是同一个内在逻辑。

今天，我们看待古人，一如后人看待今天的我们。

我们会说，我们没有诚心想干坏事。

想想裴矩，不知道他是不是也会这样说。或许，他会说，自己一心一意地在为国家工作，从不认为那是在干坏事。

但是，用今天的眼光看，假如我们是动机与效果的统一论者，假如裴矩撺掇皇帝所做的许多事情，距离人性与良知相去甚远的话，我们这个民族需要反省的东西，可能就不是一星半点儿了。

03

李密与瓦岗寨，英雄的故事

在那个动荡的年代里，最为辉煌耀眼的政治明星毫无疑问应属李密；看上去，最有希望、最不应该犯错误的也是李密。但是很不幸，李密不但犯了错误，而且他所犯的恰好是最不应该犯的错误，这使他和他的战友们——那些了不起的瓦岗寨英雄们，许多人只能走上悲剧的结局。

杀翟让，是令李密失去平衡的第一个错误。

从过去的岁月里，我们已经知道，翟让是一个质朴、豪爽的好汉。当他意识到自己在许多方面不如李密时，便很坦诚地承认，并将瓦岗寨第一把手的位置让给了李密。

这十分不容易。

在任何一个领域内的广义政治抱负上，绝大多数中国人奉行的哲学是：宁当猪头不做豹尾，或者叫宁做鸡头不当凤尾。这种理念的根深蒂固，必定是植根在中国儒家政治文化传统的土壤之中。在这种政治文化中，绝无所谓政治宽容，更没有双赢的余地；

“天无二日，国无二主”，意味着赢者通吃，生杀予夺皆操之于“主”，其他做不成一把手——“主子”的人基本处于任人宰割的地位。这是古代政治舞台上，总是呈现出你死我活、不共戴天、动不动就血流成河尸积如山在文化传统上的根本原因。

因此，翟让的坦诚大度，能够换来瓦岗寨的如日中天，也由此形成了李密的崇高名望与地位；但却没有能够换来人们包括李密的尊敬和爱戴。原因仍然植根于上述政治文化传统，植根于那种“胜者为王败者为寇”、赢者通吃的游戏规则。

在这种政治哲学之下，有权就有一切，无权便丧失一切；就连皇帝在做太子、尚未登上龙椅时，都要戒慎戒惧、一脸媚态，更遑论其他那一级一级的溜须拍马了。由此，人们在心理上，便不可能再是高贵而高傲的，只会趋向下流、沦于猥琐；向胜出者和掌权者献媚就此成为必然；而不想这样做的人，则或者被肉体上消灭，或者被边缘化。

秦汉之后两千多年，中国社会盛产有权势、有财富的人渣和贵重的猪狗鼠辈，越来越鲜有心灵人格高贵而独立的精神贵族，唐宋之后特别是朱元璋以后，这一人种更见稀缺，原因盖出于此。

翟让让贤之后，很快就在此问题上失去了心理平衡。《资治通鉴》上记载了令他失衡的几件事情：

李密带领瓦岗军连获辉煌战绩，瓦岗寨呈现出一派如火如荼，颇有成为明日王朝之气象，这使翟让手下负责军事行动的助手王儒信首先受不了了。他劝告翟让，让他封自己为大冢宰，总揽各种大权，以此架空李密。这是中国历史上权臣夺位的惯用把戏，翟让拒绝了。这很容易理解。因为一把手的位置，本来就是翟让觉得自己不如李密而让出来的；如今，李密在这个位置上，把瓦岗寨搞得红红火火，翟让有没有理由再去夺李密的权是一回事儿，他有没有能力这样去做又是一回事儿。他的拒绝应该说是明智而正常的。

翟让的哥哥名叫翟弘，当时也在瓦岗寨，被封为柱国荥阳公。这是一个既没有文化，又没有头脑的粗人。这种人特别容易在利益的诱惑面前，忘记自己姓什么，翟弘也是如此。他对翟让说得更直截了当。他说：“这个天子本来应该你自己来当，怎么就让给了别人？你要是不想当皇帝的话，那我来当！”史书记载说：“让但大笑，不以为意”——翟让只是大笑，没当回事儿。而另外一个人听说之后，就不可能不以为意，而是很在意，这个人就是李密。史书记载说：“密闻而恶之”——李密听说后，十分厌恶。

随后，发生了一件事情，表明翟让的心里已经有些疙瘩了。

李密取得一系列富有战略意义的军事胜利之后，公开发布反对隋炀帝的檄文，导致大批隋朝官员纷纷归附。崔世枢是总管级官员，他从鄢陵即河南颍川一带归附李密，结果，被翟让囚禁起来。翟让囚禁他的理由是想索取金银珠宝。不料，这是一个穷总管，并没有多少钱，多方设法也满足不了翟让的要求，导致翟让准备用刑拷掠。这就显得有点儿不太上路了。

有一次，翟让召元帅府记室邢义期来赌博，元帅府是李密发号施令的机关，元帅府记室是李密的机要秘书。不知什么原因，这位秘书迟迟未来，翟让很是恼怒，下令把他痛打八十棍。除了贪财之外，这种事情显然还可以做另外的解读。

房彦藻来到瓦岗寨的时间很早，当时担任左长史这一重要职位，大约相当于办公厅主任或秘书长的样子。他可能并不是李密的直系班底。有一次，翟让把他召来，放出狠话说：“前一段时间，你打下汝南，得到不少好东西，只给了李密，一点儿都不给我。李密的魏公是我立的，将来怎么回事儿还说不定呢。”

房彦藻很紧张，就悄悄向李密告状。并和一位主管军事事务的高级官员一同劝李密，说：“翟让既贪又狠，没把您放在眼里，恐怕得早做准备。”

李密说：“现在安危未定，我们要是闹起内讧自相残杀，恐怕不是个事儿，会显得很是目光短浅。”

那位主管军事工作的官员说：“被毒蛇咬了手的话，为了保全生命，就得壮士断腕，这是没有办法的事情。要是他先发难得了手的话，后悔可就来不及了。”李密决定按照他们说的去做。

李密安排酒席，宴请翟让。翟让毫无戒备地带着自己的全班人马，前来赴宴，包括他的哥哥翟弘、司马王儒信、他最重要的领兵将领单雄信、徐世勣等等。

大家落座后，李密说：“今天咱们是最高层聚会，不需要太多的人在边上，只要有人招呼就行了。”然后，命令自己手下的人统统离去，只留下一个名叫蔡建德的武士侍卫在身后，翟让手下的人还都在场。这时，房彦藻报告说：“今天有点儿冷，是不是也给司徒身边的人们喝点儿酒？”李密说：“请司徒决定。”翟让首肯道：“这当然最好啦。”随后命令自己手下的人们都出去喝酒。

宴会开始后，酒肉还没上桌，李密拿出一把名贵的弓，请翟让鉴赏。翟让接过来，刚刚拉开那张弓，站在李密身后的武士蔡建德一刀劈下来，就将翟让砍翻在地。随后，翟让的哥哥翟弘、司马王儒信等人也被杀死。徐世勣动作最快，一个箭步跳到门口，被守在门后的武士一刀砍在脖子上，王伯当一见，大吼一声制止了那个武士；徐世勣就此保住了性命。单雄信则向李密下跪求饶，也保住了性命。

翟让带来的人们惊慌失措，不知道应该怎么办。李密高声宣布：“我们大家同起义兵，本来是为了除暴安良，翟让却专门做一些暴虐的事情，凌辱大家，不守规矩。今天只杀他一家，和其他人没有关系。”接着，命令把徐世勣扶到床上，自己亲自为他上药；然后，命令单雄信前去安抚翟让的部下，将跟随翟让的所有人马分配给单雄信、徐世勣、王伯当统领，就此将内部安定下来。这件事情发生在大业十三年十一月，翟让拥戴李密为魏公是在大业十三年二月，相距刚刚九个月。

当时的历史学家认为，翟让和他身边的人残忍贪纵，所以被杀之后，他们的部下甚少人为他们难过。相反，倒是李密的部下开始有了人人自危、个个疑虑的感觉。想想看，翟让在李密危难时收留了他，在他表现出才能时把位子让给了他，在他进行各种行动时配合了他，算得上仁至义尽了。翟让于李密有大恩，而李密得志之后，既没有心胸、没有诚意和翟让友好相处，又不能有效调和内部的关系，只能采用屠杀的方式，这的确是够令人寒心的。后来，李密的一些重要部下与助手离去或背叛他，很有可能就是这次谋杀的后遗症。

这种自相残杀，对李密的心理也产生了相当强烈的影响，他对徐世勣等人的猜忌就是从这时开始的，从而直接左右了他的许多决策。从后来徐世勣的作为当中可以看出，李密毕竟还是“嫩”了点儿，缺少对人情世事的洞察力。“识人为哲”，从追随杨玄感开始，李密就显然不具备这样的“哲”。在政治舞台上搏杀，不会识人用人，乃第一大致命伤。在此，李密已是先输一招儿。

李密的另外一个重大失误是战略方向上的错误。这个错误几乎注定了他失败的结局。

当时的政治格局相当诡异。

杨广继位后的十三年时间里，大部分时间是在全国各地巡游，在首都长安的时间全部加在一起不到一年，在东都洛阳的时间为四年左右，在江都扬州的时间约为两年。

经过多年经营，洛阳不但成为全国的政治中心，也成为当时的交通中心，城池坚固，驻扎重兵，是帝国重心之所在。然而，杨广第三次来到扬州后便长驻不返，自动远离帝国政治中心，实际上等于自我放逐，自己使自己变成了政治上的行尸走肉。而长安则以其深厚的传统底蕴，尽管备受皇帝冷落，却仍然是众望所归的首都，具有强大的凝聚力和号召力；在人们的心灵深处，长安维系着帝国的悠悠之魂，只有长安方才是帝国正统之所在。

从当时军事力量分布上看，反政府武装遍布全国各地，帝国政府的军事力量则主要集中在江都扬州和东都洛阳，隋炀帝杨广从继位那一天起，就把长安视为累赘，致使长安的防卫力量极为薄弱。

四年前，杨玄感兵变时，李密为他设想了上、中、下三策。在那个高瞻远瞩的战略规划中，李密认为直捣长安远比洛阳攻坚为上选。杨玄感没有采纳李密的意见，是他最终失败的重要原因。

如今，轮到李密自己了。他明明知道奇袭长安是为上策，屯兵洛阳坚城之下实乃下策，却还是在洛阳城下久久盘桓，直到一蹶不振。对此，史书上有较为详细的记载。

大业十三年五月，远在扬州的隋炀帝还不知道李渊将在太原起兵，下令调动长安地区的关中兵马前去救援洛阳。当时，有人对李密说："关中长安山川险固，秦汉都是凭此成就了帝王事业。您应该命令翟让守洛口，命令裴仁基守回洛，您自己率领精锐部队奇袭长安。拿下京城之后，再东向河、洛，传檄即可定天下。如今，隋失其鹿，天下逐之，不早点儿做这件事情，必然有人会抢先去做，那时，后悔就来不及了。"

李密说："你所说的的确是上策，我已经想了很久。只是昏君在扬州，跟随他的力量还很强大。我的部下都是山东河南一带人，不打下洛阳，谁肯跟随我西行？而且，我的将领基本是强盗出身，留在这儿，他们势必互不服气，那样的话，麻烦可就大了。"

我们无法知道这是不是李密的真实想法，但是，他确实没有离开洛阳周围。两个月后，李渊离开太原，向长安进发；劝告李密的那个人所说的一切，都应验到了李渊身上。有人说，在重大问题上，上帝只会给人一次机会；失去这次机会，人们就会一步赶不上，步步赶不上。李密就是如此，从此，他再也没有这样的机会了。

随着军事上的胜利，李密的政治影响力急剧扩大，不断有各级帝国官员前来投奔他，山东、河南、江淮地区的地方政府长官纷纷派人表达归顺之意，各路占山为王的好汉们包括窦建德、孟海公、徐圆朗等不少人也派来使者拥戴李密即皇帝位，他的很多部下们都希望他尽快称帝，史书记载说，每天前来投靠他的人“道路不绝”。瓦岗军一度达到了号称百万、实则三四十万的规模。

粗粗看上去，李密领导的瓦岗军真是形势一片大好，其实并不太好，甚至很不好。

从大业十三年二月攻下洛口仓之后，李密便率领瓦岗军胶着在洛阳周围，与政府军反复拉锯，大大小小的攻防战、争夺战达数十次之多。从战况上看，瓦岗军胜多败少，显示出一派烈火烹油般的气势，在战役和战术层面上似乎稳占上风，而实际上，李密所有这些胜利的直接后果，就是将政府军方面的主力部队吸引到自己身边，从而，使自己既丧失了从容调度的回旋空间，又没有能力歼灭敌人主力并拿下东都洛阳，结果，在战略上处于极度被动的地位。而李渊趁李密与隋军主力苦苦缠斗之机，轻而易举地直下长安，立即尽占战略主动之地位。

至此，自以为稳坐天下盟主之位的李密，除了为李渊打工，与隋军彼此拼死消耗实力之外，在全国政治格局中，已经没有占据战略优势的可能。这种局势与七百年后元末明初时的情形十分相像。当时，刘福通率领红巾军在北方战场上与元朝政府军主力作战，称得上艰苦卓绝；朱元璋则在刘福通背后的江淮地区建立起稳固的根据地，并大力扩充实力。等到刘福通和元军差不多两败俱伤时，朱元璋出来从容收拾局面。在这个意义上说，李密实在是大唐帝国的第一开国元勋。

公元六一八年，是一个复杂的年份，既是隋炀帝大业十四年，也是李渊在长安所立的隋恭帝杨侑义宁二年，还是王世充等人在洛阳所立的隋恭帝杨侗皇泰元年；五月份以后，李渊逼迫隋恭帝杨侑退位，建立唐朝，于是，这一年又成了唐高祖武德元年。

这一年三月，隋炀帝杨广被杀死，是造成上述错综复杂局面的直接原因；到四、五月间，宇文化及率领大批骁果军人离开扬州，北上西行，更促使政治、军事形势突变。洛阳城内外，风云变幻，波诡云谲。

本来，洛阳城下战火纷飞硝烟弥漫，政府军和瓦岗军打得难分难解，死去活来。如今这一对不共戴天的冤家，突然发现，他们需要面对共同的敌人，那就是宇文化及和他带领的十万骁果将士。于是，洛阳城里刚刚成为皇泰皇帝的杨侗，在臣僚们的建议下，决定招安李密，用一系列崇高的职衔，换取李密的效忠，用以对抗宇文化及。当时，谋划招安李密的大臣们真实的考虑只有一个：等到李密和宇文化及打得两败俱伤时，再来收拾李密或宇文化及，坐收渔人之利。

此时，李密也正在担心。

宇文化及是以返回关中老家来号召那些骁果勇士的，从扬州到长安，恰好在河南洛阳附近被瓦岗军卡住去路。这就使李密陷入了腹背受敌的窘境：前方是久攻不下的坚城洛阳，后背又来了渴望回家的十万大军。李密的处境立即变得分外险恶。

现在，见到洛阳政府前来招安的使者，李密大喜，立即接受任命，承诺打败宇文化及后即入朝辅政。李密的心思其实也很简单：首先，解除两面作战的困境；其次，他根本就没把宇文化及放在眼里；最后，洛阳城里主持军事工作的，是被他屡屡重创过的王世充。只要打败宇文化及，一旦入朝辅政，洛阳小朝廷和皇帝恐怕就要听他李密摆弄了。到那时，中国历史上曾经上演过无数次的权臣夺位故事，想不重演恐怕都不行。

就这样，在李密和洛阳政府军方面，实现了八个月左右的合作，双方停战，出现了短暂的蜜月期。

在此期间，有两件事情是李密没有想到的：

其一，正如他所料，宇文化及的确是个蠢笨之才，然而，他带领的骁果军却绝不蠢笨。童山一战是李密和宇文化及之间的决战。战斗中，李密身负重伤，被射下马，昏倒在战场上。当时，李密身边的卫队被打散，四处奔逃；多亏秦叔宝单人独骑拼死冲杀过来，召集流散将士与骁果军力战，才将他解救出来。最后，宇文化及虽然败走，李密的瓦岗军却也遭遇重创。并为不久后的军心瓦解埋下了伏笔。

其二，洛阳政府中以宰相为首的文官集团，对与李密之间的蜜月抱有不小的期待，他们甚至乐观地认为：天下很有可能从此会走向安定团结。这却令以王世充为首的军方特别不爽。尤其王世充，深知李密若真入朝辅政的话，首先要对付的就是自己。因此，他多次对部下将领们说："我看朝中这帮人，不过是些刀笔吏，早晚要被李密算计。我们和李密打了这么多次仗，干掉了他们那么多人；他们要是得了势，我们还有活路吗？"

此时，文官们也在怀疑王世充，是不是在和宇文化及勾结？就此，双方很快发生内讧，并发展为文官们准备发动宫廷政变，干掉王世充；王世充则发动兵变，反制文官。最后，文官集团的重要骨干几乎全被杀死，小皇帝整个落入王世充的掌握之中，洛阳政府的要害部门被王世充的亲戚和亲信们占据，完全成了他们家的后花园。

就此，以为打败了宇文化及后，可以从从容容进洛阳辅政的李密，只能重新开始，紧锣密鼓地再来对付王世充。

按照史书上的描绘，李密身材矮小，其貌不扬，外表上并没有什么领袖群伦的气派。但是，此人精通兵法，满腹经纶，智商极高。翟让刚刚推举他为领袖时，他害怕别人不服，尤其怕翟让暗算自己，因此，布衣粗食，奋发自励，居室中除了书，别的什么都没有；打了胜仗之后，奴仆女子财宝珍玩一无所取，全部分给大家；对于孤苦贫困的人们总是慷慨解囊，毫不吝啬；对于各类宾客士人特别谦恭有礼，于是，前来投奔他的人很多。

杀死翟让之后，连连取得军事上的胜利，李密渐渐开始膨胀，用今天的语言描述，就是被胜利冲昏了头脑。当时，发生了一件事情给人留下了很深印象：

洛口仓是隋朝政府最大的国家粮仓，李密攻占这座粮仓后，为了招揽人心，下令开仓放粮，并且，没有进行任何有效的管理，任何人都可以随便来拿粮食，只要你拿得动。于是，许多人将搬运不了的粮食抛撒在路上，导致从粮仓到出城的大路上，铺撒了几寸厚的白米。城边十数华里长的河川里，看不见沙石，满眼是白花花的大米。李密看到后，特别高兴，认为这是人心所向、事业兴旺发达的表现。他的一位幕僚告诉他："国以民为本，民以食为天。现在大家熙熙攘攘地到这里来，是因为他们觉得天在这儿。如此糟蹋粮食，一旦没粮了，您还靠什么兴旺发达呢？"

童山一战，将宇文化及击溃，有一批宇文化及带来的南方骁果将士投降了李密，李密给他们很优厚的奖赏。这使他过去的部下十分怨恨。原因在于，李密已经不再像杀翟让之前那么体恤部下将士了，因此，虽然打了许多胜仗，军中却没有府库积蓄，拿不出钱财来犒赏自己的部下。加上杀翟让留下的阴影，李密的瓦岗军中其实埋伏下了许多不安的种子。而李密却浑然不觉。他的自我感觉极好，颇有点儿打遍天下无敌手的孤独寂寞。他认为，洛阳城里本来就是一帮手下败将，如今还自相残杀，灭掉他们也不过是时间问题。这使他在面对王世充的最后关键一战中，有许多决策都轻狂肤浅、大失水准。

王世充是个颇为复杂的人物，既善于拍皇帝的马屁，又曾经在江淮地区有过不少战功，因此，隋炀帝派遣他率领江淮劲旅驰援洛阳。从大业十三年七月开始，王世充与李密大小六十余战，大多处于劣势。大业十三年十月，王世充与李密会战于巩县西南二十五华里处的黑石关，王世充先胜后败，几近全军覆灭，逃回来后，王世充不敢回洛阳，自己把自己关进监狱请罪。越王杨侗没有治他的罪，将他召回洛阳，让他重新带兵。

两个月后，大业十四年正月，越王为王世充补充部队七万人，王世充再次与李密展开大战。结果，再一次先胜后败，被李密打得溃不成军，十几位高级将领战死。王世充奔逃回河阳城，又十几天不敢回洛阳。这一次，越王不但赦免了他的败军之罪，还派遣他的哥哥带着金银珠宝、美女玉帛前来慰问，以胜败乃兵家常事来勉励他。当时的历史学家认为：越王杨侗虽然年轻，却仁慈宽厚，极有见识。说起来，这王世充真是对不住杨侗。

现在，宇文化及已经被李密打败，洛阳城里也成了王世充的天下。在李密完全不把王世充当回事儿，显得十分轻佻轻薄时，王世充却在缜密地筹划着针对李密的最后一战，他把这一战看成了关系到生死存亡和身家性命的头等大事。

王世充部下有许多出身江淮荆楚的将士，那里自古以来就是盛行巫术的地区，当地人民虔诚信奉神鬼巫祝。王世充命令一个名叫张永通的军中巫师，宣布自己三次梦见周公托梦，说是周公本人将率领神兵天将帮助王世充杀贼。于是，将士们纷纷要求立周公庙。

临到出兵之前，据说周公再次托梦，警告王世充及其部下，必须尽快讨伐李密，当有大功，否则将士们都将得瘟疫而死。一时间，将士们坚信不疑，纷纷前来请战。王世充精选两万兵马，誓师出征；为了表明是在周公的庇护下作战，军旗上大字书写着“永通”二字。据说，出征将士甲仗鲜明气宇轩昂，士气高昂得像是要爆炸。

李密方面的情形则大不一样。在作战会议上，裴仁基主张：王世充尽率精兵而来，洛阳必然虚弱；应该避其锋芒，出兵逼近洛阳。如此一来，王世充必定回兵救援，他回兵救援，我军就按兵不动；他若领军回攻，我军就再次进逼洛阳。这样势必使他疲于奔命，这就是兵法上所说的：敌出我归，敌归我出，数战以疲之，多方以误之。

李密不同意，说：“你只知其一不知其二。王世充的兵马有三不可当：其一器械精良，其二有备而来，其三粮尽求斗。我们若是深沟高垒以观其弊，他们求战不得，欲走无路，不过十天就可以拿到王世充的脑袋。”

应该说，裴仁基和李密的看法都很精辟，要是按照这种战法打下去，胜败真的就很难说了。可惜，就和李密明知奇袭长安是上策，却不去实行一样，如今他再一次轻易改变了自己正确的看法，接受了单雄信等人轻率的提议。当时，单雄信等一批将领认为，王世充兵少，且屡屡遭遇重创，早就被吓破胆了。兵法曰：倍则战。现在我军远远超过他们数倍还不止，当然应该狠狠教训他们。何况还有许多新来的弟兄们等着这种立功的机会呢。结果，李密居然就同意了这种见解，史书记载，裴仁基“苦争而不得”。

另外一个后来鼎鼎大名的人物，也反对这个作战方案。他就是魏徵。魏徵认为：王世充率领的是一批怀着必死之心而来的饿兵，这样的兵是不能与之争锋的。只要深沟高垒坚守不出，再饿他几天，不出十天半个月就一定会垮掉。魏徵的意见和李密的看法不但是一致的，而且也是高明的。但是李密已经接受了单雄信等人的方案，于是，他的一个心腹谋士便嘲讽魏徵的看法是老生常谈，魏徵很恼火，说道："这是奇计，不是常谈。"遂拂袖而去。

就这样，直到战役打响，李密的部队营地都没有设置壁垒。在你死我活的战场上，李密竟然是如此无可无不可的态度，可见他的虚骄之气到了何种程度。

另外一方的情形则完全不同。投入战斗之前，王世充将部队集合起来，告诉他们："今天这场战斗，不是为了争输赢，而是为了争生死；不是为国家，而是为自己。胜了大家一起富贵，败了没有任何一个人能够活着回家。"

然后，王世充将一支两百人的敢死队埋伏在山谷；自己率大部队在晨曦初露时分，摸到了瓦岗军的近旁。毫无准备的李密极为狼狈，仓促迎战，队伍尚未排成阵列，王世充的大军已经如狼似虎般冲杀过来。激战中，王世充将一个长得很像李密的人，推到阵前，令士兵大喊："抓到李密了，抓到李密了！"一时间，王世充的将士士气大涨，高呼着万岁，蜂拥而上。

埋伏在山谷中的敢死队也翻过山梁，居高临下杀进李密军的营地，军营里慌张混乱，无法组织起有效的抵抗，结果军营被纵火焚烧。作战部队一见之下大惊，再无斗志。曾经多次打败过王世充的瓦岗军，就这样垮掉了。

李密带领一万余残部脱离战场，逃回大本营洛口城。不料，此处也生变故——留守洛口城的邴元真叛变了。

邴元真原来是一个县里的低级职员，因为贪赃枉法罪行暴露而潜逃，翟让从监狱里逃出来后，他跟着一起上了瓦岗寨，担任翟让的掌书记，就是机要秘书。李密被推举为首领后，开魏公府，翟让推荐邴元真担任长史，相当于秘书长或者整个行政工作的一把手。李密同意了，但并没有让他参与军机事务。曾经有人警告过李密：不杀邴元真，此人必为后患。李密没有答应。

此时，李密将要进入洛口城时，有人悄悄告诉李密：邴元真已经派人去接引王世充了。李密装作不知道的样子，准备在王世充率军半渡洛水时击之。结果，又一个不可思议的事情发生了：王世充的军队已经全部渡过洛水，而李密的侦察兵居然没有发现。等到李密准备出击时，王世充大军又一次逼到了眼前。这时，另外一个重要人物的叛变，使事情变得无法挽回了。这个人就是单雄信。

单雄信既是翟让的同乡，也是翟让的好朋友，同时，和徐世勣一样，是瓦岗军中最重要的领军将领。李密杀翟让时，单雄信跪在地上磕头求饶，李密没有杀他。后来，有人告诉李密，单雄信“轻于去就”，建议李密杀掉他。李密爱惜单雄信是个难得的勇将，没有同意。现在，单雄信果然“轻于去就”，在两军对决、李密和瓦岗军面临危机时，勒兵观望，并不参战。李密估计很难取胜，遂紧急后撤。单雄信立即率部投降了王世充。

在这决定性的一战中，李密军中积累的矛盾一一爆发出来。数十万大军一朝战败，便土崩瓦解，只有一万多人还在追随他；一大批高级官员和最重要的将领被俘的被俘、投降的投降；除邴元真、单雄信外，秦叔宝、程咬金等将领也随裴仁基一起归附王世充；李密本来准备到徐世勣驻守的黎阳去，有人对他说：“杀翟让时，徐世勣身受重伤，如今兵败前去，恐怕很危险。”徐世勣有大将之才、后来成为李世民手下的一代名将；从隋文帝杨坚、隋炀帝杨广到唐太宗李世民，隋唐数代帝王无可奈何的高丽，就是在他手里被收服的。可惜，李密看不出来这一点，他没有到自己最为优秀的将领那里去，而是怀着满腹疑虑和惆怅，抛弃徐世勣，来到王伯当驻守的河阳，治下在今日河南孟州市西南一带。

王伯当是一位豪侠仗义的肝胆男儿，对李密忠心耿耿，却不是一位富有才略的将军。李密来到后，和大家商量今后怎么办。李密的想法是：南阻黄河，北守太行，东连黎阳，以图进取。这时，真是应了“风声鹤唳，草木皆兵”“兵败如山倒”的老话，将领们似乎都被这场败仗吓破了胆，所有人都认为“众心危惧，恐叛亡不日而尽；又人情不愿，难以成功”。

李密长叹一声，说：“我所倚仗的是大家，大家不愿意，我还有什么路可走呢？”随后，对王伯当说：“兵败矣，这么长时间辛苦大家了，我用我的头颅向大家谢罪吧。”说完，就要拔剑自杀。王伯当抱住李密，痛哭失声，在场的众人也都哭成一片，泪眼模糊中，没有人能够仰视李密。

最后，李密决定带大家到关中去投奔李渊。他认为，自己虽然没什么功劳，跟着自己的众人却能够得到富贵。他的一位助手认为：李密和李渊同族，又在李渊起兵之初有过友好盟约；其后，在洛阳坚城之下拖住隋军主力，李渊这才能够不战而据有长安。这就是李密的大功劳。对于这一点，李渊的心里应该很清楚。大家觉得他说得对，于是，李密就带着两万多人来到了长安。

李密和他的助手们都错了。

李渊不但不会感谢李密，他可能根本就觉得李密是活该。

中国的帝王很少会有感谢什么人的想法。原因在于中国传统文化中的天命思想。

一般说来，几乎在中国所有领域中的成功人士，大都会认为自己的成功来自天命，是上天赋予了自己特殊的禀赋，使自己具有超出其他人的智慧、才干和运气等等，因此，自己的成功是应该的，不需要为此感谢任何人。在内心深处，他们对自己之外的人们大体都是蔑视的。从刘邦和李世民的例子中，我们可以知道，他们甚至对自己的父亲都没有感恩之心，更别提其他人了。

从各种史料上看，这种人能够对母亲和上天怀有感恩之心，就已经很不错了，这也许是令他们不至于坏得离谱的重要原因。而更多的人则会在巨大的权力之中产生错觉或幻觉，根本就把自己当成了上帝。

事实上，得意后的李密对翟让痛下杀手，上述理由可能也是支撑他的重要心理因素。如今，轮到李密自己了。李渊出于同样的动机，也不会对李密有任何心慈手软。只不过，李渊的老奸巨猾使他表现出来的方式更阴柔、更下作一些罢了。

李密入关时，受到了异常隆重的接待，李渊派来迎接他的人，冠盖相望，络绎不绝。李密心里很高兴，对身边的人说："我曾经拥有百万大军，到今天这一步，纯粹是命运使然。现在，兵败来投，还有幸受到这样特殊的接待，我要竭心尽力地忠心侍奉这样对待我的人。现在山东、河南一带还有几百座城池掌握在我们的人手里，只要把这些土地献给国家，就是一件绝大的功劳，不怕得不到崇高的地位。"

到长安以后，李渊对李密很客气，口口声声称呼他为弟，并把表妹嫁给了李密。

一年前，李渊于太原起兵后直捣长安，曾经和李密之间有过书信来往。当时，李渊对李密好话说尽，将他推崇为盟主，认为当今之世只有李密才有资格领袖群伦，抚育天下苍生。话说得相当肉麻。李密在回信中，则称呼李渊为兄，并俨然以盟主自居。李渊看了李密的信后，心中很厌恶，觉得李密大模大样、狂妄放肆。如今，他一口一个"弟"地称呼李密，不知道的人，以为他很尊重李密；而知道内情的人，则一听就知道，那称呼里其实含着一种很邪恶的讥讽之意。

果然，李密很快就品尝出了苦涩的滋味儿。他带来的两万多人，只有他一个人受到了高规格的礼遇，他部下的将士经常一天一天地吃不上饭；朝臣们不要说对他带来的人，即便是对李密也都很轻蔑；那些手中掌握了一丁点儿权力的人们，时不时地就会勒索他们的财物，甚至包括敲诈李密本人。

李密娶了李渊的表妹，受封为邢国公。说起来，这个待遇和爵位不低；但毕竟只是个贵族头衔而已；他被任命的官职是光禄卿，这才真正让他觉得难受了。因为，这是一个主管皇宫膳食的官儿，听起来排名九卿之列，实际上连总务处长都不是，相当于伙食科长。要想揩油吃回扣，这可能是个不错的位子；而对于雄才大略的李密来说，就不仅仅是大材小用了，根本就包含了戏弄和侮辱的意思在内。

不久，徐世勣做了一件极其漂亮的事情——

李密率众走后，徐世勣率领许多李密原来的部下，坚守在李密委托他们镇守的地区，并没有向王世充低头。这是一片不小的土地：东到大海，南到长江，西到汝州，北到魏郡，地跨今日山东、河南、江苏、安徽四省，有几百座城池。当时，王世充和李渊都在争取他们。徐世勣说："这片土地是魏公李密委托我们镇守的，属于魏公所有。魏公既然归顺了大唐，这片土地自然也应该属于大唐。如果我上表给李渊，将土地献给他，就等于是利用主公的失败为自己捞取富贵，我觉得这太可耻了。我们要把所有人口、土地登记在册，一起交给魏公李密，由他献给国家才对。"

李渊听说徐世勣那儿有使者来，很高兴；又听说使者只给李密带来了一封信，并没有给自己上的表文，就觉得很蹊跷。等到听说了徐世勣的做法后，李渊大为欣赏，认为徐世勣感怀旧恩推让功劳，是一个少见的纯粹而又有德行的人。于是给徐世勣封赏了一连串崇高的头衔、金银财宝和庄园土地，赐他改姓皇家国姓，从此徐世勣就成了李世勣；等到李世民做了皇帝之后，为了避皇帝的名讳，李世勣又成了李勣。民间传奇中那位瓦岗寨军师徐茂公，其实就是徐世勣—李世勣—李勣，一代名将的故事和名字就是这么演变来的。

当时，为了表达对徐世勣的赞赏，李渊甚至将徐世勣的父亲徐盖封为济阴王。自古以来，坐在异姓王这个火炉上烤的人，很少有下场美妙的，皇帝的如此美意，吓得徐盖老人家一而再、再而三地坚决推辞，方才作罢。

徐世勣一番毋庸置疑的好意，给自己带来了诸多利益，却并没有给李密的处境带来实质性的改善。不过，李密从中看到了一个机会，他抓住这个机会，对李渊说，愿意重返河南地区，一是将原来归属自己的地区真正招抚过来，二是前去对付王世充，拿下洛阳。

李渊同意了李密的计划，同时，任命担任左武卫将军的王伯当为李密的副手，并专门为他们举行送行宴会。李渊对李密说："有人说我同意弟回去是放鱼于水，纵虎归山，建议我一定要把弟留在这里。我和弟肝胆相照，不是别人能够挑拨离间的。"

李密离开长安后，正要出关，突然接到李渊的命令，让他将部下留一半在华州，就是今天的陕西华县；同时，李渊派给李密的长史张宝德向李渊报告，说李密将要叛乱。于是李渊命令李密一个人返回长安，接受新的任务。当时，李密已经走到河南灵宝附近，听到这个诏令，他觉得回去必是死路一条，于是，决心杀死来使，脱离李渊。

《旧唐书》记载说，王伯当知道李密的想法后，坚决劝阻李密不要再反。在此之前，当李密决心投靠李渊时，曾经问过王伯当："将军的家人不在身边，这不是小事。你难道还会和我一起去吗？"

王伯当说："昔日萧何率领子弟跟随刘邦，我很惭愧，不能带着所有家人兄弟一起追随您。我怎么可能为了您一时失利就轻言离去？哪怕抛尸荒野，我王伯当在所不辞。"当时在场的人们都很感动。这是李密率众顺利投奔李渊的原因之一。

李密投了李渊，如今又要反，王伯当苦苦劝说李密不要这样。李密不听。王伯当说：“义士立定志向，不会因为生死存亡而改变。伯当承蒙您的恩德礼遇，早就在心中期待着能有机会用生命报答您。您不听我的劝告，我也会追随您，生死以之。但是，我担心最终没有什么好处。”

随后，王伯当挑选几十位骁勇之士，大家穿上妇女的衣服，头上戴着遮脸的幂篱，将刀剑藏在衣裙里，装扮成大户人家的妇女随从，混进灵宝县，一举夺占了县城。并派人通知李密原来的部下，命令他们前来接应。

从后来发生的情况看，李渊可能早就有所安排。因此，当李密以为已经脱离危险，带领大家从容走在通往河南临汝的陆浑县山中时，地点大概在今日河南省嵩县一带，一支埋伏在山谷的唐军突然杀出，李密就这样被杀死。《旧唐书》说到王伯当时，使用了“王伯当亦死之”的说法，显然包含了王伯当用生命酬答李密知遇之恩的含义。这件事情发生在公元六一八年即隋炀帝大业十四年，亦即唐高祖武德元年十二月，距离李密投奔李渊仅仅过去了不到两个月。李密死时只有三十七岁。

有后代的战争史学者认为，在隋末群雄中，若论胆识才智，李密毫无疑问当属于第一流人物。

的确，从当时的情况看，李密的政治见识和军事才华几乎无人可比。因此，他才能在极短的时间里，刮起一阵真正的李密旋风，建立起极为耀眼的业绩。如果仅仅以时间这个参数来看的话，从大业十二年春夏之际来到瓦岗寨，到大业十四年九月战败，投奔长安，还没有任何一个人能够像李密这样，在仅仅两年多一点点的时间里，给中国历史留下如此重大而富有戏剧性的痕迹。

假如没有李密，可能很少有人会知道瓦岗寨这个名字；假如没有李密，李渊、李世民们怎样进军长安，建立唐朝就会变得很难想象；假如没有李密，隋唐之际那些深深融入中国记忆的历史文化名人，比如秦叔宝、程咬金、王伯当、单雄信、徐世勣等等，可能都会黯然失色；甚至就连《说唐》《隋唐演义》《水浒》这些民间传奇怎么个写法，都大成疑问。

不过，假如用今天的眼光来打量的话，李密的智商高则高矣，他的情商实在是大成问题。杀翟让，可以明显看出他缺少容人的心胸、雅量，甚至能力，完全没有那种雄浑的大气，那种海纳百川的度量。他对徐世勣的猜疑、那些重要将领的背叛和离他远去，可能都和他的狭隘、小气、缺少识人之明有关。这是中国政治文化的一个吊诡之处——这个文化传统越是缺少政治宽容度，就越是要求他的创业者具有包容力，同时，对于完全缺少宽容的掌权者，又全无制约能力，构成了一种特别奇特诡异的二律背反。

李密与王世充的最后一战，他的投唐又叛唐，表现出他和他的部队缺少坚定不移的决断与坚忍不拔的韧劲，显得轻率而浮躁。一般说来，部队的作风受统帅的风格影响极大。在中国，对于任何时代的创业者与广义上投身政治的人们来说，这都是足以构成一失足成千古恨的致命伤。

李密死后，李渊立即把情况通报给了徐世勣。徐世勣要求为李密收尸下葬。李渊批准，并将李密等人的尸体、首级交给了徐世勣。徐世勣用以臣事君的礼节为李密服丧戴孝，下令三军全部缟素，以君臣的礼仪为李密举行了极为隆重的葬礼。当时，李密的许多旧友、故人和部下赶来为李密送葬，不少人在他灵前痛哭得呕出鲜血。

邴元真投降后，王世充任命他担任了一个很高的官职，并让他以方面大员镇守地方。李密的老部下中，有一个并不知名的将领，名叫杜才干，痛恨邴元真背叛李密。于是，派人骗邴元真出来见面。然后，埋伏甲士将他杀死。李密下葬时，邴元真的脑袋被杜才干割下来，放在李密的墓前祭奠。

遥想当年，且不论那些忠于他的部下和大片土地，仅就人们对他的这种爱戴之忱而言，李密都不该轻言放弃。他投奔李渊的举动，实在是显得失之轻率了。

李密的作为，对于瓦岗寨英雄们的命运，影响甚大。

祖君彦是栖身于瓦岗寨中的大笔杆子，是李密的文胆，他的命运算得上是乱世之中文人的典型遭遇了。

祖君彦的父亲是北齐时鼎鼎大名的患有偷窃癖的宰相祖珽。祖君彦满腹诗书，博闻强记，行文翔实流畅，文采飞扬，既极有学问又极有才华。当时的大诗人薛道衡把他推荐给了隋文帝杨坚。杨坚一听说是祖珽的儿子，马上说："他爹不就是用歌谣杀斛律光的人吗？这种人的儿子我不用。"杨广继位以后，自以为文才天下第一，特别不喜欢因为富有才华而名气大的文人。偏偏这位祖君彦文名甚盛。于是，杨广就给了他一个宿城令的七品芝麻官儿做，世人遂称呼他祖宿城。

祖君彦恃才傲物，又郁郁不得志，久而久之便唯恐天下不乱，总想着怎么能闹点儿乱子出来才好玩儿。李密那篇声讨隋炀帝杨广的著名檄文，就是出自此公手笔。其中留下千古名句："罄南山之竹，书罪无穷；决东海之波，流恶难尽。"凭着这一名句和这一篇檄文，祖君彦就注定永远不会被历史遗忘了。

李密失败后，祖君彦为王世充所俘。王世充问他："你为叛贼写文章骂皇帝骂过瘾了吧？"这祖君彦大约读书读呆了，掉着书袋很傲岸地回答道："跖客可使刺由，但愧不至耳。"

盗跖是上古时代的大盗，常常被古人当成坏人的典型，许由是古人心目中品行高洁的典范。那时，文化人哪怕生逢乱世，仍然讲究为酬答知己生死以之；讲究若以国士遇之，则必以国士报之。祖君彦的意思是说：报答盗跖知遇之恩的人，是可以为了盗跖去刺杀许由的，我唯一感到惭愧的是没有能够做到这一点。其中的潜台词大概说的是：不能帮助李密干掉王世充，自己觉得很惭愧。

王世充做过不少奴颜媚骨、阿谀取容的扯淡事儿，比如从江南民间搜罗美丽女子和珍玩宝物往皇帝身边送，时不时打个小报告，等等。隋炀帝杨广对他的欣赏提拔与此关系甚重。一般说来，这种人除了媚上欺下弄权弄钱之外，不大弄得懂什么叫高贵，对于身上长着傲骨、又知恩图报的人会很恼火。王世充下令鞭打祖君彦，将他打得昏死过去。

此时，王世充早就有了夺皇帝位、过一把皇帝瘾的心思，看着失去知觉的祖君彦，心里有点儿后悔，就让一个医生去为他治伤。谁知，边上有一个叫王拔柱的混蛋军官骂道："舞文弄墨的书呆子死有余辜。"说完，在倒卧地上的祖君彦心窝踢了一脚，竟把这个倔强而又才华横溢的才子踢断了气（以上事见《旧唐书》卷八十四，列传第九 李密 祖君彦）。

瓦岗寨的故事离不开秦叔宝、程咬金和单雄信。

瓦岗军失败，这三个人归降王世充之后，受到崇高而优厚的礼遇。但是，秦叔宝和程咬金死活看不上王世充。程咬金对秦叔宝说：这个王世充，心胸气度都过于狭隘浅薄，太喜欢吹牛撒谎瞎忽悠，到处表白，动不动就神神叨叨赌咒发誓，活像个扯老婆舌的巫婆老娘们儿，和能够拨乱反正的贤明之人完全不搭界。秦叔宝颇有同感。于是，二人决定离开王世充。

公元六一九年即唐高祖武德二年二月，距离瓦岗军失败四个多月，李世民与王世充会战于河南九曲地区，就是今天河南宜阳西北一带。在两军对阵之际，秦叔宝、程咬金等十几个人策马离开王世充。他们很有风度地对王世充行了最后一个军礼，并致告别辞说："承蒙错爱，我们很想有机会报答，只是您的性情过于猜忌，身边又有太多人瞎忽悠，实在不是我们能够栖身的地方。只好恭敬地请求向您告别。"随后，驰马离去。王世充表现得也很有风度，并没有不依不饶没完没了。只是目送他们的背影时，想必心情不会很好。

秦叔宝武艺高强，极为勇猛；他擅长用长枪，并不使用金装锏。如果用古代小说中惯用的说法形容，他有万夫不当之勇，于百万军中取上将之首，如探囊取物。因此极受李渊、李世民父子喜爱。他刚刚来到李世民军中时，李世民对他厚加礼遇。李渊曾经派使者专门到前线来，赏赐他一个金瓶和各种珠宝，并让使者转达皇帝的话：对于秦叔宝，自己的肉都可以给他吃，更别说什么财宝了。能够让皇帝说出这种话来，可见他确有身手不凡之处。

历史记载中的程咬金本人和民间传奇中的程咬金反差最大，几乎是不相干的两个人。程咬金从少年时起就以勇猛闻名，善使马槊，可能是一种在马上使用的长矛（待考），似乎并没有抡过那把可笑的大斧；他本人很有政治头脑，远不像传奇中那么不堪。官修正史中，他本名程咬金，后改名程知节，在英雄辈出的隋唐之际，他的名字和事迹远不像民间传奇中那么宝气、响亮。

后来，这两个人都成了大唐帝国开国元勋级的人物，并排进入了凌烟阁上的二十四功臣行列，程知节的名字还排在秦叔宝前面。二人在后世民间文化中名气极大，秦叔宝和尉迟恭成了两尊门神，程咬金只会三板斧，却动不动就要从半道上杀出来搅局。他们已经成了中国文化中的某种符号式人物。

单雄信则是另外一个路数。

他没有离开王世充，遂成为王世充手下最重要的大将军。从很年轻的时候起，单雄信就十分骁勇善战，特别擅长在马上使用长矛，他和翟让的私人关系很好，在李密时代的瓦岗军中号称

“飞将”。

不久，王世充毒死杨侗，自己当上了郑国皇帝，不可避免地与李世民率领的唐军多次激战。在一次战役中，单雄信飞马持枪直奔李世民杀来，长矛几乎刺到了李世民。徐世勣在边上大喊：“这是秦王！”单雄信稍一迟疑，李世民得以逃生。在后来的战争中，单雄信曾经又有一次险些干掉李世民，当时，跟在李世民身后的尉迟敬德冲上去，将单雄信打下马来，李世民这才脱险。

后来，王世充投降，窦建德战败被俘，单雄信也和他们一起成了唐军的俘虏。唐高祖李渊下令放过王世充，偏偏将窦建德和单雄信处死。徐世勣为单雄信苦苦求情，要用自己的所有官职、财产来赎买单雄信的性命，李渊不同意，坚持要杀掉单雄信。李渊为什么一定要杀死窦建德和单雄信？为什么会轻轻放过王世充？官方史书上的解释并不特别令人信服，可能有一些不为人知的隐情在。

在刑场上，徐世勣跪在单雄信面前大哭不已，并割下自己大腿上的肉，喂给单雄信吃，说：生死永别，要让自己的肉陪着单雄信到另外一个世界去。

就这样，瓦岗寨英雄故事余音袅袅，至今不绝。

这些故事至少可以让我们知道，我们的祖先曾经肝胆豪侠、义薄云天，曾经有血性、有血气、有情有义。祖先们英灵有知，若看到今日的不肖子孙们，竟会沦落到如此贪婪、谄媚、伪善、阴狠、猥琐模样，大约在九泉之下很难合上眼睛。

04

李渊，犯错误最少者胜出

比较一下史书对李密和李渊的评价，很有意思：

《旧唐书》没有介绍李密的性情。《新唐书》是这样描述的："密趣解雄远，多策略，散家资养客礼贤不爱藉"——李密志趣高远，有雄心壮志，富有谋略，大把挥洒家中金钱结交天下好汉、礼贤下士，从不吝啬钱财。这种性情，和《水浒传》中的那些好汉何其相似乃尔。

反过来，《新唐书》没有概括李渊的性情，《旧唐书》则这样介绍："及长，倜傥豁达，任性真率，宽仁容众，无贵贱咸得其欢心"——长大之后，李渊潇洒豪放、豁达，任性、真诚坦率，宽厚仁慈能容人，无论贵贱，什么人都能得到他的欢心。

实事求是地说，至少就我本人而言，对上述两个评价都有保留。不过，对前一条说李密的，觉得还能接受；而对后一条说李渊的，就很难理解了，基本感觉就是找不到北，不知道那些历史学家凭借什么理由，对口中很少能够找到真话的李渊做出这样的评论。

比如，李密有见识，有雄心壮志，所有的聪明智慧都写在脸上，很少隐瞒自己的真实想法和战略意图，显得真诚、坦率、堂堂正正，走的是刚猛或者阳光一路。这可能和他博览群书、才华横溢、不屑于玩弄阴谋诡计有关；大约也和他官场生涯过于短暂，显然缺少磨炼有关。或者根本就是个性使然——秉性令他不会阴柔，他只能这么做。这和表面阳刚、内里阴狠，有时从里到外都阴狠的中国官场，反差太大。他死时只有三十七岁，投奔瓦岗寨时三十五岁左右，和杨玄感一起闹事时，还不到三十二岁。假如，他能够有李渊一样的官场生涯的话，也许结果会很不一样。

太原起兵时，李渊已经五十一岁。资料显示，他七岁袭封唐国公，那时还是北周时期；杨坚以隋代周之后，他只有十四五岁时，就开始了官场生涯。独孤皇后是他的亲姨妈，姨夫隋文帝杨坚十分喜爱他，史书上的说法是“特见亲爱”。从杨坚到杨广，三十七年间，隋朝两代帝王对他都不错，使他官运亨通，直到坐上太原留守的高位。在此期间，有江湖术士对他说：“您的骨相非常，将来必当皇帝。请自爱，不要忘了我的话。”《旧唐书》说，为此，李渊颇为“自负”。另外一种解释是：李渊颇以此为自己的抱负。

我们知道，杨坚建立隋朝时，北周皇室宇文家族的人几乎被杀光；此后，上层政治斗争连年不绝，在“谋反”“大逆”等罪名下，差不多每年都有位高权重的人一个家族一个家族地被干掉；到了隋炀帝杨广的大业年间，就连享有极为崇高威望的高颎、极为崇高文名的薛道衡都被杀掉了。有条件近距离观察这一切的李渊，想必对帝国政治斗争的内幕、过程、方式方法的极度阴狠残酷，看得清清楚楚。这时，他就是有天大的抱负，他就是自负得把自己当成了上帝，可能也得先深深地藏起来再说。

“桃李子，皇后绕扬州，宛转花园里，勿浪语，谁道许？”这首谶谣一出来，李渊的反应应该是一则以喜，一则以惧。假如这谶谣不是他制造并散播出去的话，他会极度狂喜。因为，这神秘的谶谣与那江湖术士和他自己的期许，不谋而合；天命即将降临，他安得不喜？令人恐惧的是，在这谶谣面前，他这个目标太显眼了；再加上他心理上一直以当皇帝“自负”。如此一来，难免在风吹草动面前，总有一种“八公山上，草木皆兵”的被迫害妄想。史书上关于隋炀帝对李渊颇为疑忌的说法，大体上可以做这样的解读。

李浑李敏家族被灭族之后，他应该可以松一口气；李密成了“逃亡中的李姓男子”之后，他就更加安全了。这使他有了相对宽裕的时间和心态，躲在锋芒毕露、从而声名大噪的李密身后，从容准备对隋家皇室的致命一击。

早在四年前杨玄感兵变前后，李渊就和宇文士及在涿郡“密论时事”。那时，杨广正在辽东前线指挥第二次讨伐高丽，李渊受命在前进基地组织后勤保障。我们和杨广一样，可能永远不会知道，杨广深为倚重的表哥和他十分亲近的大女婿一道，是怎样在背后算计他的了。后来，陪同隋炀帝在汾阳宫避暑时，他们两个可能谈论得更加露骨与透彻了。《旧唐书·宇文士及传》中对此做了十分委婉的表达：武德二年，宇文士及到达长安后，对李渊表忠心说：“臣早奉龙颜，久存心腹，往在涿郡，尝夜中密论时事；后于汾阳宫，复尽丹赤。”

这个宇文士及真够可以的。他父亲是杨广最为心腹的重臣，家里享受着当世无人可及的荣华富贵；先皇帝杨坚就很看重他，命令杨广把最为钟爱的大女儿嫁给他做妻子，他却早就开始在背后算计自己的岳父皇帝；他的哥哥宇文化及带着骁果军兵变时，他很有可能是最重要的策划者和组织者，等于是主谋杀死了皇帝岳父；同时，他又在暗中派家仆，昼伏夜出来到长安，向李渊表达效忠之情，并让人向李渊进贡金环，以表达自己的无限忠心。

到目前为止，我们还无法知道这个宇文士及到底是个什么人。仅从上述有限的资料看，在皇帝面前，此人不是个好臣子；在岳父面前，此人不是个好女婿；在妻子面前，此人不是个好丈夫；在哥哥面前，此人不是个好弟弟。而这样一个人，偏偏对李渊一往情深，并当上了大唐帝国的宰相。

更加令人惊异的是：做人一向谨慎、深藏不露的李渊，当初，怎么就敢向皇帝的这位爱婿敞开襟怀？莫非真是应了那句老话：鱼找鱼，虾找虾，乌龟找王八。

据说，在宰相任上，此人工作很勤奋。临死时，唐太宗李世民还为他流了眼泪。死后，皇帝本来要给他的谥号是“恭”。结果，有人反对，说他在家里生活得极为奢侈放纵，根本当不上这个恭字，最后，谥号为“纵”，也算是一种盖棺论定。

杨玄感兵变失败后，李渊的大舅哥窦抗对他说：“杨玄感这小子真够敢干的。谶谣上说的是老李家的事儿，这是上天的启示，你可别错失良机。”李渊说：“小心惹祸。别满嘴胡说八道。”

唐俭是李渊的好朋友唐鉴的儿子，李渊做太原留守时，唐俭也在太原。他对李渊说：“天下已经对本朝不抱什么希望了。您要是打开仓库，向南召唤好汉，向北与突厥合作，向东收服燕赵地区，再长驱过黄河，向西占据秦、雍之地，海内大权，弹指就可以拿到手心。您要是能够这样顺应人心所向的话，商汤周武这些圣人的大业也就指日可待了。”

李渊很小心地回答说：“圣人的事业，想都不敢想。现在天下大乱，于私而言是为了活命，于公而言是救苦救难。你要善自珍重，我会认真想你说的话。”

当时，劝李渊起兵的人很多。比如，几年前，李渊还是河东讨捕大使时，负责平息山西地区的反政府武装。他的副手夏侯端号称很会算命、看相，这个人就曾经劝他早点儿起兵，以免像李浑、李敏叔侄那样。李渊心里认为他说得很对，但嘴上什么也没有表示。

后来鼎鼎大名的武则天的父亲武士彟，曾经弄了一些兵书、符瑞之类违禁品给李渊，并劝李渊造反。李渊对他说："你老兄千万不要多说了。这些东西都是违法的，将来要是有那么一天，我一定会记住你的好意。咱们苟富贵无相忘吧。"

最好玩儿的是李渊对儿子李世民的一番做作。

有一天晚上，李世民对李渊说："今上无道，百姓苦不堪言，太原城外到处都成了战场。您要是谨小慎微的话，下有盗贼反寇，上有严刑峻法，不知道哪一天就会出大麻烦。不如顺民心，起义兵，转祸为福。这是上天授予的好时机。"

史书记载：李渊大惊，道："你怎么可以这么说话？我要把你抓起来，交给政府。"说完，在桌子上摊开一张纸，做出要给政府写揭发材料的样子。

李世民说："儿子我看天时、人心无不如此，才敢这么说。您老人家一定要抓我告官，我也只好去死。"

李渊说："我哪里忍心真的告你，你小心点儿自己那张嘴。"（《资治通鉴》卷一八三，隋纪七，恭帝义宁元年）

怎么样，够假模假式了吧？这还没完——

第二天，李世民再一次对他爸说："盗贼越来越多，满天下都是。您受命平息这些盗贼，这哪里是一个能够完成的任务？您注定是要费力不讨好的。况且，现在大家都在谈论那首谶谣，认为下面该是我们李家主宰天下，所以李浑才会没有罪也被灭了族。您要是真的能够把那些盗贼平息掉，不但得不到奖赏，说不定更加危险了。只有像昨天说的那样，才能免祸。这是万全之策，请您千万当机立断。”

李渊长叹一声，说：“昨天晚上，我想你说的话想了一晚上，你说的真是很有道理。现在是家破人亡也由你，化家为国也由你。”

表面上看起来，都是李世民在八方联络，四处奔走，和李渊没有什么关系。其实，李渊是太原城里的最高军政长官，他高高在上，遮风挡雨，李世民才能在下面招降纳叛、结党营私，所有一切都在李渊的掌握之中。倘非如此，十个李世民的脑袋也不够砍的。就和今天的许多高级长官并不需要直接参与儿子的作为，自然有大批金钱进账的道理是一样的。

事实上，李渊、李世民父子当时的许多作为，根本不是什么唯恐皇帝怪罪下来而战战兢兢、如履薄冰，他们已经相当肆无忌惮了。譬如，长孙顺德是政府高官，为了逃避辽东之役，潜逃到了太原，藏在李渊的留守府里，深为李渊、李世民父子信任和倚重；刘弘基不但是辽东之役的逃将，而且多次违法犯罪，甚至成了盗马贼，却藏在李渊府中，私下为李渊做事；窦琮也是一个高级军官，后来成了在逃犯，投奔到太原，被李渊重用。窝藏这些罪犯的罪名不算轻，可见李渊已经并不在乎朝廷的法纪和皇帝的看法了。

当时的晋阳县令名叫刘文静，其实本人与名字全不相干，是一个绝不文静的县官。他和李密是姻亲，大概两人娶的是一对姐妹。李密出事之后，刘文静连坐被抓进太原监狱。

李世民到监狱里去看他，刘文静说：“天下大乱，没有汉高祖刘邦、光武帝刘秀的本事，恐怕是平定不下来了。”

李世民说：“你怎么知道没有这种人？只是平常人看不出来罢了。我来看你，不是为了儿女情长，而是要和你谈点儿正经事儿。想知道你有什么高见。”

刘文静说：“皇帝跑到江淮一带不回来，李密又把洛阳团团围住，群盗遍布天下，在这种时候，只要有真正贤明的人出来控御局面，取天下将会易如反掌。我在太原当了几年县长，老百姓害怕强盗都躲进了城里，我知道一些豪杰之士，招呼起来，马上就能聚起十万人马；您父亲手下还有几万兵马，一言出口，谁敢不听？以此之众乘虚入关，号令天下，不过半年，帝业就可成功！”

李世民笑着说：“天下英雄所见略同，你老兄说的正合我意。”

这哪里是一个二十来岁的小青年在帝国监狱里探监，根本就是太原最高军政长官的公子，在父亲的荫庇默许下，在自家官邸里大模大样地谋划造反！

隋炀帝杨广在全国各地修了许多宫殿，里面装备着所有生活、工作和服务设施，存贮了大量物资并配备着完整的妃嫔宫娥们，以备皇帝大驾光临时使用。晋阳宫就是其中的一座。宫殿的长官是宫监，晋阳宫主持工作的是副宫监裴寂。此人和刘文静是好朋友。长夜无事时，两人时常把酒夜话。有一次，看着城头烽火，裴寂叹息说：“本来就这么贫贱，又遭逢乱世，这日子可怎么过呀！”

刘文静笑着说：“没什么了不起的。我们二人联起手来，还用愁什么贫贱？”

不久，刘文静把李世民介绍给了裴寂。当年，宇文述为了帮助杨广谋求太子地位，曾经给当朝宰相杨素的弟弟杨约玩了一个花招——拿出大量钱财假装输给杨约，以换取他的好感。这是一个所有人都乐于上的当。李世民玩弄了一个和宇文述一模一样的花招，裴寂果然也欣然中招，成了李世民的好朋友，两人的关系相当亲密。《资治通鉴》在形容他们之间的关系时，使用的词汇是，“情款益狎”。这个“狎”字，本意是亲密而不庄重。用今天的观念理解，大约就是亲密无间可以共腹心机密的朋友。

李世民花大价钱结交裴寂，并不是为了晋阳宫监所管辖的那点儿事儿，而是为了通过裴寂，促使自己的父亲尽快起事。根据《资治通鉴》上的说法，裴寂和李渊是老朋友，两个人经常在一起喝酒，有时甚至通宵达旦。李世民把自己的想法告诉裴寂之后，裴寂答应了李世民的要求。

后面发生的事情我们已经知道了：裴寂在晋阳宫里请李渊喝酒，酒喝高了之后，裴寂让侍候皇帝的宫女来侍候李渊。裴寂告诉李渊："您的二公子私下蓄养了很多兵马，准备有大举动，原因就是我用皇帝的女人招待过您。这要是事发了的话，恐怕大家都会不得好死，所以不得不如此。目前大家已经众志成城，就是不知道您怎么想？"

李渊："我这个儿子的确有这个打算，事已至此，还能怎么想？就这么干吧。"

关于此事，还有另外一个说法，认为裴寂不是和李世民一起给李渊使用这个美人计，而是早就这样干了；如今，只不过在答应李世民促使李渊尽快起兵之后，用此事的严重后果敦促李渊而已。在这种说法中，李世民的形象还算好一些，没有那么过分地胆大妄为。不过，按照正统的政治理念，还有什么事情比劝父亲造反更加大逆不道？种种说辞仅仅是"说辞"而已，我们姑妄听之吧。

刘武周杀太守起兵之后，迅速占领了汾阳宫，这是在太原留守的辖区之内。李渊在太原最高军政长官公署里召开会议，对大家说："刘武周占据汾阳宫，我们要是不能干掉他，按照法律大家都得灭族，怎么办？我想听听大家的意见。"

太原副留守王威、高君雅等人都很慌，再三请李渊定夺。李渊说："只要动用兵力，就必须朝廷批准。现在刘武周就在我们身边几百里远的地方，而皇帝远在三千里外的江都，加上道路险要，遍地盗贼，以我们现在这点儿兵，怎么去打这个仗？真是进退两难，我确实是不知道应该怎么办才好。”

大家异口同声地请求李渊：“您既是最高长官，又是皇亲国戚，和国家休戚与共。军机事宜，十万火急，哪能什么事情都等着皇帝批准？只要能够平息叛乱，您干脆就看着办算了。”

《资治通鉴》描绘，李渊装出一副万不得已、不得不听的样子，说：“既然如此，就先征召部队吧。”于是，李世民、刘文静还有几个在逃犯长孙顺德、刘弘基等人开始大规模招募军人；同时，秘密派遣使者去河东、长安等地把李渊的两个儿子李建成、李元吉和一个女婿柴绍召回太原。

就这样，李渊起兵造反的准备工作基本就绪。最后要做的一件事情就是杀死自己的两个副手——副留守王威和高君雅。这是两个由皇帝直接任命并对皇帝负责的高级官员，他们显然还在效忠皇帝，并很艰难地力图忠于职守。譬如，他们曾经试图制止长孙顺德和刘弘基等在逃犯参与军队的管理工作，并逮捕他们。但是在当时的情况下，他们显然很难有所作为。

李渊杀死他们的方式十分老套，就是把自己想要干的坏事加到他们的头上去。

公元六一七年即大业十三年五月十四日深夜，李渊带兵埋伏在晋阳宫城外；次日，五月十五日清晨，李渊和王威、高君雅一同办公，刘文静将开阳府司马刘政会领进大厅，说是有密状要呈交。当时，太原辖有十五府，大体上都在北部边境附近，处于防范突厥第一线的战略地带，开阳府是其中之一。李渊看了一眼高君雅，示意刘政会把密状交给他。

刘政会说：“这个密状是告副留守的，只有唐公您可以看。”

李渊装出大吃一惊的样子说：“岂有此理！怎么会有这种事情？”

他打开密状一看，随即宣布道：“王威、高君雅暗中勾结突厥入寇！”

高君雅大喊：“这是反贼加害于我！”

此时，李世民已经封锁了所有进出通道，刘文静、长孙顺德、刘弘基几个人立即带人逮捕了王威、高君雅。

离奇的是，第二天，五月十六日，竟然真的有数万突厥骑兵打到了太原城下。这就更加坐实了李渊强加给王威、高君雅的罪名，二人除了目瞪口呆，完全无法为自己辩解。李渊当即将他的这两个倒霉副手杀死。就此，在太原城里再也没有人能够成为他的障碍了。

启民可汗死后，经过隋炀帝和裴矩的几番玩弄，启民可汗的儿子始毕可汗和隋朝彻底翻脸，并曾经在大业十一年八月间，出动十万骑兵，将隋炀帝君臣一举围困在雁门关内。

在始毕可汗领导下，突厥再次崛起，“东自契丹、室韦，西尽吐谷浑、高昌诸国，皆臣属焉。控弦百余万，北狄之盛，未之有也。高视阴山，有轻中国之志”（《旧唐书》卷一九四，突厥传上）。可见，突厥之强盛，达到了从未有过的程度。

面对强敌，李渊表现不俗。他命令大开城门，城上不张旗帜，守城之人不许伸头探脑，也不许高声说话，给人一种深不可测之感。历史上，诸葛孔明是否使用过空城计，还是一个需要考证的事情；而李渊倒还真是使用过一把，并且效果还不错。突厥骑兵果然上当，他们从外城北门进来，又从东门出去，始终没敢进入内城。李渊又在夜间派人出城，第二天再改道进城，让人误以为有援军到来。这种神秘诡异的情形的确可以产生一种引而不发的心理威胁力。几天后，突厥骑兵看看没有意思，主动撤走了。

突厥骑兵撤走后，文武官员们前来向李渊道贺。李渊说：“大家先别忙着祝贺，我还得把他们召回来，为我们做点儿事情。”

李渊给突厥可汗写了一封亲笔信，很策略地表示，自己起义兵，是为了把皇帝接回首都，安定天下。他提醒可汗，即便对现在的皇帝不满，也应该想一想先皇帝杨坚对可汗家族的恩德，希望仍然用和亲的方式，像开皇时期一样和睦相处。李渊说，只要可汗支持他，不侵扰百姓，那么所有征伐中获得的财物——子女玉帛可以归突厥所有；要是因为路途遥远，突厥骑兵不能深入内地的话，也同样可以不劳而获地得到各种财宝。

实际上，李渊等于开出了两个条件，供突厥可汗选择：一是出兵帮助自己夺权，江山社稷归自己，征伐所得归可汗；其二是，突厥不用出兵，只要支持自己，譬如提供战马，也可以坐享其成。从后来李渊派遣使者和突厥可汗交涉的情况看，他显然更希望按照第二种方式与突厥可汗合作，并且，在后来的实际操作上也大体是按照这种方式做的。

当时，以下对上有六种行文方式：一曰表，二曰状，三曰笺，四曰启，五曰辞，六曰牒。李渊使用了“启”字，表达了以下尊上的态度，成为事实上的对突厥可汗称臣、纳贡。这件事情，是刘文静提议并具体执行的。按照陈寅恪教授的研究，刘文静背后的主持者，很有可能是李世民。当时的皇家历史工作者对此做了大量隐讳和掩饰，后世直到今天还有很多人千方百计为此辩解，有时甚至到了强词夺理的程度。其实，在历史上，每当政治斗争达到白热化时，政治人物为了夺取或维持权力，以出卖国家民族利益为代价，换取外部势力的支持，是一种时常可以见到的举动，李渊既不是第一个，也不是最后一个。在中国帝王政治文化传统之下，这是没有办法的事情。比如，与李渊同时的刘武周、梁师都、窦建德、薛举、王世充、李轨、高开道等许多人都以称臣、纳贡为条件，换取突厥的支持。假如李渊不这样做，突厥及其支持下的众多政治势力将很有可能会给李渊带来绝大的麻烦，他能不能活着走进长安城都可以成为一个疑问。

为此，李渊派刘文静出使突厥，临行前，李渊非常清醒、理性地向他交代：但凡突厥骑兵进入内地，都会给老百姓带来不小的灾难，我最担心的，是刘武周把他们引来成为大患；同时，也想借助他们的声势。此行表面上是去请求援助，实际上，突厥派来的人不要多，超过几百人就没有好处了。显然，李渊最重要的目的是为了防止突厥南进。刘文静对李渊的意图领会得很到位，他顺利达成使命。突厥可汗派遣使者前来支持李渊，这位使者只带了五百名骑兵，却送给李渊两千匹战马。这可能是李渊所能得到的最佳结果了。李渊极为高兴，称赞刘文静："马多人少，这实在太对我的心思了。如果不是你善于言辞，怎么可能做得这么好？"其实，刘文静即便口才不好，也有可能不辱使命，原因就在于突厥可汗——他当然不会放过让隔壁庞大国家越乱越好的机会。

根据突厥可汗的意思，李渊调整政策策略，从迎接皇帝回首都，改为尊隋炀帝杨广为太上皇，立代王杨侑为帝。这是个一箭三雕的政治设计：既可以平息突厥对杨广的不满，又可以部分抵消叛乱的名声，还为今后取而代之铺平了道路。在这一系列敏感政治问题的处理上，李渊表现得老辣而稳健，显然比当时所有人包括李密在内，要周到而圆满得多。

刘武周、梁师都等人为了谋求突厥的支持，都接受了突厥可汗册封的诸如定杨可汗、解事天子、南面可汗之类的称号，成了突厥可汗卵翼下的儿皇帝。李渊很有可能也接受了同样的册封。当时的历史学家们很好玩儿，在记载李渊见突厥可汗使者时，说李渊"礼见"使者，"帝伪貌恭"——假装很恭敬，使突厥可汗的使者非常感动，觉得李渊对待他们礼节很高，能够"屈意"——

委屈自己。其实，这些都是胡扯。真实的情况正如陈寅恪教授所说，李渊的所谓“礼见”，其实是在接受突厥可汗的册封时所行的拜伏大礼（陈寅恪《论唐高祖称臣于突厥事》，《寒柳堂集》）。

突厥可汗还授予李渊代表突厥可汗权力象征的狼头纛。按照突厥人的习俗，凡是使用狼头纛者，就被承认为也是突厥人。为此，李渊耍了一个小花招儿：突厥尚白，旗帜为白色，隋朝尚红，旗帜为绛红色，李渊给自己部队改换的旗帜颜色是绛红夹杂着白色。李渊自己也说，这么做纯粹是掩耳盗铃，但是为时势所迫，只能这样做才能稳住突厥人。随后，李渊没有使用“天子”“可汗”一类称号，而是开大将军府，自称大将军。这些举动，应该也包含了多种意义：既可能是现实政治的需要，也可能是在为今后预留回旋空间与地步。

按照陈寅恪先生的考证，这整个过程都是李世民所策划并主导的，他可能还和突厥可汗的继承人结拜为兄弟，彼此之间有了香火之情。后来，突厥骑兵大兵压境，李世民单枪匹马来到渭水边上，成功劝突厥可汗退兵，可能也和这次结盟有关。

这些情况在当时的记载中，或者被伪造出很多虚虚实实的假象，编造出许多似是而非的理由，或者被很小心地隐去了真实情景。

比如，就像李渊跪拜行礼、接受突厥可汗册封被解释成“假装恭敬”一样，使用白色旗帜，本来是为了讨好突厥，而在这些史臣笔下，成了效仿武王伐纣时所打出的白旗。

再比如，开皇初年，太原曾经有一首童谣，说是“法律存，道德在，白衣天子出东海”。人们解释说，隋家天子特别喜欢穿白色衣服，并且总是要到靠近东海的扬州去，就是为了符合这首童谣。如今李世民命人广泛传播说，童谣中的“白衣天子”是误传，正确的字其实是“白旗天子”，强力解释了打白旗的道理。

对于那首传遍大江南北的谶谣“桃李子”，如今也有了新解——李渊是唐国公，山西是古代圣人陶唐的立国之地，桃李子指的不是“逃亡中的李姓男子李密”，而是陶唐——唐国公李渊。为此，山西太原人民欢欣鼓舞奔走相告，说是没想到谶谣中所唱的事情，如今竟然真的灵验，并被一一目睹。

裴寂等人还报告说，神人太原慧化尼有一句歌谣诗谶，曰“童子木上悬白幡，胡兵纷纷满前后”。意思是李家的人将要竖起突厥之白旗，突厥兵会听从他的指挥。当时，是真的有这种诗谶，还是传播出来影响人心舆论的编造，现在已经很难考究。

陈寅恪教授考证出来的许多内幕，如上所述，相当曲折复杂，很有可能是当时真实的情形（陈寅恪《论唐高祖称臣于突厥事》，《寒柳堂集》）。

争取舆论支持，制造民众对当政者的愤怒，是这种政治活动的最重要步骤。当年，六镇暴动之后，高欢为了自立门户，与尔朱家族决裂，曾经编造了一些令人痛恨的诏令，用来激起大家同仇敌忾。如今，李渊采用了一模一样的做法：他让刘文静伪造隋炀帝的命令，征召太原所辖地区所有二十岁以上、五十岁以下男子，限时集中到涿郡去，准备第四次征伐高丽。结果，果然激起了大面积的愤怒——“由是人情大扰，思乱者益众”。李渊趁机开仓放粮，收买人心，同时大量募兵，扩充军队。

当时，还发生过一件很小的事情，却足以看出李渊的心思何其细密、何等谨慎——

尚未和突厥达成协议时，突厥可汗曾经派人到太原来。来者带了一千匹马，准备和李渊做生意。当时，正是非常需要军马的时候，李渊对来人特别恭敬，赠送给他极为丰厚的礼物，却挑三拣四，只选了一半马匹买下，其余全部退回。人们很不理解这是什么路数，为什么在急需战马时还要如此挑剔？因此，有人准备用自己的私房钱来买下这些马匹。李渊很难得地说了一番实话：“突厥人的马多的是，今后他们会不停地卖给你，直到你再也不想买。我之所以挑三拣四地只买一部分，就是为了让他们觉得我们很穷，而且并没有特别急的需求。我还准备为你们赊账呢，你们省着点儿吧。”

公元六一七年即隋炀帝大业十三年五月十五日，李渊杀王威、高君雅，成为他起兵反隋的标志。

六月，达成向突厥称臣、纳贡，寻求支持的目的，同时，出兵攻克不肯接受李渊起兵的西河郡，治下在今日山西省汾阳地区，将近在咫尺、南向长安途中最重要的战略据点控制在了自己手中。

七月，发布檄文指斥隋炀帝诸多失道失德，天怒人怨，宣布将遥尊杨广为太上皇，立杨广十三岁的孙子代王杨侑为帝的政治主张。任命儿子李元吉为镇北将军兼太原郡守，自己和大儿子李建成、二儿子李世民率三万大军誓师出兵，直捣帝国首都长安。此时，由于李渊对突厥政策的成功实施和军事布置，后方根据地太原解除了后顾之忧，进军长安主力部队的右侧翼也变得很安全。

大唐帝国就是在这种诡异亢奋的情形下，拉开了历史的大幕。

没有了后顾之忧，右侧翼也很安全，李渊现在需要解除的是左侧翼的威胁。这个威胁主要来自李密。

古今中外的政治，经常伴随着肮脏的交易和谎言。在李渊创立大唐帝国的过程中，这一点也展露得清楚无遗。对于那些不太喜欢官场阴谋诡计的人来说，阅读记载此类事迹的史料，会是一种不太舒服，甚至很不舒服的体验。而对于那些混迹官场、商场、职场，热衷或正在钻研各种权谋智术的人们来说，李渊的事迹对于他们的借鉴意义就太大了，他们必定可以在李渊身上学到很多很多。

如果说李渊糊弄突厥人，还需要历史学家们绞尽脑汁为他辩解的话，他忽悠李密则受到这些学者们众口一词的赞誉，成为他雄才大略的一部分。

李渊出兵长安时，和李密有过几次信使往还。李渊的基本策略是——“卑辞推奖以骄其志”。用今天的语言表达，就是采取低三下四、吹捧忽悠的方式，使李密丧失应有的警惕。

当时，在中国大地上，众多政治势力在完全失序的状态下角逐，其中，显得最有希望、最是气势如虹的力量是李密领导的瓦岗军，河南、河北、山东与淮河流域的许多地区都已经落入李密的掌控之中。李渊起兵之初，需要紧急处理的关系中，最要紧的是与突厥之间的关系。这个关系处理好了之后，他虽然处身于众多敌对者的包围之中，却可以全无后顾之忧。在军事上，李渊则安排另外一支部队，解除了主力部队右侧翼的战略威胁。与李密之间的关系，涉及了左侧翼的安全，同样十分重要。

李密是当时反对隋炀帝的所有力量中最为强大的一支；和李渊一样，他也具有关陇贵族集团核心家族的背景；他还同样早就看到了夺取长安的重要意义。假如李密看透李渊的战略意图，从而放弃攻打洛阳，带领他那支屡屡获胜的部队挥师长安，李渊的前景可能就会变得十分黯淡。或者，李密自己不出兵长安，而是派兵从左侧翼阻止李渊进军长安的话，都会令李渊事倍功半。起兵之初的李渊能否有能力对付，是可以成为一个疑问的。

为此，用浮夸的言辞和虚假的战略意图解除李密对自己的警觉，将他钉死在洛阳坚城之下，让他横在那儿，既不会威胁自己，又挡住了隋朝主力部队的兵锋，使进军长安的主力部队左侧翼变得再无威胁，这成了李渊进军长安之际最为迫切的工作。

于是，李渊派人和李密联络，希望双方结盟，共图发展。很快，李密就给李渊回了一封信。

拿下洛口仓以后，李密兵威极盛，声势如日中天。不少隋朝政府官员前来投奔他，许多反政府武装包括窦建德这样较大的势力，都尊他为盟主，甚至建议他早登大位，李密的人生事业达到了顶峰。在给李渊的信里，李密踌躇满志，以天下为己任，说了不少豪言壮语，显得自我感觉极好。他希望李渊带几千人马，到河内即今天河南省沁阳市来一趟，大家当面结盟，“殪商辛于牧野，执子婴于咸阳”。意思是，李密把自己当成了领袖群伦的周武王和汉高祖刘邦，要李渊和各位三老四少在他这位盟主老大的领导之下，像干掉商纣王一样干掉隋炀帝，像擒获子婴一样擒获代王杨侑。

李渊读了李密的来信后，敏锐地感觉到自己的时机来了。他对身边的臣僚们说：“这个李密真够狂妄放肆的，一点儿不懂得天命所归的道理。正好可以让他去对抗隋朝大军，替我们守住身后的要害。与其再去寻找韩信、彭越那样的良将，还不如就用他好了。宜卑辞推奖以骄其志——我们要好言好语地忽悠住他，让他解除思想武装，不拿我们当回事。只要我们顺利拿下关中地区，占据百二秦关，就可以东向静观群贼鹬蚌相争之势，最后，必然能够得到渔人之利。”（事见《大唐创业起居注》）

《大唐创业起居注》的作者是温大雅，此人当时的身份是李渊大将军府的记室参军，大约相当于今天的机要秘书。根据李渊的意图，温大雅起草了给李密的回信。这封信，可以被看成是古代政治斗争中忽悠对手、掩饰自己战略意图的经典之作——

“大会义兵，绥抚河朔，和亲蕃塞，共匡天下，志在尊隋。”这是所有想要夺取权力的人都会说的废话，核心意思是把自己说成是解救天下受苦人的救世主。最虚伪的是“志在尊隋”一句。

“天生烝民，必有司牧，当今为牧，非子而谁？”天生这些老百姓，必须有人像牧羊人一样地管理他们。当今之世，最合适的牧羊人，除了您还有什么人能够胜任呢?

“老夫年逾知命，愿不及此。欣戴大弟，攀鳞附翼，惟冀早膺图箓，以宁兆庶！宗盟之长，属籍见容，复封于唐，斯足荣矣。”这是紧接着上面的一段话，意思是，我老啦，已经是年过五十知命之年的老头子了，没有做牧羊人那么远大的志向。欣喜地拥戴了不起的弟弟您，就如攀龙附凤，唯一盼望的就是您让天命早点儿变成现实，使天下亿万人民得到安宁。假如盟主您能够宽容地把我再封到唐地，那对于我来说，已经是足够的荣耀了。

“殪商辛于牧野，所不忍言，执子婴于咸阳，非敢闻命。汾晋左右，尚需安辑，孟津之会，未暇卜期。”李渊很仁慈，不忍心说出干掉隋炀帝那样的话；也不敢按照李密的意思擒拿代王杨侑；他告诉李密，山西这一带地方还需要花力气让它安宁下来，现在确实不知道什么时候能去拜会您。

此时的李密也算是身经百战了，他居然就被这样一封信弄得完全找不到北。他把信出示给部下们看，很有信心地说道：“唐公李渊如此推崇，平定天下应该不是什么难事了。”随后，他把自己的注意力全部放到了东都洛阳附近，再也没有花心思去想其他的事情（以上事见《大唐创业起居注》）。

平心而论，在极度错综复杂的局势中，李渊的种种布置，真的是可圈可点，确有不同凡响之处。假如，一种政治文化传统，令参与其中的政治人物只能靠不停地说假话才能生存和发展的话，这种文化传统当然应该受到永久的质疑。这是我们在打量李渊的成功时，心情特别复杂的原因。

另一方面，我们必须承认，在不停传播虚假信息误导对手的同时，李渊所做的所有政略、战略设计，每一项都既正确又扎实而周密，执行起来，果断而雷厉风行。

——他抛弃令几乎所有人都感到绝望的隋炀帝，扶持代王杨侑，反复申明自己“志在尊隋”，这样的政治宣言很伪善，但事实证明，挟天子以令诸侯在中国常有奇效，缺少选择空间的人们就吃这一套；从而，在很大程度上松懈了隋朝官兵的同仇敌忾之心。这是大批隋朝高级官员选择与他合作，大量地方官放弃敌对立场的重要原因。

——确定直捣长安之战略方针，是当时唯一正确的决策。决定之后，便排除万难，果断实施。在这个过程中，李渊的确表现出了政治领袖的大家风度。到达长安城下时，他的部队已经由三万人，发展到了二十万人；拿下长安后，仅仅几个月，就有至少三十多个郡“传檄而定”，承认占据了帝国首都长安的李渊具有领袖全国的地位。在这个过程中，李密必定会痛切意识到自己输在了什么地方。

与他比较起来，李密诚然聪明绝顶且富有才华，却也真是缺少这份政治统帅的大家风范。细数当时各路豪杰，似乎就再没有什么人能够成为李渊真正意义上的对手了。

公元六一七年即隋炀帝大业十三年七月初四，李渊在太原城誓师出兵。第二天，大军离开太原，向帝国首都长安进发。与突厥、李密的周旋，保证了后方基地太原的安全稳定，解除了大军左、右侧翼的威胁。现在，挡在他前面的敌人，又将用他们各自的错误，帮助他顺利实现自己的战略意图。

宋老生和屈突通是两位隋军将领，他们率领的作战部队在人数、装备、战场地理条件上都远远优于李渊，最终却都很轻易地被李渊制服。在进军长安的千里长途中，李渊并没有遭遇到特别像样的抵抗。

宋老生是虎牙郎将，按照隋朝官制，属于从四品的高级将领。李渊起兵后，代王杨侑命他率领两万精兵加上地方部队，驻守在太原通往长安的交通要道霍邑。

霍邑就是今天的山西省霍州，该县北部五十多华里的地方，有一个极为显要的关隘，名叫贾胡堡，是从灵石通往霍邑的咽喉之地，也是古人常说的一夫当关、万夫莫入之地。假如宋老生牢牢守住这个关口，李渊的日子就会极其难过。

李渊是七月十四日到达的贾胡堡，他惊喜地发现，在此险要之地，宋老生竟然没有设防，也没有人在此实施逆战阻击。

当时天降大雨，连绵不绝，宋老生坚守在霍邑城中并不出战。仅此一招，就使李渊立即陷入了进退维谷之窘境。恰在此时，传来一个极坏的消息：刘武周联合突厥骑兵乘虚捣袭太原。这一来，大家全都慌了，因为所有人的家属都在那里，太原若是不保，这支军队会怎么样，是谁都不敢往下深想的问题。

在为此召开的军事会议上，许多高级官员包括裴寂，主张退守太原。李建成和李世民兄弟二人认为决不可退，退则军心必散，将一发不可收拾。兄弟二人还表示，若是打不败宋老生，二人愿以死谢罪。李渊接受了他们二人的看法，决定不惜代价撕开霍邑这个关口，还像刘邦似的斥骂那些主张退兵的人："懦夫之徒，几败乃公事耳"——你们这帮胆小鬼，差点儿坏了老子的大事。

李世民做了皇帝之后，各种史书大力渲染说，这个正确决策完全是李世民坚持的结果，还编造出了一个很动人的情节，说是李渊决定退兵，部队已经拔营后撤。李世民在李渊的中军大帐外面，站在瓢泼大雨中号啕痛哭。李渊已经睡觉了，被李世民哭醒，并终于被李世民说服，从而改变决定，并进而改变了中国历史。有证据显示，这个故事编得很煽情，但很有可能不是事实。

大雨断断续续下了半个月，直到八月初一天才放晴。第二天，李渊下令把武器装备拿出来暴晒。第三天，取山间小道进军霍邑。

到达霍邑后，李渊说："宋老生连贾胡堡这样的险要之地都不设防，就可以知道此人是个笨蛋。”谁知，李渊说得非常准确，这位宋老生还真就是个笨蛋。

李渊来到霍邑城外，只带了几百个骑兵来到城东，让李建成、李世民兄弟二人，各自带几十个骑兵到城下，拿着马鞭比比画画做出一副要围城的架势，同时命令士兵大骂宋老生是个笨蛋云云。宋老生大怒，率领三万大军便杀出城来。李渊与李建成带领一部分部队，与宋老生刚一接触便向后退。李世民则率领另一支部队，从高坡上居高临下地疾驰而下，直冲宋老生军阵，并从后面再掩杀过来。李渊、李建成也率军反身杀来，并大喊：“捉住宋老生啦！”结果，宋老生所部兵马大溃，老生一个人奔到护城河边，跳下马，爬过护城河，抓住城头士兵抛下来的绳子就往上爬，据说已经爬得挺高了，还是被敌人追上来杀死了。

霍邑之战是李渊进军长安途中所打的第一场硬仗。首战告捷，对全军精神上的影响之大是不言而喻的。战后，李渊做了几件很漂亮的事情，对当时的人心士气影响更大。

一件是真正实行论功行赏。

当时，在有关部门论功行赏的报告中，对于同样的功劳，根据出身与地位不同而有不同的奖励。譬如，同样杀死一个敌人，出身贵族的人比出身平民的人受到的奖赏要高，出身平民的人则要比出身奴仆的人高。

李渊知道后，很不高兴，他说：“难道在枪林弹雨中不分亲疏贵贱，论功行赏时就要把人分成三六九等吗？这真是岂有此理！要是这么干，哪里还会有人勇于立功？”他下令，哪怕出身奴隶或罪犯，只要征战当中有功劳的，就要按照功劳本身行赏。这种做法，显然和当时的整体时代氛围高度契合，必定会激励更多人通过军功改变自身的命运。

另外一件事情则是对战败者的处理。

李渊下令，按照国家规定的礼节安葬宋老生，并且不再追究任何战败者的责任；所有被俘的官员，如果想回长安去的话，立即授予五品散官放还；如果愿意留下做官，则与太原起兵时就加入进来的人同等看待。这种做法的潜台词是，李渊自己号称“志在尊隋”，如今，说到做到，没有拿那些忠于职守的隋朝官员当作敌人对待。

这一手儿很厉害。温大雅在《大唐创业起居注》中记载说，此后，那些没有归附李渊的人，只要写一封信去招抚，没有不来的（《大唐创业起居注》）。

至此，李渊所释放的众多政治烟幕开始发挥实际效用。在大多数人群的层面上，他成功地将一次改朝换代，置换成了关陇贵族集团上层的权力关系调整，令反对他的力量降到了最低限度。这种政治上的深谋远虑，的确是他能够顺利进军长安，并最终成功创建大唐帝国的重要因素。

屈突通的失误和宋老生不太一样，造成的后果却更加严重。原因在于，此人的职位比宋老生高很多，权力和责任大很多，造成的后果自然也就严重很多。

屈突通的职位是左武候大将军。大将军本身是一个正三品的军职，但是如果担任左武候大将军的话，视其军功与业绩不同，品级可能还会更高，达到二品甚至一品。这个职位属于隋朝最高军事设置十二卫之一——左候卫的首长，大体可以理解成是今天掌管某军兵种或某总部的上将。其权责类似今天首都的警备区或卫戍区再加上中央警卫局的某些职责。

李渊起兵后，代王杨侑派遣屈突通率重兵驻扎在河东郡城。当时，代王可能把首都能够打仗的军队，基本都交给了屈突通和宋老生，意图就是希望他们能够把李渊拦截住，不要让他威胁到首都长安。

河东郡城位置在黄河拐角的东岸，治下在今天山西省永济市西侧，是扼据山陕之咽喉，自古就是兵家必争之地。隋朝立国之后，在这里修建了一座重要的桥梁，称为蒲津梁。当时，有三个沟通黄河交通的最要害渡口：一是龙门渡，位置在今日山西河津与陕西韩城之间；二是风陵渡，位于潼关附近之黄河北岸；三就是这个蒲津梁。古代所谓“要津”，就是从这几个津渡的要害地位引申而来的。因此，这河东郡的确很重要，其军事价值与战略地位被兵家视为等同于潼关，是帝国首都长安外围最重要之屏障。这一战略要地的得失将直接关系到帝国首都的安危。因此，屈突通坚守河东郡城无疑是正确的。

问题在于，屈突通这位大将军长期担任首都警卫工作，很擅长守城，却不会打野战。他率领的精锐部队至少在五万人以上，有精良的装备、充足的后勤保障和据守坚城以逸待劳的特殊优势；而他所面对的李渊，只有兵马三万人左右，远道而来，粮草不继。假如屈突通真有大将之才的话，就凭这种优劣形势如此悬殊的对比，就可以把李渊玩儿死在黄河东岸。

令人完全想不到的是，屈突通大将军竟然困守在河东孤城中，全然不敢采取攻势作战，使李渊带领远道而来的寡少之兵，耀武扬威于坚城之下，并由此获得了战略层面上的完全主动地位和特别可贵的军事行动自由。

此后，屈突通一直处于两难的境地：出兵来战，害怕城池不守，不出兵又怕朝廷怪罪。在他首鼠两端之际，李渊已经将他看透，于是大胆分兵：一方面以远少于坚城之中的兵力包围河东郡城，一方面率主力部队渡过黄河，并且，渡河之后，更进一步兵分两路：一路派李建成直趋帝国粮库永丰仓，一路派李世民攻略渭北，以此二路实行战略机动，一举将长安变成了孤城。

如此一来，屈突通的臭棋，立即变成了死棋。他只好留下尧君素守河东郡城，自己率数万大军回援长安，结果又被刘文静阻击在潼关长达一个月时间。在此期间，关中各地地方官纷纷前来归附李渊，“三秦士庶，衣冠子弟，郡县长吏，豪族兄弟，老幼相携，来者如市”（《大唐创业起居注》）。长安城下的李渊汇集各方兵力，人数已经达到二十万。至此，隋朝方才真的是大势已去矣。

困在潼关的屈突通再也没有可能扳回局面，有人劝他投降，他说：“我蒙受两朝国君之厚恩，危难之际，只能以死相报。”并常常抚摸着自己的脖子说：“这东西该为国家挨一刀。”

长安被李渊拿下后，屈突通准备率兵投奔洛阳，被唐军追上。唐军将领让屈突通的儿子劝他父亲放下武器。屈突通大呼：“过去我们是父子，今天已经是仇人。”命令左右放箭射之。唐军方面大声对屈突通的部下们喊话说：“京师已经陷落，你们的家人都在这里，你们要到哪里去？”结果，这些士兵纷纷放下武器，脱下甲仗。屈突通真的没有脾气了，他下马面向扬州方向跪下谢罪说：“陛下，臣真是没有办法了，不是臣敢于辜负您呵。”遂被俘。

到长安后，李渊笑着对他说：“老兄怎么这么晚才来相见呀？”屈突通哭着说：“我不能尽人臣之节，所以才会到这里来让国家蒙羞。”李渊说：“真是位忠臣！”遂下令任命他为兵部尚书——国防部长，并让他到河东郡去招降尧君素。

尧君素见到屈突通后，两人相对而泣。屈突通认为隋朝完蛋了，气数已尽，动员尧君素放弃。

尧君素说：“您是国家大臣，皇帝把关中委托给您，代王把江山社稷委托给您，您怎么能这么做？还给人做说客！您现在骑的那匹马就是代王赐给您的，您怎么还好意思骑着它？”

屈突通说：“君素，我是真的没有办法了才这样的。”

尧君素说："现在并没有山穷水尽，你不必多说了。"

屈突通很无趣地离去。

此后，在尧君素的坚守下，李渊一直攻不下河东郡城。遂多次试图劝说尧君素投降，包括封官、许愿、赐给他免死金券等等，全无效果。后来，让他的妻子前去劝说，谁知，这尧君素真是够狠，他开弓就射，他的妻子"应弦而倒"，后来不知性命如何。

最后，孤城中的尧君素弹尽粮绝，城中"男女相食，众心离骇"，隋炀帝被杀死后，失去效忠目标的军心再也无法收拾。尧君素也终于被他的部下杀死。

尧君素死后，隋朝再就很少见到这样忠诚的战士了。

公元六一七年即隋炀帝大业十三年十月十四日，李渊到达长安，命各路军围城；

十月二十七日开始攻城；

十一月九日拿下长安；

十一月十五日尊时年十三岁的代王杨侑为帝，遥尊杨广为太上皇，改大业十三年年号为义宁元年；

四个月后，隋炀帝杨广被宇文化及杀死在江都扬州；凶讯传到长安，李渊号啕大哭，曰："我侍奉皇帝这么多年，皇帝失道不能补救，哪里还敢忘了悲伤？"

两个月后，五月二十日，杨侑"禅让"退位，李渊即皇帝位于隋大业殿，如今改名太极殿。改隋炀帝大业十四年、义宁二年为唐高祖武德元年。

这一年，是为公元六一八年。

这一天，距离李渊太原起兵一年零五天。

从此，大唐帝国正式拉开帷幕。

一年后，五月，让出皇位的杨侑被杀死，死后谥号隋恭帝。

在那个动荡的年代里，所有的人都在犯错误，似乎只有李渊所犯的错误最少；同时，好像也只有他，能够在关键时刻诱导别人犯错误。于是，他笑得很好，成为大唐帝国的开国皇帝。

后来，当他在儿子们的问题上开始犯错误时，就注定他既不能笑在最后，也无法笑得最好，那时，他根本就笑不出来了。

当然，这是另外一个问题了。

05

战略和战术始终是个问题

翻开历史地图，我们会发现，当时的情形用复杂至极这个词来形容，应是毫不过分。已经进据帝国首都长安的李渊，日子并不好过。他的东西南北遍布虎视眈眈的敌人，这些敌人的力量一点儿都不比他弱，有的显然比他强大，甚至强大得多。

他的东面是相持在洛阳城下的李密和王世充。李密战败后，王世充实力大增，河南大部分地区落入他的掌控中；

南方，在南阳与朱粲相接，在信州与萧铣相邻；

西部以陇山即今日之六盘山与西秦薛举相对；

北方最是强敌林立，沿着太原、延安、灵武这三边要地，分布着刘武周、梁师都、李轨等势力；

与上述地区隔开的地方，还有高开道、窦建德、徐圆朗、孟海公等大大小小许许多多政治军事割据势力。在这个意义上说，李渊和所有这些势力一样，仅仅是中央政府丧失权威之后，众多政治力量中的一个。

但是，李渊占据的是长安，是全国人民公认的首都，是帝国正统之所在；占据了这里，就等于占领了全国政治的制高点。李渊政治战略的重要措施，是扶持隋炀帝的孙子杨侑为帝，其用心在于挟天子以令诸侯，重建中央政府的权威。

这一战略举措陆续显示出了效力。大批惶惶如丧家之犬的原隋朝各级各地官员纷纷归附；占据幽州的罗艺，也成为响应李渊的号召、向长安表示效忠的地方势力之一。当时，罗艺掌控的地区北到居庸关，南至易水，东起大运河，西迄太行山脉，大体上就是今天北京周边地区。地盘并不大，但意义重大——使李渊在远隔千山万水的东北边要之地，有了一支不可或缺的呼应力量。后来，在对付高开道、窦建德及其余部刘黑闼时，罗艺发挥了极其重要的作用。

可能是进军长安过于顺利的缘故，当年十一月中下旬匆匆推举杨侑即位，相隔一个多月的第二年年初，李渊就派遣李建成、李世民二人率领十余万大军进逼洛阳，以为可以像拿下长安一样轻取洛阳。结果，发现情形远不如想象的那么简单。于是，李渊果断下令撤军，但却在河南地区留下了两个极为要害的据点：新安和宜阳。这是一个具有特殊战略意味的布置——进，成为窥探中原之前进基地；退，形成保卫关中的战略纵深。后来，在经营中原和全国的进程中，这两个战略据点的作用特别显著。

从后来的发展看，李渊的几个战略布局极为漂亮。

其一是经略汉中、巴蜀地区。

古代中国有两个号称“天府”的地区，一个是八百里秦川的关中地区。吕不韦修建郑国渠，沟通泾水、洛水三百里，使关中地区四百万亩土地得以自流灌溉、旱涝保收，令这里从秦汉时期到隋唐时代成为中国最为富饶的区域之一。另外一个天府之国是成都平原。成都平原曾经是个连年洪涝灾害的地方，吕不韦当政时期，秦国蜀郡太守李冰修建都江堰之后，这里方才变得“水旱从人，不知饥馑，时无荒年”，成为沃野千里的膏腴之地。秦始皇统一中国，在很大程度上依赖于这两个天府之国的后劲支撑，否则，其物质保障便无从谈起。

李渊占据关中，不但具有政治制高点的作用，而且在人力与物质上也是当时全国破坏得最轻微的地区。但是，若要支撑扫荡群雄、统一全国之目标的话，即便是八百里秦川，也仍显狭窄；泾、渭河谷的出产，更是无法支持长期战争的消耗。只有取得兵粮和兵器资源都堪称丰富的巴蜀地区，才能有坚实的物质基础。

李渊进入长安之后，立即下令：查封政府办公地点和库房，收集所有档案资料，严禁抢掠。“一如汉初入关故事”——一切按照当初刘邦入关时的做法去做。

秦朝末年，刘邦进入咸阳时，查封了政府部门和仓库，金银财宝一样不取，然后还军霸上，并和关中父老约法三章；当地人民拿出酒肉献给他和部队时，刘邦说：粮食很多，并不缺少，不希望给大家添麻烦。由此，深得人心，终于打败项羽，创建了大汉四百多年天下。

如今，李渊一切效仿刘邦，查封府库档案之后，也“还军霸上”，出城住在长乐宫，“与民约法十二条”，废除隋朝制定的许多严刑峻法、苛捐杂税。军队攻进杨侑所在的政府机关时，杨侑身边的官员们吓得四散而逃，只有一位名叫姚思廉的学者陪伴在代王身边。当军士们冲进大门，准备上殿抓代王时，姚思廉厉声呵斥道：“唐公起义兵，是为了匡扶王室，你们不得对代王无礼！”这帮粗野的军士们居然一个个愣在那儿，谁也不敢上前。姚思廉流着泪，扶十三岁的代王走下宫殿。李渊、李世民父子知道后，认为这是一位“忠烈之士”，给予礼遇。后来，姚思廉成为李世民秦王府中著名的十八学士之一。

立杨侑为帝之后，李渊立即做了一项布置：以中央政府的名义，派遣官员前往巴蜀地区，安抚当地官员与百姓。史书记载说，东至商、洛，南尽巴、蜀，各地郡县长官、反政府武装首领、少数民族酋长络绎不绝地派人前来觐见，有关部门一天当中要接待或回信上百起（《通鉴纪事本末》卷二十六，高祖兴唐）。可见，李渊自起兵以来的一系列政略布置，显然开始发生重大效力了。

另外一项具有战略意义的措施，则是同样以中央政府的名义，派遣官员分赴河南、河北、山东、江淮、江汉地区，以政治手段招抚坚持在各地的隋朝政府官员。结果，在一片相当广阔的地域里，星星点点地建立起众多据点。单独看上去，这些据点每一个都很不起眼，然而合起来却形成一股绝对不能小觑的战略力量。他们或者独力发展，或者在唐朝大军到来时配合行动，在后来统一全国的进程中，这些战略力量发挥了称得上是巨大的影响力。

最后，李渊需要做的就是针对全国统一的战略布局。

派兵直趋洛阳的做法显然不可取，李渊恢复了他一贯的稳健与谨慎。事实上，此时此刻，大约已经不容他不稳健。原因是，号称西秦霸王的薛举大举东来，李渊必须全力对付逼近的肘腋之患。

陇山山脉又称六盘山山脉，呈西北东南走势，绵延于秦陇地区。华亭县以南称为陇山，是陕、甘两省的分界线所在。陇山以西地区，古称陇西，又称陇右，习惯上，时常被混称为秦凉或陇右地区。陇山以东、秦岭以北，是泾渭谷地，就是所谓八百里秦川，帝国首都长安就坐落在这一片关中腹心地区之中。在地理形势上，秦凉或陇右地区在关中之西；占据关中者若面向全国的话，这一地区就成了战略大后方。故关中、陇右形同一体，息息相关。再加上陇右地处陇山山脉以西的高原台地，对关中恰成高屋建瓴之势。因此，只有秦凉安定下来，关中地区方得安宁；这一地区但凡不稳，长安势必首当其冲。

李渊在洛阳前线将李建成、李世民率领的大军召回长安，就是因为意识到了其中之利害。而让他意识到这一点的，肯定是薛举、薛仁果父子。

薛举本来是隋朝金城府校尉，属于中级军官。金城的治下是今天甘肃省省会兰州。薛举容貌魁伟，善骑射，特别凶悍骁勇。他家里非常有钱，他用这些钱结交各路好汉，遂称雄于陇西地区。

天下大乱之后，陇西地区发生暴动。金城地区最高行政长官将当地流民召集起来，组成军队，命令薛举率领他们前去平乱。结果，在宴请参战官兵并发放军需物资时，薛举和他的儿子薛仁果带领十三个兄弟，挟持这位地方官，自己先反了。他们建立了自己的政权——西秦，薛举自称西秦霸王，建元为秦兴。

薛举很有军事才干，带领这支并不强大的军队连打胜仗，很快就把势力扩展到了甘肃、青海、宁夏和陕西西部地区，迅速变得强大起来。大业十三年七月，李渊出兵长安时，薛举在金城称帝，号称有十三万军队。不久，他的儿子薛仁果攻下了秦州，治所在今天甘肃秦安西部（另外一种说法认为，这里所谓的秦州，就是今日的甘肃天水）。为了对付李轨并进窥长安，薛举将他的首都迁到了秦州。

大业十三年十二月，李渊扶持杨侑称帝不久，薛仁果逼近到了扶风，治下在今日陕西凤翔。这时，薛仁果手下已经号称有三十万大军。兵锋所向，直指长安。在这种形势下，李渊派遣李世民西进扶风，与薛仁果会战于该地，结果，薛仁果大败，李世民率军一直追到陇山附近，方才返回。

据说，薛举害怕李世民穷追不舍，曾经问他左右的幕僚：“自古以来，有没有天子投降的？”后来有名的宰相、大书法家褚遂良的父亲褚亮回答说：“越帝赵佗投降过汉，蜀帝刘禅投降过晋，梁帝投降隋以后，子孙至今还很富贵，转祸为福，自古有之。”薛举的另一位谋臣冲过来说道：“陛下问得真错误，褚亮回答得更离谱！汉高祖刘邦多次奔逃，刘备差点儿连妻子都丢了，他们终成大业。怎么能够一战不利，就说出亡国的话来？”

薛举也觉得挺难为情，说：“我不过是要试试你们而已。”随即，确定了联合梁师都、突厥，共同打击李渊的战略方向。由此，拉开了李渊和薛举对突厥之间的外交争夺战。

其实，直到此时此刻，李渊很有可能都没有意识到秦凉地区对长安的意义。因此，正月初，过完春节，李渊便派遣李建成、李世民率军进逼洛阳。到了三、四月间，又将他们紧急召回，可能就是在知道了薛举联合突厥的意图后，所做出的重大战略调整。

在对突厥的外交争夺中，薛举处于下风，原因很简单：李渊占据的是隋朝首都，各种宝贝显然比薛举要多得多。史书记载李渊和突厥交往时，时常采用“饷遗特厚”“厚遗”“厚赂”之类字眼，可见李渊在此方面是很舍得花钱的。最后，明明已经答应出兵帮助薛举的突厥首领，不但反悔，还把归附了突厥的隋朝五原地区连同其官员，一起还给了李渊。此举意义重大。因为，由此地出发，可以直接威胁薛举的侧后翼，导致他在战场上获重大胜利之后，仍然不敢放手进逼长安。最后，突厥方面甚至拒绝接待薛举派来的使者。结果，气恼中的薛举只好自己再来一拼。

大业十四年即隋恭帝义宁二年亦即唐高祖武德元年六月，薛举亲率大军进逼豳州和岐州，治所分别在今日陕西彬县和凤翔一带。

李渊派遣李世民率领八总管、十余万大军迎战薛举。

李世民采取的战术是深沟高垒，并不出战。不料，恰在此时，李世民患了疟疾，只好把军事指挥权委托给了刘文静和殷开山。李世民叮嘱刘文静：“薛举孤军深入，粮少兵疲，利于速战，不能持久；若是前来挑战，无论如何不要理他。等他粮食吃完了，我们再找机会收拾他。”

两人退下来后，殷开山对刘文静说：“秦王身体不好，肯定是不放心你老兄，才会这么安排。我看咱们得找个机会给薛举点儿颜色瞧瞧，哪能把强敌留给秦王呢？”

过了一会儿，这家伙又鼓动刘文静说：“秦王身体不好，恐怕薛举轻视我们，咱们耀武扬威给他们看看。”

随后，两人像检阅似的将部队排开阵势，又仗着人多而不加戒备。

薛举当机立断，立刻分兵迂回潜伏到了唐军背后。七月初九，薛举挥军在正面猛攻。唐军仓促迎战之际，背后奇兵掩杀而出。唐军八个总管率领的兵马全部被打垮，两个总管战死，一个被俘，全军一半以上将士阵亡。薛举轻松拿下了唐军坚守的城池。病中的李世民收罗败兵，返回长安。

此时，李渊争取突厥的外交成果开始发挥作用——隋末大乱中归附突厥的隋朝灵州地方官员，此时被突厥连土地带官员一起还了回来。结果，灵州和先前还回来的五原一道，成了薛举北方侧后翼的极大威胁，致使薛举不敢乘胜追击，直捣长安。李渊的外交努力，形成了不小的战略优势与主动地位。如果不是这样的话，占据长安不到一年的李渊，将会面临一个严重的挑战；开国仅仅几个月的唐朝，能否安然渡过这个危机，很成疑问。

一个月后，薛举准备不顾风险，直趋长安。就在军队动员起来即将出发之际，薛举患病，几天后，竟然在八月初九死去。就此，曾经有战争史学者半开玩笑半认真地说：这实在是李渊的最大幸运，也是上天给予草创中的大唐帝国的最大眷顾。

薛举死后，薛仁果继位。

历史上有一个极为奇异的景象：一些极端残暴的人物，仍然时常可以受到众人的拥戴。这实在是人类政治史和文化史上具有特殊价值的研究课题。

我们眼前的薛氏家族就是如此。

根据史书记载，薛举是一个杀人狂类型的人物。据说，他每次打了胜仗，都要把俘获的敌人士兵成批杀死。采用的手段经常是断舌，割鼻，或用大锤捣砸。他的妻子也不是善类。这位女士特殊地喜欢鞭打人，看见人不胜疼痛在地上翻滚时，她的反应不是心软，而是命令把人的下半身埋进土里，露出上半身让她继续打。

这种父母养育出来的儿子，自然会青出于蓝而胜于蓝。

杀人，对于薛仁果来说已经不是乐趣，变着法地杀人，才会让他感觉愉快。他所到之处，多杀人，纳其妻妾。就是杀完人后，还要让死者的妻妾做自己的老婆。庾信是南北朝末期的大才子、大文人。他的儿子庾立落到薛仁果手中后，不肯屈膝投降，薛仁果命令将他放到火上烤，边烤边割下肉来让士兵们吃。攻下秦州后，薛仁果将当地有钱人全数抓来，把他们倒着吊在树上，然后往鼻子里灌醋，或者用木棍插进他们的肛门或阴道，以此来敲剥财宝。他的爸爸薛举很明白，曾经多次告诫他："你足智多谋，才华横溢，足以办好我们的事业。只是过于残暴，对人没有恩情，恐怕最终会让我们断子绝孙。"

薛仁果继位之后，大家心里都有些忐忑不安。只是这种疑虑还没有来得及膨胀，两军就已经面临着生死对决了。

这时，李渊再一次发挥他天才的政治手腕，将关系全局的战略主动与优势地位，悄悄拨向自己一方——

在薛举手中战败之后，李渊就派人去见割据甘肃武威地区的李轨，还很亲热地在亲笔信中称呼李轨为堂弟。其实，这实在是个八竿子打不着的堂弟，用北京人的话说，是标准的"套磁"。势单力薄的李轨，一见之下，大喜过望，立即派自己的弟弟李懋前来朝见李渊。李渊任命李懋为大将军，册封李轨为凉州总管，封凉王，就此，双方结成了各怀鬼胎的战略伙伴关系。

恰在此时，李渊早就开始实行的政治攻势继续发挥效力，陇右地区的临洮四郡，包括今日甘肃临洮、临夏、临潭、浇河，青海的乐都等地前来归附。结果，一举形成了对薛仁果的包围态势。双方战略上的优劣已经不可同日而语。

八月十七日，李渊命李世民挂帅，趁薛举新丧进击之。

九月初，还没有来得及安葬薛举，李世民就带领十万大军打到了薛仁果的门口。薛仁果命他手下最重要的大将宗罗睺率十万主力精兵迎战。一场大战一触即发。

李世民故技重演，再次下令坚壁不出，并传令军中："敢言战者斩！"李世民非常清楚，薛仁果带领的部队，是一批打了不少胜仗的骄兵悍将，兵锋难当；其致命弱点在于，他们的粮食是从天水翻过六盘山运来的，粮道遥远而崎岖，时间一久，必然导致粮草难以为继。届时，这支部队就是不打，都有可能成为散兵游勇。就这样，李世民竟然缩在深沟高垒之内长达两个多月。

在此期间，李密在洛阳城下，大败于王世充，前来投奔李渊；李渊面对王世充，再一次有了东顾之忧。为了防止王世充策动突厥两面夹击，李渊也故技重演，命人给突厥可汗送去大批财宝和歌舞美女。可汗大喜，派高官前来回报。李渊"厚宴之"——举行盛大宴会欢迎他，并请这位突厥高官坐在皇帝的御座上，以表示对突厥可汗的尊崇之意。

经过两个多月的对峙，薛仁果的军队果然开始笼罩在浓重的沮丧之中，甚至有高级官员前来投降。李世民知道，鸭子终于煮熟了，遂开始策动攻击。

他先命令一员将领到敌人主力面前挑衅，敌军出击后，立即坚守营寨。随着敌军的攻势由猛烈转为微弱，李世民命令诸将："可以战矣！”随后，他命令一支小部队正面迎敌，自己率领大军绕到敌军背后。就在正面之部队开始支持不住时，李世民指挥大部队从侧后翼高坡上冲杀下来。史书记载说，唐军呼声动地，居高临下漫山遍野杀下来。宗罗睺所率领的疲惫之军再也无法支撑，遂大溃败。

李世民舍弃步兵，带领两千骑兵穷追不舍。他的舅舅窦轨拦在李世民的马前，坚决不让他继续追击。李世民说：“破竹之势不可失，舅舅不要多说！”随后，策马狂追，一直追到薛仁果驻扎的城下。

当时，薛仁果带兵来到城下，试图将败军迎进城，并制止李世民的冲击。不料，李世民不依不饶，一直迫近到城边。导致薛仁果的几位将领临阵投降。薛仁果也坚持不住了，只好放弃逃回来的部队，自己缩进城里。

傍晚，李世民的大部队赶到，将城池团团包围。当夜，守城士兵争先恐后地逃出城来投降。第二天，走投无路的薛仁果开城投降。

战后，诸将就此战的战术问题询问李世民："为什么不带步兵，又没有攻城器具，就敢于率轻骑直达城下。大家都认为不可能拿下城池，却还是拿下了，为什么？”

李世民回答说：“宗罗睺带领的，是一群来自陇右的骄兵悍将。我们虽然出其不意地打败了他们，但在战场上杀死的人并不多。如果不穷追不舍的话，他们逃进城中，再缓过劲儿来，就不太容易对付了。在屁股后面紧追，他们来不及进城，就一哄而散，跑回陇外去了。薛仁果在孤城之内没有多少兵马，也来不及细细商量对策，所以就有了这么个结果。你们没有人看到这一点吗？”据说，众将都很服气。

薛仁果覆灭后，他的宰相褚亮成为李世民的俘虏。李世民知道他富有才学，对他十分礼遇。因此，他的儿子褚遂良有机会成为初唐时期的著名书法家，又成为贞观后期的著名宰相，还成了李世民临死时的托孤重臣。这位书法家很倒霉，撞上了中国历史上独一无二的武则天，稀里糊涂地被这位女皇帝弄死在了遥远的异乡。这是后话，姑且按下不表。

李渊的“堂弟”李轨也很倒霉。薛仁果灭亡后，他成了“堂兄”李渊的下一个目标，怎么躲也没躲过去，甚至就是甘愿做“堂兄”大皇帝下面的“堂弟”小皇帝也不行。

李轨是武威人，智商高，很机智，读了不少书。他家里有钱，却经常救济穷苦人，深受民间爱戴。大业末年是武威鹰扬府司马。鹰扬府是地方主管府兵的机构，很像今天各地的军分区或武装部。不同的是，直接对中央府兵领导机关负责，没有省军区这一中间环节。郎将是一把手，副郎将是二把手，长史相当于助理，主持行政工作；司马也是助理，主持军务工作，属于中高级军官。

大业十三年四月，同样是府兵管理机构军官的薛举在兰州起兵，七月称帝。有一天，李轨和几个关系不错的同乡相聚，他认为：薛举是一个很残暴的人，在兰州站稳之后，肯定会打武威的主意。当地的地方官是一些怯懦而平庸的人，恐怕很难依靠他们来抵御薛举。李轨认为：“弟兄们应该同心协力保卫家乡，静观天下变化。岂可坐视妻离子散，束手待毙？”

大家赞同李轨的看法，决定推举一个头儿，但每个人都很谦让，最后，有人说：“那首谶谣不是说今后会是姓李的为王吗？说不定就应在了李轨身上呢。”于是，大家共同推举李轨出任盟主。

随后，他们裹挟地方官，建立起了一个独立的地方政权，情形很像辛亥革命后纷纷独立的各地军政府。李轨打了几场胜仗，当地一些不同性质的武装也前来投靠；李轨遂自称大凉王，很快占有了张掖、敦煌等河西五郡，成了一个像模像样的地方割据政权。

“一朝权在手，便把令来行。”在权力问题上，中国人特别容易犯两个毛病：其一是皇帝瘾特大，有几个破人拥戴就敢称王称帝，哪怕手下有二三十个人，二三十条枪，也要找足当皇帝的感觉；二是有了权力之后，时常会很快把自己姓什么忘得干干净净，以为自己天生就是当皇帝的材料，之所以还没能让全国人民跪在脚下，仅仅是因为时运没到，他老人家早晚会让人们知道他是谁。李轨就是这么一个角色。

于是，当了大凉王以后，曾经做过不少明白事儿的李轨，很快便开始连发昏招儿。

梁硕富有智谋，在李轨起兵并当上大凉王的过程中，发挥了重要作用，是大凉王任命的吏部尚书，主管干部人事工作，也是军政府最主要的智囊人物，上上下下对他都很敬畏。当时，有众多民族杂居在河西地区，有些部族发展得相当繁盛。梁硕建议李轨对此一定要多加提防。这使另外一个重要人物安修仁心中很不爽。安修仁同样是李轨起兵时的重要骨干，后来大凉王将他任命为户部尚书，主管财政工作。从姓氏上看，安修仁很有可能是出身于昭武九姓的粟特人，当时主要分布在今天哈萨克斯坦、吉尔吉斯斯坦等中亚地区，河西一带甚至辽西地区都有很多。梁硕的建议令他很不舒服，大概和他出身于这些部族有很大关系。

有一天，大凉王李轨的儿子李仲琰到梁硕家里玩儿，梁硕没有拿这小字辈当皇子龙孙对待。不料，这小厮竟然就此恨上了梁硕，并且毫不掩饰自己的恼恨。于是，安修仁和这小厮一拍即合，一起在李轨面前控告梁硕，说他企图谋反。李轨很干脆，一杯毒酒就把梁硕干净利索地打发上了奈何桥。

此举人心丧尽，所有参与起兵的人包括安修仁都在心里嘀咕：李轨这家伙还真下得去手呀。

不久，有一个巫婆极郑重地宣告：上帝将要派遣玉女从天而降，人们必须做好玉女降临人间之前的准备工作。李轨不但相信，而且征发大量民力财力修建玉女台。一般说来，武威、张掖、敦煌等河西五郡地区是河西走廊上最富庶的地方，大约不会为此弄得老百姓活不下去。然而这一年——公元六一八年即大唐武德元年的情形却有所不同。因为这一年是个大饥荒年景，河右地区人相食——当地已经开始有人靠吃人肉充饥了。

对此，李轨的表现很不错。他把自己家里的所有财产都拿出来赈济灾民；不够，他决定要打开国家粮仓赈灾。据说，决策层里的官员们大都赞成这个决定，但几个当初被李轨们裹挟进来的前隋朝官员，却表示坚决反对。他们的理由是：老弱病残才会陷入饥饿，年轻勇壮之士断不至此；国家粮仓是防备意外用的，不是给那些老弱病残预备的；赞成开仓赈济灾民的人是为了收买人心，不是为国家大局考虑，是一群奸臣。

而李轨，竟然就同意了这种说辞。由是，民心离怨——因为这个缘故，老百姓开始离心离德，怨恨李轨。

当年五月，李渊称帝；十一月，在李世民与薛仁果紧张对峙之际，李轨称帝。第二年二月，在李轨帮助下顺利灭掉薛举、薛仁果父子的李渊，开始算计李轨。

对付薛举、薛仁果父子时，李渊联合他们背后的李轨，使薛氏父子陷入腹背受敌的窘境；如今，要对付李轨了，李渊乃送重礼联合李轨背后的吐谷浑，让他们出兵攻击李轨，使李轨也陷入了同样的境地。在只问结果、不择手段的帝王政治文化传统之下，经常是最无情、最不讲究道义和信用的人，最有可能在政治上胜出。李渊和李轨的关系就是显著一例。

李轨做了河西地区的小皇帝后，派人给长安的大皇帝李渊送去一封信，信中自称“皇从弟大凉皇帝臣轨”，对李渊称弟、称臣，意思是不接受李渊先前封给自己的官位，希望李渊能允许自己在河西做称臣纳贡的小皇帝。李渊心中极为恼怒，除了指使吐谷浑在背后出兵攻击之外，他还选了一个很合适的人，前去对付李轨。这个人名叫安兴贵，在长安李渊手下做官；他的另外一个身份是大凉皇帝李轨的重臣安修仁的哥哥。

后来的故事就很简单了——

安兴贵先是假装为李轨着想，威胁利诱李轨投降，被李轨拒绝。于是，安兴贵在安修仁的帮助下，联合当地对李轨不满的部族武装发动兵变，李轨愤而出战，失利，遂退回去准备坚守城池。安兴贵在城外发动政治攻势，大喊："大唐派我来干掉李轨，有敢帮助他的灭三族！"这时，李轨曾经干过的那些好事，基本被人们遗忘；那些遭人讨厌的扯淡事儿，开始显现其后果——城里的人们争先恐后地出来投降，没有人愿意帮助他守城。李轨没有办法，和妻子一道，登上建好不久的玉女台，置酒话别。

李轨在公元六一七年即隋大业十三年七月起兵，到公元六一九年即唐武德二年五月覆灭，前后不到两年。不过，两年时间已经足以让当初推举他的朋友们知道：皇帝这玩意儿，原来竟是如此之令人厌恶。大皇帝李渊对付薛仁果时，小皇帝李轨曾经帮了大忙。如今，李渊并没有为此高抬贵手。他很干脆地把李轨及其家族灭掉了；安氏兄弟则都被册封为公爵，成为长安城中显赫的英雄。

古代军事地理学上早就有过论述：陇右秦凉地区无事，关中和帝国首都长安才会安宁。如今，这一地区基本进入李渊的掌控之中，成为大唐帝国安全的后花园。只有到了这个时候，关中才真正成为李渊进窥中原的根据地；也只有到了这个时刻，他再谈论东向中原，才不会显得轻浮草率。

在此期间，发生了另外一件事情，打断了李渊安定陇右之后进取中原的战略布局——他不得不回过头来对付刘武周。

从史料中判断，李渊起兵太原对突厥可汗称臣时，可能承诺过优厚的条件，换取突厥约束刘武周，避免自己的后路被抄袭。此后，时常可以见到李渊给突厥可汗送财物、金宝的记载，包括给突厥可汗输送精通歌舞的美貌女子，等等。史书很委婉地描述说，突厥使者到长安时，李渊为了笼络他们，请他们坐在皇帝的龙椅上云云。其实，这些都是称臣、纳贡时所必须做的。否则，在帝制传统之下，断然没有这样做的理由。因此，从进军长安到消灭薛举父子，将近两年时间里，实力强大的突厥始终没有找过李渊的麻烦。

公元六一九年即唐武德二年闰二月，薛氏父子覆灭之后，在李渊对付李轨并安排进取洛阳期间，始毕可汗突然率兵渡过黄河，兵临夏州，其地在今日陕西横山附近，可汗的理由是来向李渊索取贡币。梁师都的部队赶来与突厥可汗会合，做出一起南侵的姿态；同时，突厥可汗派出骑兵，支持刘武周越过句注山，进逼太原。李渊本来特别擅长给别人下套，动不动就把人家推进腹背受敌的窘境；如今，他自己不由自主地陷入了同样的境地。

史书对此的记载很含糊，推测起来，有两种可能：

其一，随着关中根据地和皇帝地位的稳固，李渊越来越厌烦向突厥称臣、纳贡，导致突厥前来兴师问罪。史书上曾经谈到过，由于突厥人“需索无度”，唐朝君臣对其贪得无厌十分烦恼。可能说的就是此种情形。

其二，突厥可汗并不愿意看到李渊一家独大的局面，他显然希望自己身边是一个四分五裂的邻居，而不是一个重新统一而强大起来的国家，因此，找借口与梁师都、刘武周联合进攻李渊。

李渊立即行动起来，试图采用釜底抽薪的办法分而治之。他派遣右武候将军高静携带大批财宝，火速前往突厥可汗驻扎的营地。当高静赶到五原附近时，那始毕可汗却突然死去。李渊得到可汗的死讯后，命令高静先把钱财存放在五原郡的仓库里，静观事态的发展。

很快，始毕可汗的弟弟被推举为处罗可汗。他听说李渊下令封存纳贡，很不高兴，准备继续南进。五原郡的地方长官十分机灵，他让高静以吊唁始毕可汗的名义，将纳贡的财物，改成送葬的礼金送给处罗可汗。收到钱财的处罗可汗遂下令撤军。

突厥骑兵撤走了，梁师都和刘武周仍然继续进军。梁师都历来没什么大出息，打到灵州即今日宁夏灵武附近时，被当地唐朝驻军打退；而刘武周的军队则在宋金刚的率领下，极为凶悍，一举拿下了太原，给李渊造成不小的困扰。

刘武周是河间景城人，后来迁居到了马邑，就是今天山西朔州。此人骁勇剽悍，武功不错，喜欢结交天下豪杰。他的哥哥多次为此斥骂他："你交友不慎，早晚会惹来大祸。"刘武周很烦他哥哥的唠叨和管束，就离家出走，去了东都洛阳。此后，参军并在隋炀帝远征高丽时，立下军功，很快被提干，成了大约营团级的军官。战后，这厮荣归故里，回到马邑担任府兵管理机构鹰扬府校尉，大约相当于今天军分区下属的团级干部。

马邑的最高行政长官名叫王仁恭，十分赏识刘武周，经常让他带人做政府大院的警卫工作。那时，地方长官都住在衙门里面，前面是政府机构办公场所，后院就是地方官住家的地方。刘武周在王仁恭家里进进出出，时间一长，就和王仁恭的侍女好上了。

大业十三年二月，马邑地区闹饥荒，王仁恭没有接到皇帝的命令，不敢开仓赈济灾民。刘武周害怕自己和王仁恭侍女的私情被追究，就在城里秘密串联，聚众发表演说："如今饿死这么多人，领导一点儿都不体谅老百姓的苦难，至今不肯开仓救人，这样的人，难道还能叫老百姓的父母官吗？"众人果然被他激怒，对王仁恭很愤恨。

刘武周看到人心惶惶不安，就请病假躲在家里不肯上班。他所结交的那些家伙来看他，他大摆宴席招待，席间，刘武周对大家说："如今遍地都是反政府武装，壮士要是坚守本分，就得饿死。政府仓库里的粮食多得都发霉了，谁敢跟我去拿出来救人？"大家纷起响应。于是，刘武周带着他们杀死王仁恭，开仓放粮，很快聚起了上万人马。

随后，刘武周占领了隋炀帝设置的汾阳宫。当年，李渊在太原起兵时，隋炀帝设在太原的晋阳宫副宫监裴寂，将宫中五百名宫女和大量物资献给李渊。其中的一部分，被李渊转献给了突厥可汗。如今，占领了汾阳宫的刘武周也和李渊一样，把宫女和物资献给了突厥可汗，向突厥可汗称臣纳贡。始毕可汗乐不可支，遂册封刘武周为定杨可汗，授予他狼头纛。刘武周封妻子为皇后，改元天兴；分别任命他的一个卫士和一个妹夫为宰相，以马邑地区为中心，成为北方的一支重要政治力量。

宋金刚是上谷人，治下在今天的河北易县。隋末天下大乱之际，他起兵反隋，与河北地区的另外一支反政府武装窦建德发生冲突，被窦建德打败后，投奔了刘武周。刘武周早就听说宋金刚善于用兵，将他册封为宋王，把军事指挥权交给他，并且把自己的家产一分为二，分给了宋金刚一半。此举即便在仗义疏财的古代侠客中亦属罕见，令宋金刚大为感动。他和自己的妻子离了婚，另外娶了刘武周的妹妹，从此，二人生死与共，同谋天下。

刘武周所在的马邑，距离太原并不遥远。李渊在进军长安之前对突厥称臣、纳贡，一个重要目的就是为了让突厥约束刘武周，防止他乘虚而入，抄袭自己的后路。这是让刘武周特别难受的一件事情。

武德二年四月，突厥始毕可汗联合梁师都、刘武周一并南进，刘武周大喜，立即率军与突厥骑兵会师于黄蛇岭，地在今日山西榆次北部，离太原已是近在咫尺。

李渊离开太原后，留下自己的儿子李元吉为太原最高军政长官。这小子当时的实足年龄可能在十六岁上下，年纪不大，却是个力大无穷的大力士，也是个心理综合素质与生理综合素质反差颇大的公子哥儿。面对突厥与刘武周联军，他命令车骑将军张达率部驱逐刘武周。张达告诉他，自己部下的人数太少，请他给增派一些兵马，李元吉不许，强令张达出战，结果全军覆没。张达痛恨李元吉的蛮横无理，帮助刘武周一举拿下了榆次，随后，逐点攻略太原周围离石、平遥等地，对太原形成战略包围的态势。

五月，刘武周亲自带兵打下介休。此时，王世充已经夺了隋皇泰皇帝杨侗的位，自己称帝于洛阳，改国号为郑。他遥相呼应，出兵河南新安与西济州。李渊连忙派兵增援西济州，以割断刘武周与王世充之间的联合。此后，李渊派去增援山西战场的各路兵马，在刘武周和宋金刚的打击下，纷纷溃败。李渊遂派遣宰相裴寂为前敌总指挥，试图夺回介休。结果被宋金刚打得全军覆没，裴寂一昼夜从介休城下奔驰到晋州，治下在今日山西临汾。其逃跑速度之快，在当时被视为一个奇迹。

至此，晋州以北地区，除了一个西河即汾阳之外，全部为刘武周所夺占。九月，刘武周兵临太原城下。在这关键时刻，李元吉替李渊出了一个大洋相——他对手下主管军事工作的司马刘德威说："你带着老弱兵守城，我带着强兵出城去和刘武周拼个你死我活。"刘德威信以为真，便将精兵强将全部调集给了李元吉。不料，这厮在精兵强将们的保护下，带着老婆孩子、金银细软一溜烟儿跑回了长安。

太原遂告陷落。

关中长安朝野震动。

不久，刘武周、宋金刚节节进逼，到十月中下旬，唐朝黄河以东地区几乎全部失守；最后还在坚守着的地方，也被压缩在很小的几个据点之内。宋金刚隔着黄河窥视关中，准备沿着两年前李渊进军长安时走过的路线再走一遍。当此时，梁师都在延州即今日陕西延安地区，大军压境；东部，洛阳王世充的部队也在伺机而动。唐朝立国之后的战略形势从来没有如此危殆过。

十一月中旬，李渊尽发关中之兵交给李世民，命他进击刘武周。在此之前，唐朝延州守军坚守不战，致使梁师都师老于坚城之下，无法向前推进；河南方面，则派遣大军救援西济州，隔断了王世充与刘武周的联系。

十一月下旬，李世民趁黄河结冰，从龙门即今日山西河津附近渡河，驻屯在柏壁，源源不断地从永丰仓运粮支持，准备与宋金刚长期相持。由此，展开了历史上著名的柏壁之战。

柏壁位于今日山西新绛西南二十华里处。当时，刘武周以太原为根据地，所有前线的后勤保障，都是从太原出发，沿着汾水水陆并进，支援前线的宋金刚所部。其间最为关键的地区，就是从介休到霍邑附近地区的贾胡堡和雀鼠谷。雀鼠谷在介休县西南二十华里，又称冠雀津，数十里之间，都是在陡峭的山涧之中盘桓，自古就是军事上的极险之地。贾胡堡则是离石到霍邑之间必经之隘道，也是特别险峻的地方。两年多以前，隋朝大将宋老生没有在此地凭险据守，导致李渊直抵霍邑城下，从而失去战略优势地位。

这里都是李世民曾经战斗过的地方，他熟悉其山川地理形势，并且非常了解其要害地位。如今，李世民扼守在柏壁，就可以控御汾水下游河谷的咽喉之地，一方面固守绛州即今日之新绛，与柏壁互为犄角，迫使宋金刚无法前进；另一方面，则是固守浩州即今日之汾阳市，迂回袭击经过贾胡堡与雀鼠谷的宋金刚运粮部队。

从武德二年十一月开始，李世民坚守在柏壁，与宋金刚一直相持到第二年即武德三年四月，在几乎将近半年时间里，李世民就是不和宋金刚正面交战，却不停地派人深入敌后，打击宋金刚的运粮部队，并在次要战场上，连连取得胜利。一次是在美良川，秦叔宝等人率军埋伏，将刘武周部下重要将领寻相和尉迟敬德打得大败；第二次，还是寻相和尉迟敬德，被李世民亲自领军打了一个埋伏，打得寻相和尉迟敬德二人“仅以身免”——全军覆没，只有二人逃出战场。

这两次柏壁主战场之外的战役，规模都不大；然而，对于屡屡败在刘武周、宋金刚手下的唐军来说，却是不小的振奋。加上粮道时不时地就被截断，面前的坚城屡攻不下，宋金刚率领的部队士气变得越来越低落。双方之间的战略态势，就在这不知不觉之间，悄悄地发生了逆转。

武德三年四月十四日，宋金刚命令寻相殿后，自己率领大军向北后撤。李世民等的就是这一天。他立即下令全军追击，在霍邑附近追上宋金刚后，双方发生激战。后撤中的宋金刚军力不能支，大败。李世民乘胜追击，一昼夜之间追击二百里，双方大小战十余次。李世民始终不依不饶，穷追不舍。在雀鼠谷，李世民又一次追上宋金刚。史书记载说，双方一日之内打了八仗，宋金刚始终无法占到上风，只能再次后退。到当天夜里，李世民已经率军连续追击两天两夜，露营雀鼠谷西原。据说，到此时，他们已经两天没有吃饭，三日没有解甲。其间，军中只有一只羊，李世民是和将士们分吃的这一只羊，因此，没有人敢于说饿。

到达介休之后，双方最后列阵决战。李世民兵分数路，分击其左右，自己率精兵从宋金刚阵后猛攻，宋金刚终于溃不成军。此后，他曾经准备收拢残兵坚持一搏，无奈，他手下的将士们被打掉了士气，谁也不肯跟他一起坚持。最后，宋金刚只带了很少一些部下逃向突厥，寻求庇护。

得到宋金刚兵败的消息后，守在太原的刘武周放弃太原，带领五百名骑兵，北走突厥。后来，宋金刚和刘武周想离开突厥，被突厥可汗杀死。从公元六一七年即隋大业十三年二月起兵马邑，到公元六二〇年即唐武德三年四月失败，刘武周在政治舞台上的活动，共历时三年多一点儿时间即告结束。

梁师都比刘武周坚持的时间要长许多。他是夏州朔方人，在今天陕西靖边白城子附近，世代为当地的豪门大族。

梁师都本人曾经做过隋朝府兵管理机构的高级军官——鹰扬府郎将，相当于今天的军分区司令。隋炀帝大业十三年二月，罢官回乡的梁师都起兵反隋。在社会失序、有枪便是草头王的时代，只要敢于率先闹事，一般都能够打下一片天地来。梁师都就是如此。他很快就拿下了雕阴——今日陕西绥德、弘化——今日甘肃庆阳和延州——今日陕西延安等地，然后，投靠突厥，将大隋帝国的国号改为梁国，梁师都自称大梁皇帝，改年号为永隆。当时，突厥可汗给他颁授了狼头纛，册封他为大度毗迦可汗。他的汉语称号叫“解事天子”，据说就是由这个突厥语称号翻译而来，大概是“明白事理天子”的意思。

与薛氏父子、李轨、刘武周、宋金刚们比较起来，这个梁师都最没有名堂。他似乎很少能够独力做什么事情，每每都是靠忽悠突厥骑兵南下，他趁机跟着一起打进来蹭吃蹭喝。这种情形可能与他所占据的地区人口过于稀少有关，使他缺少有效的兵员补充能力。

公元六一八年即唐武德元年四月，薛举联合梁师都进攻关中，梁师都刚刚打到灵州附近，就被唐朝守军迎头打了回去。第二年，突厥始毕可汗与刘武周、梁师都组成联军，大举南下。梁师都又在延安附近连连遭遇重挫。到刘武周失败之后，梁师都的部下屡屡有将领叛投唐朝，梁师都寝食难安。于是，再次派大员前去联合突厥。

这个官员很能忽悠，他对突厥处罗可汗说："以往，中原地区天下大乱，四分五裂，谁都灭不了谁，所以大家都要归附突厥可汗。如今，定杨可汗刘武周死掉了，唐朝越来越强大，天下很有可能要全部归唐所有，我梁师都不怕和李渊鱼死网破，就怕我死后，下边就要轮到可汗您了。不如趁他现在还没成气候，向北魏道武帝拓跋珪学习，南下直取中原，一举灭了他。要是这样，我梁师都愿意做可汗的向导。"（《资治通鉴》卷一八七，唐纪四，武德三年十一月）

处罗可汗认为很对。于是，开始布置，准备大举南下。

从隋朝末年开始，突厥第二次迅速崛起。他们利用中原天下大乱之机，从中得到了太多的好处。比如，当时所有北方的政治势力，几乎全部投靠突厥，称臣纳贡，寻求其支持，金银珠宝、美女玉帛源源不断地流入突厥。突厥可汗乐不可支，当然是来者不拒，对所有各方势力均予以支持。如刘武周、梁师都、李渊、薛举、李轨、郭子和、窦建德、王世充、高开道，等等，莫不如是。

只要能够保持各方势力的大致平衡，让他们谁都无法一家独大，突厥可汗的日子就可以过得太舒服了。

如今，李渊的势头越来越猛，处罗可汗自然不能坐视不管。因此，梁师都的建议也正是他所要做的。他准备分遣四路大军南下，将李渊和唐朝一举拿下。

这四路大军分别是：

其一，由处罗可汗的弟弟莫贺咄设为一路，从原州即今日甘肃平凉向关中进击；

其二，由泥步设率领所部，会同梁师都的部队，从延州即今日陕西延安向南；

其三，由突利可汗率领所部及奚、霫、契丹、靺鞨等部族武装从幽州即今日北京附近向西南进军，与窦建德军会合后，从滏口即今日河南涉县南部向西，一直打到山西晋（即今日临汾）、绛（即今日新绛）两州会师；

其四，处罗可汗自己率领大军南下太原，将隋炀帝杨广的遗腹子孙子杨政道送到太原，立为国君，然后，南下与晋、绛之军会师后，进军长安。

这个计划实在是很吓人。若是考虑到当时正值突厥第二次崛起的鼎盛时刻，那李渊能否顶住这种军事攻击，实在是让人为他捏一把汗。李渊知道了这个计划之后，火速派遣太常卿郑元璹携重礼赶往可汗王庭。

这位郑元璹经常出使突厥，当年，那些美貌的宫女和歌舞伎就是他护送给突厥可汗的。如今，由他来力劝突厥可汗息兵，应该算是挺有面子的了。无奈，突厥可汗坚不答允。

后来的结果，令所有人都大出意料。

就在这个节骨眼儿上，处罗可汗突然间就死掉了，而且死得毫无预兆、毫无悬念。突厥人怀疑是这位郑元璹下的毒，将他抓起来，关进了监狱。当时和后代的历史学家有不少人为李渊、郑元璹大声喝彩，认为如此果断地毒死处罗可汗，将一场巨大战祸消弭于无形，实在是太了不起了。是否如此，直到目前还是个谜；只能等待未来的考古发现，或许可以确认。

不过，平心而论，假如真是郑元璹所为的话，他还真是了不起，让人觉得，汉人使者的本事，不是只会给人家怀里塞金银珠宝或者漂亮姑娘。再平心而论，任何对战争有特殊喜好的人，或者是任何为战争鼓噪的人，能够像处罗可汗这样突然死去，实在是他们最好的归宿与造化了。

随后，李渊继续跟进，派遣一位皇室成员再次携带大批珠宝，前去贿赂新突厥可汗。同时，李渊仿照始毕可汗死时的规格，亲自举哀于皇宫宫城的长乐门，废朝三日，令文武百官前往国宾馆向突厥使者吊唁致哀，派遣专使携带三万段布帛重礼为丧葬礼金。就此，终于将这场滔天大祸平息在了未起之时。

此后，梁师都经常忽悠突厥人，时不时地就在边境地区骚扰抢掠一番，再也没有酿成什么大祸，却是年年都来找些麻烦，此人成为了一个真正的“Trouble-maker”——麻烦制造者。后来，他制造的最大一次麻烦，则是在玄武门之变后。李世民继位不久，梁师都把突厥骑兵一直忽悠到了长安城外的渭水边上，倘若不是李世民处理得当，险些酿成大祸。

最后，直到贞观二年，梁师都才在一次内讧中，被他的堂弟梁洛仁杀死，然后，梁洛仁举城投降。就此，起兵十一年多的梁师都，终于走进历史。别看梁师都这么一副赖了吧唧的模样，他可能是隋末割据群雄中，坚持时间最久的一位。

另外一位赫赫有名的人物，是尉迟敬德。他的路数显然不同于上述各位，结局也显然大不相同。

宋金刚败走后，寻相、尉迟敬德等人坚守在介休城中。看看没有什么希望，便一起投降了李世民。后来，李世民率军与王世充对垒时，寻相等人再次逃离，投奔了王世充。尉迟敬德没有一起逃，被李世民的手下禁闭起来，关了一段不短的时间，并准备杀掉。

李世民知道后，把他放出来，并请进自己的卧室，拿出一些金银珠宝，对他说：“大丈夫相交以意气相许，不要介意他们对你的猜疑。我不相信你会背叛我，也绝不会残害忠良，想必你能够体察。这一段时间，我们在一起共事，也有了情分。如果你一定要走，这些钱财就送给你做路费，算是我的一点儿心意。”

当天，李世民和尉迟敬德带着五百名骑兵，登上洛阳城外北邙山上的魏宣武陵，观察战场地形，被王世充率领万余兵马团团包围。王世充手下大将单雄信挺枪跃马，直奔李世民而来。万分危急之际，尉迟敬德怒吼着冲上来，一枪把单雄信刺到马下。随后，保护着李世民冲出重围。

回到军营后，李世民很感慨，说："这些天大家都说你要反叛，我就是不信。上天引导我相信你，这好报来得可真叫快！"

这件事情发生在唐武德三年的九月二十一日。

此后，尉迟敬德死心塌地地为李世民冲锋陷阵，直到在玄武门前杀死李世民的亲弟弟李元吉。后来，这个尉迟敬德成了凌烟阁中大唐二十四个开国功臣之一，并进入到了中国民间传奇和民间神话系统中，成了百邪不侵的两尊门神中的一个。

遥想当年，应该说，李渊是一位富有战略洞察力的统帅，除了出兵长安时，任命李元吉为太原最高统帅，和占据长安后立即派遣李建成、李世民东向洛阳，险些酿成错误之外，在整个大唐帝国的创建过程中，他的战略部署目光高远，周全细腻，严密而又富有弹性，反应迅速而机动灵活，几乎称得上无懈可击。

好像是天佑大唐。在李渊的战略头脑之下，又有两位执行能力极为出色的战术家，在战役和战术层面上，将李渊的战略布局完成得无懈可击。这二位，就是李靖和李世民。人们普遍认为，整个唐代近三百年间，只有两个称得上军事家的人物——就是李靖和李世民。

李世民在战役和战术上的成就过于辉煌耀眼，遮盖住了李渊在政略与战略上的大格局，也遮盖住了李世民自己的眼睛。其实，倘若没有李渊的这种格局，二十岁出头的李世民能否取得这样的成就，是可以成为一个很大疑问的。

西方军事理论的奠基人克劳塞维茨认为，统帅人物最重要的才能是“综合决断力”，李渊显然富有此种才能。孙子兵法云：“善战者，无智名，无勇功。”李渊运筹帷幄、掌握全局的深谋远虑，乃是真正的善战者和大唐帝国的真正奠基人。

可惜，李世民自己和后世的人们看不到这一点，这才把次一等级的“百战百胜，非善之善者也”的李世民推上了耀眼的顶峰，也才会发生玄武门之变这样可悲的历史大事件。

06

李世民，想不辉煌都不行

实事求是地说，在战役与战术层面上，李世民的军事成就足够辉煌耀眼，即便放在整个中国历史上看，也是如此。这些成就，几乎令同时代其他人的光芒黯然失色，却也遮蔽了李世民自己的眼睛与心胸，从而，孕育出了玄武门之变。

透过史料上的蛛丝马迹判断，玄武门之变的悲剧种子，可能是在李世民平定王世充与窦建德时种下的。

按照李渊的战略部署，本来是准备平定薛举、薛仁果父子，将秦凉陇右这一战略后方稳定下来，然后挥兵东出进取东都洛阳。因此，平定薛仁果之后，很快就任命李世民为太尉、使持节、陕东道大行台，蒲州河北诸府兵马并受节度，让他全权负责进取洛阳。第二年即唐武德二年正月，命令李世民出镇夏邑长春宫，开始在具体执行层面上，安排部署出兵事宜。

不久，传来警讯：突厥、梁师都、刘武周联兵入寇，太原、河东危在旦夕，长安震动。李渊遂改变计划，一方面笼络安抚突厥，一方面对梁师都和洛阳方面采取守势，然后，集中兵力迎战刘武周。

一年后，唐武德三年四月，刘武周、宋金刚败走突厥，山西境内全面恢复。五月，李世民率凯旋之师回到长安，六月，就将东征洛阳提上议事日程。

在此期间，东都洛阳的王世充也没有闲着。他所做的最重要的一件事情，就是紧密联系突厥可汗，试图形成对李渊的夹击态势。唐武德三年五月，就在李世民回到长安之际，突厥可汗派遣使团将一千匹战马送给王世充，王世充则将自己家族的女儿嫁给突厥可汗为妻，双方往来十分频繁。

进入六月，在长安方面全面部署出兵时，洛阳方面的城防布置也在紧锣密鼓地展开。王世充下令将诸州镇骁勇者征集到洛阳，形成重兵，分守洛阳四城——命令齐王世恽镇守皇城南端门外的南城，楚王世伟守卫宝城即皇城，太子玄应守东城，汉王玄恕守含嘉城，亦即皇城北部的含嘉仓。

七月初一日，李渊诏令李世民率领七总管、二十五员大将约十万兵马进击东都洛阳；在灵宝、芮城、陕县、新安、虞乡、卢氏六城设水陆转运基地，以保障前线后勤供给；出使突厥，以金宝安抚之；命皇太子李建成镇守战略重镇蒲坂即山西永济；同时，派人到窦建德处联络感情；再在延州一带加强戒备，防范梁师都。李渊的安排可谓绵密而面面俱到。

王世充则在完成洛阳城防之后，加强外部州镇防守：命魏王弘烈镇守襄阳，荆王行本镇守虎牢，宋王泰镇守沁阳。王世充自己率领三万大军迎战李世民。

至此，大战一触即发。

表面上看起来，占据长安的李渊和占据洛阳的王世充有许多相似之处——

比如，长安与洛阳都是帝国法定的首都，两人一人占一个。

比较起来，长安更有传统的象征意义；而洛阳，地居天下之中，由于隋炀帝长期以此地为活动中心，运河开通后又成为水陆运输中心，遂成为皇室、文武百官的家居之地，自然具有了政治、经济、文化乃至军事中心的现实意义。

这两个人——李渊和王世充，同样都是备受隋炀帝倚重的帝国重臣。大业十二年底十三年初，李渊被任命为太原留守，掌握帝国北部边疆防御外侵的军政大权；大业十三年五月，隋炀帝派遣监门将军庞玉和虎贲郎将霍世举率关内兵增援洛阳。七月，隋炀帝再派王世充率江淮劲旅、河北大使太常少卿韦霁、河南大使虎牙郎将王辨等各率所部，会师洛阳，所有洛阳部队统由王世充指挥。

在政治上，两人都曾经挟天子以令诸侯，并由此走上皇帝宝座。

李渊起兵后，一直以“尊隋”为号召。公元六一七年即隋炀帝大业十三年十一月进据长安后，遥尊隋炀帝为太上皇，扶立十三岁的代王杨侑为帝，改元义宁元年。王世充被派遣到东都洛阳后，其职责是统领洛阳部队，平定叛乱，保卫东都，成为洛阳地区的最高军事长官。

公元六一八年，是隋炀帝大业十四年，也是长安隋恭帝义宁二年。三月，隋炀帝被杀死；四月，王世充扶立十四岁的越王杨侗为帝，改元皇泰元年；五月，隋炀帝死后一个半月，李渊从杨侑手中夺过帝位，建立唐朝，改元武德元年。第二年四月，王世充从杨侗手中夺位，建立郑国，改元为开明元年。

当年五月，李渊在长安杀死退位的杨侑，上尊号为隋恭帝；同月，王世充在洛阳杀死杨侗，所上的尊号也是隋恭帝。

李渊出身于皇亲国戚之家，在帝国官场上顺风顺水，积累了丰富的权谋智略；王世充的出身则十分可疑，全凭着自己手疾眼快，却也青云直上地厮混成了当朝大员。

看上去，这二人之间蛮可以惺惺相惜。无奈，以帝国官场之大，卧榻之上只能容一人酣睡。于是，这两个表面看起来很像、实则差别不小的人，只能打起精神来殊死一战。

实际情况可能就如那首歌唱的一样：没有人会随随便便成功。在一个生存竞争自古就呈现白热化的国度，就更是如此。

与李渊比较起来，王世充的情况显然不能令人特别满意。

王世充本来姓支，是西域人，卷头发，深眼窝，长相应该很像今天的阿富汗人。祖父时迁居陕西潼关东北部的新丰。祖父死后，他的祖母带着他的父亲改嫁给了一个姓王的官员做妾，从此改姓王。王世充从小心眼儿很多，读了不少书，尤其爱读兵书，通晓占卜算命却深藏不露。隋文帝时代以军功拜仪同，晋升为兵部员外郎。他精通法律，口才极好，常常可以无理搅出三分，和他辩驳的人明明知道他不对，却说不过他。

王世充还有一个最大的本事，就是善于和领导特别是善于和皇帝打交道。在中国，这可是比任何其他本事都了不得的大本事，比能得到诺贝尔物理学奖的本事还要有用得多。为此，到隋炀帝的大业年间，他一路升迁为江都郡丞。我们知道，扬州是隋炀帝特殊喜爱的城市，事实上已经成为京师长安、东都洛阳之外的第三个首都，或者叫陪都——江都。江都郡丞已经是这座重要城市的最高军政长官之一。

隋炀帝数次下扬州，王世充如鱼得水，他的特长有了充分发挥的机会。史书说他特别善于看皇帝的脸色，特别善于应对皇帝的问话，每次向皇帝报告事情，都能说到皇帝的心坎儿里去，皇帝特别欣赏他，让他兼任了江都宫监，每天守在自己身边，以便可以经常听他报告。

王世充能干也肯干，做了江都宫监后，精雕细刻那些亭台楼阁，想尽办法搞到奇花异石、“远方珍物”装点其中，皇帝赏心悦目之余，对他“益昵之”——越发亲昵了。

大业七年八年以后，国家越来越乱，王世充喜欢兵法的特长又有了用武之地。当时，有几位大将军平定不了的反政府武装，竟然在他手下被一一平定。每次打了胜仗之后，王世充都会把功劳记在自己的部下身上，所获得的所有战利品、军需物资、皇帝赏赐，等等，他一概分给部下将士，自己不取分毫。结果可以想见，所有的人都争先恐后地希望为他效力，使他成了江都城里军功最多的人。

大业十一年八月，隋炀帝被突厥始毕可汗包围在雁门关，王世充把江都所有兵马全部动员起来，他亲自带队，日夜赶往边关。在路上，他满面烟尘、蓬头垢面，每天流着泪督促部队赶路，昼夜不解甲，晚上只在草堆上打个盹儿，就继续前进。隋炀帝知道这些情形后，大为感动，认为只有这个王世充才是真正爱自己的人。

大业十二年，王世充晋升为江都通守，差不多相当于首都军事工作的一把手。当年，他剿灭几股反政府武装回到扬州时，皇帝亲自端着酒杯赐给他酒喝。这是极高的荣耀，当时还没有任何人能够得到这个待遇。

有一天，百战归来的常胜将军王世充，悄悄告诉皇帝说：“江南人家有很多美貌女子，都很愿意到后宫来侍奉皇帝，只是她们没有办法自己到宫里来。”皇帝很喜悦，让王世充用国库里的钱，去挑选礼聘一些送进宫来；报销时，账面上只记载着：“奉命，别有用途。”据说，为此花费的钱财不计其数。

王世充做这件事情时特别起劲，原因是，每当有令皇帝喜爱的女孩儿时，皇帝都会慷慨地用宝物赏赐王世充；每当献进宫的女子不对皇帝的口味时，皇帝都会把这些女子赏赐给王世充。由此，皇帝对王世充真是满意极了，而王世充对皇帝也同样满意极了。

大业十三年七月以后，随着李密的如日中天，王世充的美好生活暂时告一段落。皇帝派遣他到东都去，统领那里的作战部队，对付李密。此后，王世充与李密大小一百余战，基本上是败多胜少，或者是先胜后败，或者是小胜大败。搞得王世充很是郁闷，一度自己把自己关进监狱，向皇帝在洛阳的最高代表越王杨侗请罪。此后发生的事情，我们在前面“李密与瓦岗寨英雄故事”一章中已经有了详细交代，不再赘述。

王世充打败李密后，成为洛阳城中事实上的最高主宰。

当时，有一个牛鼻子老道，名叫桓法嗣，号称是精通星相命理图谶预言的大师。王世充和他很亲近。有一天，这位大师拿着一幅图画，上面画着一个手持竹竿的男子，在驱赶一只羊。大师极严肃地告诉王世充：这幅画与孔老夫子有关，是孔老夫子在世时就做出的谶言。一干者，王也；驱赶羊者，隋朝皇室杨家之意也；干在羊后，表示您要在杨家之后做皇帝了。

随后，这位大师又拿出《庄子》中的两篇文章，一篇曰《人间世》，一篇曰《德充符》，很激动地对王世充说：“庄子也预言了。您看，前一篇说的是‘世’，后一篇说的是‘充’，这分明是您的名字；两篇文章合起来的意思，就是指您的仁德充满了宇宙世界，您才是上符天命的天子呀！”

这种狗扯连环在中国历来具有宏大之效力，如今自然不会有任何例外。王世充很郑重地同意说：“这的确是天命。”然后，拜了两拜，庄严地接受了这些预示未来的天命（以上事见《隋书》卷八十五，列传第五十 王世充）。

就这样，王世充先是把自己任命为太尉、尚书令。随后，公元六一九年即唐武德二年四月，突厥、梁师都、刘武周联兵南下时，王世充夺杨侗帝位，自立为帝，改国号为郑，改元为开明元年。

这王世充可能是一个很“神”的人，在他自己把自己任命为太尉、尚书令时，就曾经在尚书府外面立了三块大牌子，第一块上面写道：征求学识才干可以济世安民之人才；第二块上面写着：征求勇武智略能够冲锋陷阵之人才；第三块上面写的是：征求明察秋毫能够伸张冤案之人才。

这些大牌子竖立起来之后，效果很好，每天都有几百人前来毛遂自荐，或者以花团锦簇的文章铺陈自己的满腹经纶。王世充每天忙着接待这些自认为胸怀壮志、腹有良谋之人士，要不停地用好言好语勉励他们，难免会说些言不由衷的废话。时间一长，大家都很无趣，王世充也实在很难长此以往而乐此不疲。最糟糕的是，在这个过程中，一些有见识的人，每每发现王世充心口不一，从而开始离心离德。

做了皇帝以后，王世充继续不停地做这种亲民之举。比如，他经常带着很少几个随从到大街上漫游，既不清道，也不前呼后拥，只是骑着马慢慢地在闹市里转，时常会很和蔼可亲地告诉街上的人们："过去的天子居住在九重深宫里面，很难知道外面的真实情形。我王世充不是贪图皇帝的名位，根本就是为了救国救民。现在，我要像一个州的刺史那样，亲自审理所有的事情，并且和天下士子百姓共同探讨治理国家。"

随后，王世充下令，在西朝堂听取人们申述自己的冤枉委屈；在东朝堂听取人们的直言诤谏；在顺天门外放置座位，以广泛听取天下之民意。这真的是一个很好的设想，地点也考虑得恰如其分。令王世充万万没有想到的是，此后，各种各样、五花八门的东西每天都如潮水般涌到自己面前，他很辛苦，没几天，就再也打不起精神了。

秦叔宝、程咬金等人在王世充给予优厚待遇的情况下，离开他投奔了李世民。他们认为王世充器量狭小，神神叨叨，特别喜欢信口开河、赌咒发誓，特别喜欢说好话忽悠人，活像个爱扯老婆舌的老巫婆，根本就不是一个能够在乱世拨乱反正的人物。从《旧唐书》记载的几个事例判断，他们的看法可能是有根据的。

《旧唐书》上记载说，做了皇帝以后，王世充就像得了话痨一样，极其热衷于教育开导大家，每次临朝听政时，都要如长江大河一般滔滔不绝地对满朝文武殷殷教诲、谆谆劝谕，而且，时常无主题，“千端万绪，言辞重复”，车轱辘话来回说，令人完全不得要领。那些每天忙得要死的文武百官，经常被他教导得疲惫万分。这也就难怪会有那么多文官武将，一批批地离他而去了。

王世充称帝前后，在洛阳城中曾经先后发生过两次变乱，一次是在称帝前，一次是在称帝后，都是王世充的昔日同事们想要干掉他。这两次未遂政变，都以大规模流血而告终。王世充之所以急急忙忙杀掉杨侗，与这种激烈的政治暗潮有关——表明王世充内部的动荡不安相当严重。

到唐武德三年二月，王世充手下非常高级别的官员都开始逃亡，王世充终于无法继续支撑宽容仁慈的场面了。他制定了一系列严刑峻法，试图制止局面的继续恶化——

任何一个家庭里，只要有一个人逃亡，该家族的成员，不论男女老幼都要全部杀死；

鼓励父子、夫妻、兄弟姐妹之间互相告发，凡告发者可以免死，其余全部处死；

相邻五家要互相担保，有一家人逃亡而其余人家没有揭发者，要全部连坐处死；

凡需到城外打柴、采药、办事的人，都要在进出城时履行规定的手续，否则以逃亡论处；

将宫城改造为大型集中营，凡是被怀疑不忠诚者及其家属，全部送到这里监视居住；每次出战时，将领们的家属也要到这里来充当人质。据说，经常在这里监视居住的人，达到了万人以上。

后来，由于粮食越来越短缺，宫城里每天都有十几人到几十人被饿死。

随着与李世民旷日持久的相持，除了作战部队的士兵之外，到最后，宫城和洛阳城里的居民，只能用下列两种方式维持生存：其一，以死人肉充饥；其二，把泥土放在水中漂洗，砂石沉底，将漂在上面的一层浮泥捞出来，与米屑糠麸和在一起充饥。于是，东都城中，到处都是浑身浮肿、仿佛幽灵般飘浮着走路的人们。据说，当时洛阳城里，时不时就可以看到这种恐怖景象——一个人走在路上，突然就倒在地上，再也不动。就连王世充身边有名有姓的工作人员，都有人被这样饿死（以上事见《旧唐书》卷五十四，列传第四 王世充）。王世充的御史大夫饿得受不了，向王世充请求允许他出家做和尚，王世充厌恶他的话不吉利，下令把这位最高监察长官干掉了。

王世充就是在这种情形下，与李世民展开激战的。

从唐武德三年七月开始，李世民采取了对洛阳削弱、孤立、围困、攻取的战术。第一步，先从宜阳南据龙门，地点在伊川县西南，断绝洛阳的南援路线；第二步从西济州即今日之济源市向东攻占河内即今日之沁阳市，与驻扎在潞州即今日山西长治的唐军连成一气，阻隔王世充与突厥之间的联系；第三步，攻取洛口仓，断绝洛阳粮道；第四步，攻取回洛仓，进一步断绝洛阳粮饷。最后，李世民驻屯北邙山，联营进逼洛阳。

王世充曾经在洛阳城西禁苑之中，布阵于青城宫，与李世民的军阵隔水遥遥相望。王世充质问李世民说：“隋氏倾覆，唐帝关中，郑帝河南，我王世充并没有到你们西边去捣乱，你们凭什么忽然就跑到我们东边来？”

李世民让宇文士及回答他说：“四海之内都在仰慕皇朝风范，唯独你王世充顽固不化，我们就是为此来的。”

王世充说：“我们大家息兵罢战，友好相处不好吗？”

宇文士及回答说：“奉皇命来取东都，没有接到与你和好的命令。”就此，除了把对方往死里打，双方没有其他办法可想。

到当年十月下旬，原来属于王世充的地盘里，已经有三十多个州投降了李世民。除了东都洛阳之外，只有不到十个州县还在效忠王世充。就在这时，在梁师都的劝说下，突厥处罗可汗准备兵分四路大举南下，随后，就在大军即将发动之际，可汗又离奇地死去，唐朝解除了一个巨大危机。

进入十一月以后，陆续又有州县向李世民投降，王世充有些支撑不住了。于是，派遣使者向窦建德求救。

本来，窦建德曾经和王世充争夺黎阳即今日河南浚县，二人为此打得不可开交，并断绝了来往。如今，危急之中的王世充顾不得许多，除了向李世民投降，就只能向窦建德求救。

王世充答应窦建德，只要双方联手前后夹击，搞垮李世民，他可以将东都洛阳、河南、山西、江淮地区全部让给窦建德，他自己将去蒲、绛、长安以西及蜀汉荆襄地区，双方永做兄弟之国。

我们知道，国家之间，除了利益是永恒的之外，其他友好、信义、兄弟之类基本都是说给别人听的，谁要是真的相信那些玩意儿，那才真正叫一个弱智。但是，王世充的求救，的确打动了窦建德，因为，窦建德有窦建德的考虑。结果，没怎么考虑明白的窦建德，稀里糊涂地被王世充一步带进了沟里。

当时，窦建德的一个重要臣僚怂恿他：“天下大乱，唐得关中，郑得河南，夏得河北，三方已经形成鼎足之势。现在，唐进攻郑，从秋到冬，唐越来越强，郑越来越弱，再打下去，郑肯定支撑不住。郑要是灭了，我们夏也无法独自生存下去。不如捐弃前嫌，发兵救之，双方内外夹攻，肯定能够打垮李世民。到那时，我们静观事态发展，如果郑可取，就兼并了它，合双方之兵，趁唐师之老，可以一举而得天下。”

这位幕僚懂得唇亡齿寒的道理，对于窦建德来说，应该是很有说服力的。事实上，这也是窦建德进取天下的很好谋划。

窦建德同意这个判断。于是，正式答应出兵援助王世充。

同时，窦建德派遣使者与李世民交涉，要求李世民退回到潼关以西去，把占领的土地还给王世充，大家修复前好，今后和睦友爱相处云云。李世民扣留了窦建德派来的使者，没有给予任何答复。

至此，洛阳城下的攻守双方全都投入到了拼死一搏的程度。到唐武德四年二月底，李世民攻打洛阳已经将近八个月。王世充原来在黄河以北的所有州县全部沦陷，洛阳几乎成了一座孤城。此时，就和当年与李密对阵时一样，王世充百战百败，却有本事在弹尽粮绝而且人心士气低落涣散到如此程度时，坚持着屡败屡战，其顽强坚韧也真是不同凡响。

在守城中，王世充使用了当时最先进的大礮——可能是一种抛石器——可以将五十斤重的大石块抛射出去二百步，换算成今天的公制，已经超过了二百多米；他使用的八弓弩箭，一次可以连发八支状如巨斧的弩箭，射程达五百多米（《资治通鉴》卷一八八，唐纪四，高祖武德四年二月）。为此，李世民昼夜围攻十余日，始终无法攻破坚城，并造成了不小的伤亡。战后，设计和制造这些弩弓的工程技术人员落到了李世民手中，李世民恨他制造的那些玩意儿杀伤力太大，居然没什么道理地把这位名叫崔弘丹的能工巧匠杀掉了（《资治通鉴》卷一八九，唐纪五，高祖武德四年五月）。

当时，李世民没有办法，只好下令远远地环绕城池掘壕筑垒，以期长围久困；而王世充则坚不出战，期待着突厥骑兵和窦建德的援助。其实，此时的突厥可汗早就已经被李渊用金宝搞掂，王世充能够指望的只剩下窦建德了。

经过八个月的攻守，东都洛阳残破不堪；李世民部下的军队也是疲惫已极，将士们思念家乡，纷纷请求李世民班师。李世民认为："我们大举而来，当一劳永逸地解决问题。现在，东部各地已经望风而降，只剩下一座洛阳孤城，势必无法长久支撑。功在垂成，怎么可以弃之而去？"遂下令："洛阳不破，决不收兵。有敢言班师者，斩！"

此时，战略态势波诡云谲，李渊也十分忧虑，叫人传密令给李世民，让他班师回去。李世民派参谋部负责人封德彝回到长安，告诉李渊决不可撤兵的理由。李渊听从了儿子的意见。

这时，发生了一件事情，潜藏着很深的战略契机，对双方的未来影响极大——

虎牢又叫城皋，地点在今天河南省荥阳西旧汜水县一带，是具有重要军事价值的战略要地。战前，王世充专门派遣很能干、后来成了初唐名臣的戴胄，协助荆王王行本前往镇守。值此王世充万分危急之际，虎牢的一个军官沈悦，悄悄向李世民手下大将李世勣请求投降，李世民手下的另外一位大将王君廓，里应外合拿下了这个战略要地。

虎牢易手，关系重大。因为这里正卡在窦建德增援王世充的行军要隘之处。如今，这个关键地区落入李世民之手，遂成为窦建德与王世充双方共同的死穴。

几乎就在虎牢易手的同时，窦建德攻克孟海公据守的周桥。将孟海公俘获后，窦建德立即转兵西进，前来救援王世充。就此，窦建德一脚踩进虎牢这个泥坑，竟至万劫不复。

在隋末烽烟四起的各路烟尘中，窦建德为人行事的品格十分特殊，和所有豪杰好汉都不一样，是很特别的一位。

文化人形容那些政治舞台上的好汉们时，时常喜欢其媚入骨地使用两个词，一个叫雄才大略，一个叫胸怀大志。

一般说来，所谓雄才大略，大体上指的是：首先具有全局性的战略眼光和心胸，其次富有落实这些战略所必需的谋略和才能。其中自然包括整人、玩人的权术、手腕，踩着别人往上爬的勇往直前，说翻脸时就翻脸、该叛卖时就叛卖的当机立断，以及任何出人意表的阴谋诡计、心狠手辣。凡此种种汇合起来，在中国政治文化术语和中国文化人口中，就可以或可能被称为雄才大略。因此，面对这种雄才大略时，但凡知道自己没有雄才大略的人们，最好躲得远一些。因为，那玩意儿深处，还潜藏着一层时常会出来发挥作用的东西，那就是绝对不可心慈手软的六亲不认，这常常是中国官场必备的基本素质。

所谓胸怀大志，表面上时常会有一些极好的说辞，比如以天下为己任、忧国忧民、救国救民，等等。其实，落实到个人心理层面上，常常只有三个字，那就是——当皇帝，或者换个说法也行——当老大。其他所有的冠冕堂皇的话，都是说给人听的。没有此等雄心壮志的人，最好也躲得远一些。因为，为达目的不择手段乃中国政治文化传统中的基本信条之一。登上皇帝宝座的台阶，从来都是用滚滚人头铺就的。

如上所述，在中国，想当踩人头的分子没那么容易，当上被踩的分母，倒是分分钟都有可能。是故，在中国人整体上还没有能力反省、刷新自己的政治文化传统与机制时，对于个人来说，我实在看不出来有比躲开更好的办法。

总体上看，在任何时代，敢于跳出来挑战现行秩序的，不是胸怀大志的人，就是有雄才大略的人，顶不济也得是个混不吝的家伙。在窦建德那个时代，当然也是如此，只不过表现形式略有不同罢了。比如，看看当不成大皇帝了，就去当小皇帝；要是像李轨那样连小皇帝都当不成，那就不当老大，混个三老四少，多搂些金银珠宝也好。比如，当时最早揭竿而起的长白山上知世郎王薄和名气不小的孟海公，知道杀掉隋炀帝的宇文化及手中宝贝必多，于是，便凑上前去套磁，意图在于分一杯羹。这也是末路好汉的路数之一。

最不是个东西、等而下之的一类，则是像朱粲这样的“英雄豪杰”。

朱粲是亳州（治下在今天的安徽亳州附近）城父人。他本来是县里的低级小吏，大业年间从军，去长白山讨伐王薄一类盗贼，结果，盗贼讨伐得怎么样尚不得而知，他自己倒留在那儿做了盗贼。

这是一个没有什么雄才大略却极其胸怀大志的盗贼，拉起杆子后，马上给自己上了一个很有异邦情调的称号，叫“可达寒贼”，又叫“迦楼罗王”——可能是佛教护法中大鹏金翅鸟王的意思。当时，想必这是个很有魅力的称号，所以，他很快就号召来了二十万追随者，死心塌地地跟着他闹革命。朱粲见此情景，立即找到了感觉，他百尺竿头更进一步，索性建立起了一个国家，国号曰“楚”，他自上尊号，称大楚皇帝——楚帝，改元昌达，大约取的是昌盛发达之意。

可能是缺少雄才大略的缘故，朱粲的帝业既不昌盛，也没发达，反倒像个流动作案的流氓团伙。他们打下一个城池后，就在那里过狂欢节一样大吃大喝，然后，把人杀光，把剩余的所有物资连同城池房屋一把火烧掉，再出发到下一个目标去。

就这个一二十万人的、一些学者们口中的农民起义军、实际上的反人类犯罪团伙，所到之处无不一片狼藉，在今天河南、江苏、安徽交界地区造成了大面积饥荒，到处都能看到无家可归、四处流浪或被饿死的人群。以至于最后，他们自己也没有粮食吃了，于是就将妇女、儿童捉来充当军粮。

据朱粲自己介绍，天下美味无过于人肉，特别是儿童的肉，鲜美无比。他的原话是："味之珍宁有加人者？弟使佗国有人，我恤无储哉"——难道还有什么美味佳肴比人肉更好吃吗？只要别的国家有人，我愁什么没有粮食储备呢（《新唐书》卷八十七，列传第十二 朱粲）！

随后，朱粲命令势力范围内的各地政府，将弱小的人，大概主要指的是妇女和儿童，征集起来作为赋税上缴，以此，部分地解决了朱粲的军粮供应和后勤保障问题。

隋炀帝身边曾经有两位从事机要工作的文人，一位是著作佐郎陆从典，一位是通事舍人颜愍楚。这是两位特别倒霉的读书人，不知因为什么事情惹皇帝不高兴，把他们贬黜到了南阳居住。谁知，不久，这里就成了朱粲的势力范围。刚开始，朱粲很优待他们，把二位聘请为自己的顾问。到后来，他们的妻子儿女，陆陆续续都被朱粲给吃掉了。搞得大家只要听到朱粲的大名便闻风而逃。

朱粲的名气实在太大了，于是，有几路军队不约而同地前来攻打他。朱粲挺不住了，派遣使者去向李渊投降，李渊一听很高兴，专门派了一位级别很高的官员前去慰问他。

秦汉时期，御史大夫相当于副宰相，是主管全国监察工作的最高长官，段确曾经担任过御史大夫，李渊就是派他前来慰问朱粲。可见，李渊对这个朱粲很看重。

两人见面后，自然很亲热，朱粲大摆宴席请段确喝酒。一来二去，这二位喝得都有点儿高，段确乘着酒兴问朱粲："听说你老兄吃过不少人，味道到底怎么样啊？"

朱粲回味无穷地答道："那种酒鬼的肉最好吃，就像泡在酒糟里的糟卤猪肉似的。"

段确贪杯，闻此吓得浑身一激灵，连酒都吓醒了。遂大怒，说："你这狂贼！投降朝廷以后，不过是个奴才，看你还怎么吃人肉？"

朱粲一听，也吓得一激灵。他一不做二不休，索性命令人在酒席宴上，就手把段确和他的几十个随从一股脑儿做成了蒸肉，赏赐给部下吃，然后，全军投降了王世充（以上朱粲事迹见《新唐书》卷八十七，列传第十二 朱粲；《旧唐书》卷五十六，列传第六 朱粲）。

从史料上看，中国古代的英雄豪杰中，许多人走的都是这种残忍一路。隋唐之交，这种景象的大面积出现，势必反证了另外一个判断——隋炀帝治下的人民，很有可能极少受到人的待遇，因此，他们才会如此普遍地采用此种方式对待别人。

当时，无休止征发劳役所导致的苦难，激起了最初的反抗；而隋炀帝对待反叛他的官员、他手下的官员对待反政府武装，基本做法都是怎么残忍就怎么来，将反对自己的人活剐了吃、蒸煮着吃、烧烤着吃，等等，连同当地百姓一起，予以灭绝性屠杀之类，都是堂而皇之地记录在官修正史中的。

根据牛顿力学定律，有一个作用力，就有一个反作用力，方向相反，大小相等。在皇帝和各级官员的教诲与力量无穷的榜样示范作用下，各地反政府武装对于捉到的所有政府官员，自然无所不用其极——剖腹、挖心、生吞活剥并不罕见，统统推出去砍头杀掉已经算是很仁慈的做法了。因此，各级、各地政府官员拼命作战、拼死守城，在很大程度上，主要不是为了效忠皇帝，而是害怕被捉住后成了人家的下酒菜。

窦建德则是个异数，他和所有人都不一样。

据说，窦建德为人谦和，对于捉到的政府官员与士大夫十分礼遇。比如，隋朝饶阳县长名叫宋正本，被俘后，窦建德引为上宾，时不时就会移樽就教一二，搞得宋县长很不好意思，自然就全心全意地帮他出主意。为此，一些隋朝地方官放弃抵抗，归附窦建德，使他的势力发展得很快。

隋朝河间郡丞名叫王琮，曾经被窦建德俘虏过，窦建德优待并释放了这位隋朝的忠诚官员。王琮回去后，继续组织抵抗，窦建德多次攻打河间，都打不下来，并有不小的伤亡。于是，只好将这座城池包围起来，试图经过长围久困，迫使他们弹尽粮绝后投降。后来，河间城被包围了很久，并且也确实弹尽粮绝了，不料，这位王琮就是不肯投降，搞得窦建德极为气恼。

隋炀帝被宇文化及杀死后，王琮在河间城头上为隋炀帝举行最高规格的吊唁仪式，窦建德见此情景，也派人进城去吊唁隋炀帝。王琮这才表示愿意投降。为此，窦建德下令全军后撤，并预备好宴席招待王琮。王琮率领全城官员身穿丧服，用绳子把自己捆绑起来，前来谢罪。窦建德为他解开绳子，请入上座。席间，谈到隋朝天下的崩溃，国家和百姓遭受的苦难，王琮伏在地上，哭得痛不欲生。窦建德也很悲伤，两人一起热泪长流。

这时，有一个窦建德的部下很气愤地说："这个家伙在河间抵抗了那么久，伤害了我们不少兄弟，如今，纯粹是没有办法了才投降的。请把他烹煮了给大家下酒。"

窦建德正色说道："王琮是个义士，我正要提拔使用这样的人，让天下的人知道怎么侍奉君主。过去，我是强盗，可以随便杀人；现在要安抚百姓，平定天下，哪里可以伤害这样的忠臣？"

随后，窦建德下令，凡是过去和王琮有过节的人，一律到此为止，任何敢于和王琮过不去的，将要以灭三族治罪。并任命王琮为瀛洲刺史。这个瀛洲，就是今天的河北省河间地区。

据说，从青年时代开始，窦建德重言诺，讲义气，能够急人所难，看重豪侠节操。我们曾经谈到过，他还只是农民时，在田里耕地，听说一个乡亲家里死了人没有钱下葬，便长叹一声，把自己的耕牛解下来卖掉，送给人家做丧葬费用。后来，他自己的父亲去世时，远近乡亲有一千多人赶来吊唁，窦建德退回了所有人送的丧葬礼金。

他生活俭朴，平时不吃肉，只是粗茶淡饭而已，就是做了夏王和皇帝——大建天子之后，仍然如此。他的妻子，后来的曹皇后也从来不穿绫罗绸缎锦绣衣裙，日常只是穿戴普通的粗布衣裳。做了皇帝后，窦建德的后宫里，加上他的妻子和所有服侍他们的宫女妃嫔，一共只有十几个人。打败宇文化及之后，原来属于隋炀帝、后来被宇文化及占有的一千多位选自全国各地的美貌女子，统统落入窦建德手中。窦建德一个不留，全部予以遣散。既使今天看来，这也相当不容易。

窦建德不爱财，但凡有所斩获时，他全部分配给手下的将士，自己不留分毫。这使许多人都愿意下死力为他玩儿命。后来，他建立了一个国家，国号为“夏”，势力范围南到大陆泽，在今天的河北任县东北；北以易水为界，和幽州的罗艺相对；东到大海，西至太行山脉。整个冀中地区全部在他“夏国”的掌握之中。

可能是受只反奸臣不反昏君这种狗屁观念的影响，窦建德本人在隋炀帝基本国策的治理下家破人亡，他的整个家族都被杀光，从而迫使他走上反叛之路。奇怪的是，此人对隋炀帝却一往情深。按理说，像他这样的盗贼，若是落到隋炀帝手里，大约不是五马分尸，就是千刀万剐了。偏偏隋炀帝死后，他的皇亲国戚们没有什么人要为他报仇，生在穷孩子堆儿、又苦大仇深的窦建德却哭着喊着要为他报仇，并且，还真的很成功地干掉宇文化及，为这位著名的暴君报了仇（以上窦建德事迹见《新唐书》卷八十五，列传第十 窦建德；《旧唐书》卷五十四，列传第四 窦建德）。杨广九泉之下有知，不知会做何感想？

宇文化及杀死隋炀帝后，以萧皇后的名义，拥戴隋炀帝的侄子秦王杨浩为帝，然后任命他自己做大宰相，又任命了三个小宰相，他们分别是他的两个弟弟宇文智及、宇文士及，再加上一个裴矩。十几天后，他们率领叛乱的骁果军团，征集了江南所能找到的所有船只，开始浩浩荡荡地踏上了返回家乡的路。

路上，他们至少经历了两次有惊无险的政变。一次是由传奇般的大将军麦铁杖的儿子麦孟才发动的；另外一次，则是由此次兵变中最重要的军事领导人司马德戡发动的。

麦孟才认为："自己的家族受过先帝大恩，不能为保卫君主而死，已经是莫大的耻辱，怎么还可能心平气和地接受仇人的指挥？"因此，决定联合志同道合的同志，一起干掉宇文化及。

司马德戡则责怪当初动员他支持宇文化及的赵行枢："都是你这小子惹的祸，你真是害死人了。我本来以为拥护的是一个能够拨乱反正的贤明之人，哪里知道比前一个更糟！周围还都是些小人。我们都得被他害得死无葬身之地。"赵行枢说："想要废了他宇文化及还不是我们一句话？"

事实证明，把一个小人扶上权力的宝座很容易，想把一个君子从那上面拉下来也不难；而要想把一个坐上权力宝座的小人，再从那上面拉下来，可就难上加难了。

最后，两次谋划都因为事机不密而成为未遂政变。

连续粉碎两次政变阴谋的宇文化及，自我感觉很好。从此，他起居饮食全部模仿隋炀帝，每次议事时，都很庄严地坐北朝南坐好，学着隋炀帝的样子轻易不开口说话，有任何事情都要退下来以后再商量决定；并且，从隋炀帝留下的上千名美貌宫女中，为自己挑选出了三宫六院七十二妃嫔。可惜，这种美妙的生活太过短暂。到了东都洛阳附近，就在李密的阻击下，宣告结束。

当时，李密前有洛阳坚城，后有宇文化及近十万骁果军团，处境一下子变得空前艰难。为了避免腹背受敌，李密接受了洛阳方面的招安，同意为洛阳政府干掉宇文化及。后来事态的发展证明，李密看不上宇文化及是很有道理的，因为，拥有优势兵力的宇文化及很快就在李密手下一败涂地。而招安李密的洛阳政府也没有错，因为，在打垮宇文化及的同时，李密的精兵良将也损失惨重。这是后来王世充一战击溃李密的重要原因。

被李密打垮后，宇文化及先是向北逃到魏县，就是后来的河北大名府，然后，又没头没脑地向南逃到聊城，就是今天山东的聊城。这时，宇文化及的心情变得极其恶劣，每天喝酒，喝完酒就开始骂他弟弟宇文智及："都是你这个家伙，害得我成了弑君的千古罪人，没有什么人肯接纳我们，将来只有被灭族这一条路，都怪你这个害人虫！"然后，就抱着自己的两个儿子痛哭。

那宇文智及也极其愤怒，说："当初成功的时候，你也没给我什么好处；眼看着失败了，你就把责任都推到我身上来。你干脆把我杀了去投降窦建德好了。"

吵完后，兄弟俩喝酒，又吵，又喝酒，再吵，再喝酒，没完没了。

有一天，吵吵闹闹的宇文化及突然想明白了：事已至此，何不自己就做了皇帝呢？于是，一杯毒酒将杨浩毒死，然后，自己就以河北魏县为首都，做起了皇帝，他的国号叫"许国"，国土只有魏县一个县城，改元为天寿，还册封任命了文武百官，正儿八经地成了中国历史上的皇帝之一。

宇文化及的举动惹恼了同在河北境内的窦建德。窦建德召集重要臣僚商量说："几十年来，我都是隋朝人，隋朝皇帝已经是我的两代君主。如今，宇文化及这小子杀了隋朝皇帝，他是隋朝的仇人，也是我的仇人。我要出兵为皇帝报仇，你们觉得怎么样？"

大家一致认为他说得很对，不但是英雄正义的行为，而且是符合天命的行为。于是，窦建德当天就出兵攻打宇文化及。

这宇文化及也真是没用。和窦建德三招两式地打下来，又被打得大败，只能继续逃跑。就这样，稀里糊涂地跑到了山东聊城。

就在此时，那位号称掀起隋末农民大起义序幕的长白山上知世郎王薄，听说宇文化及手上有很多隋炀帝皇室的稀世珍宝，便主动靠上来，假装投靠他；另一位隋末著名农民起义军领袖孟海公，和宇文化及身边的人们勾勾搭搭，大约也和宇文化及口袋里的宝贝有关。而窦建德则不依不饶，一直尾随着追到了聊城，从而，把宇文化及彻底送进了另外一个世界。

据说，窦建德攻打聊城时，也使用了当时最为先进的大礮——抛石器和撞车，加上王薄做内应，很快就攻破了城池，宇文化及及其手下所有人——只有一个宇文士及除外——全部成为窦建德的俘虏。

史书记载说，攻克城池后，窦建德先去拜见隋炀帝的妻子萧皇后，和皇后谈话时，窦建德自称为臣。随后，他将抓到的所有参与杀死隋炀帝的江都兵变分子全部处死；留下了工程技术专家何稠、大书法家欧阳询、声望很高的虞世南、很受欢迎的裴矩等人；那些美丽的宫女们全部遣散回家；萧皇后被送到突厥可汗那儿。原因是，可汗的妻子义成公主是隋朝皇室的女儿；宇文化及和宇文智及兄弟俩的脑袋被砍下来后，一并送给了义成公主。义成公主将其摆在可汗的金帐外示众，然后，砸碎扔在草原上，可能是喂了野狗。

从宇文化及的经历中，我们可以知道，中国政治文化时常会恶作剧一般，把小丑打扮成万众瞩目的英雄。成了英雄之后，他的举动仍然是小丑的举动，只是顶着英雄的桂冠。要想恢复他小丑的模样，常常非常困难。这种情形出现频率极高。

从史料中判断，窦建德对等级、名分之类东西的关注程度，可能也超过了同时代的其他人。比如，滑州刺史王轨是窦建德的敌人，王轨的奴仆把王轨杀死后，将其首级献给了窦建德。窦建德说："奴仆杀死主人是大逆不道，接纳他就得赏赐，赏赐叛逆就会破坏世道人心。"遂下令将该人杀死，把王轨的脑袋送还滑州。

窦建德手下有一员特别能干的大将，名叫王伏宝，窦建德的成功中，有这位王伏宝的诸多血汗，其功劳在所有将领之上。后来，有人告诉窦建德，说王伏宝准备谋反。窦建德不由分说就把他杀掉了。据说，自从杀死王伏宝后，窦建德在军事上就屡屡遭遇挫折。

但是，不管怎么样，在当时中国北方，窦建德是唯一一支力量，有资格和长安的李渊、洛阳的王世充鼎足而三。

唐武德三年十一月，窦建德答应支援王世充。此后，他一直忙着在山东地区攻打孟海公，基本看不出做过什么有效的布置。直到三个月以后的武德四年二月，窦建德制服孟海公后，才正式将救援洛阳提上议事日程。而战略要地虎牢，就是在这时被李世民夺走的。

虎牢南靠嵩山，北临黄河，中间只有一条狭长的窄道，自古以来就是扼守洛阳东方的咽喉之地。王世充若能守住此地，可以和东部来的援兵里应外合、混为一体，窦建德如果占据此地，则在河南、河北之间，进可以攻，退可以守。这是一个万万不能落入李世民之手的地方，如今就偏偏落到了李世民手上。李世民卡住这个咽喉地带，形成了围点打援的绝佳据点。

公元六二一年即唐武德四年三月，窦建德率兵十万救援洛阳。到达滑州，王世充驻守该地的行台仆射韩洪开城纳之。随后，窦建德一路破关斩将，连克酸枣（今河南延津）、管州（今河南郑州）、阳翟（今河南禹州），势如破竹地杀到了虎牢的东原。

粗粗看上去，此时，洛阳城下的李世民形势危急。王世充和窦建德已然对他形成了东西夹击的态势。因此，在前敌军事会议上，几乎所有人都认为应该暂避其锋，只有一文一武两个人看法不同。武将郭孝恪认为："王世充已经在苟延残喘，窦建德则远道而来。这是上天要亡他们俩。只要守住虎牢之险，伺机而动，一定能打败他。"

机要秘书薛收认为：“王世充占据东都，府库充实，部队也是江淮劲旅，他最大的问题是缺粮。被我们围在城里，求战不行，守难持久。他要是和窦建德合兵一处，有了粮食的话，麻烦事儿就大了。因此，绝对不能退避。应该分兵围住洛阳，深沟高垒，绝不出战；秦王亲率精锐，进据虎牢，以逸待劳，一定可以干掉窦建德。要不了多长时间，这两个家伙都得束手就擒。”

当时，几乎所有元老级别的重臣都坚持避其锋芒、退兵观望。李世民却全盘接受了薛收的建议，留下副统帅李元吉继续围困洛阳，自己率领精锐部队直趋虎牢。后来发生的一切，和这一文一武说的几乎一模一样。而李世民也真是有点儿欺负王世充。他大摇大摆地在中午时分调兵而去，王世充站在城头上看得清清楚楚，不知道李世民想干什么，于是，缩在城里一动不动。

三月二十五日，李世民进入虎牢。由此，直到四月底，在一个多月时间里，窦建德在虎牢关隘之下毫无作为，几次小的接触，全都没有占到便宜，士气变得越来越低落。四月三十日，李世民故技重演，派轻骑抄袭窦建德粮道，不但夺走了粮食，还俘虏了窦建德的一员大将，令窦建德极度愤怒。

这时，窦建德的国子祭酒凌敬，给窦建德出了一个很好的主意。他建议窦建德：不要和李世民纠缠，应该大张旗鼓地越过太行山，入上党，拿下汾、晋地区，直捣蒲坂。这样有三利：其一蹈无人之境，取胜万无一失；其二，拓展实力，战略主动；其三，关中震动，洛阳之围自动就可解除。这位书生认为，这是目前最好的办法。

事实上，这也确实是一个极高明的主意。除了是军事艺术经典围魏救赵的翻版外，还极具战略价值，可能给李渊带来重创。窦建德若是听从这个主意，李世民和李渊可能会大为手忙脚乱。

窦建德很欣赏这个主意，并准备采纳之。不料，王世充派来求援的使者一个接着一个，他们不停地对窦建德哭诉，希望他尽快搭救苦难的洛阳。此时，洛阳城里确实已经成了真正的人间地狱。王世充手下一些中高级官员饿死，就发生在此前后。为了阻止窦建德采用凌敬的计策，王世充的使者拿出金银珠宝收买窦建德手下的将领，最后，在军事会议上，这些将领相当一致的看法是：“凌敬只是一个书呆子，战场上的事情，他哪里懂？怎么可以按照他说的去做？”

就此，窦建德向凌敬道歉说：“您看，大家士气如此旺盛，简直是上天在赞助我！以这样的士气出战，必能大获全胜。这次就不按照您的主意办啦。”窦建德不知道，他拒绝的根本就是一个自救的机会，失去这个机会，他永远没有下一次了。

史书记载说，凌敬坚持自己的看法，不肯接受多数蠢人们的看法。窦建德很不高兴，下令把这个固执的书生“扶出”，就是架出去。

按照陈寅恪先生的考证，窦建德是鲜卑纥豆陵氏汉化后的“窦”，不是汉朝窦太后那个窦，因此，保留了不少鲜卑人的习俗。比如，他的妻子曹皇后就经常在军国大事上发挥作用。这一次，曹皇后也认为凌敬的看法是对的，不可不听。窦建德说：“这不是女人可以参与的。我来，是为了救援洛阳，中途离去，别人会怎么看我？那不是胆小鬼吗？我还有什么信义可言？”

一个江湖豪客和一个政治家、军事家的区别就此显现出来。

四月底，李世民得到一个情报——窦建德有一个判断，认为，如果李世民军中粮草不济的话，就会到黄河北岸去牧马。只要出现这种情况，就大举进攻虎牢。

五月一日，李世民渡河察看地形，然后，留下一千多匹马，放牧在河边草地上。夜里，悄悄回到城中。

五月二日一早，窦建德果然倾全部兵马杀到虎牢前。李世民登上高处，看着窦建德布置军阵，对左右说："这个窦建德没见过大世面。走在这么险峻的地方，部队还喧哗不止，可见多么没有纪律；离城这么近布阵，显然是没把我放在眼里。我们按兵不动，他就勇气自衰；时间一长，大家又饿又累，会全无斗志。我和诸位打赌，中午一过，必大败之。"

中午，窦建德的部队已经在烈日下晒了六个小时，大家坐在地上，争着喝水。李世民遂下令全军出击。其间，李世民再一次故技重演，率领一支精锐的轻骑部队，插入敌方后背，在阵地上形成前后夹击。当时，战场上的情形乱成一团，一个事先谁也没有留意的细节，竟造成重大后果——窦建德是天子，有众多文武百官、仪仗侍卫们前呼后拥。李世民大军一出，所有这些人很自然地都往皇帝身边挤。结果，窦建德下达的命令根本无法传递出去，他身后的重装备骑兵也无法越过这乱糟糟的一大群人，杀上前去阻遏敌人的冲击。等到窦建德将眼前的人们驱赶开时，李世民轻骑兵的马刀已经挥舞在诸位头顶上了。

可怜窦建德数年经营，竟毁于一战。

激战中，窦建德身负枪伤，被唐军两员将领白士让、杨武威紧追不舍。最后，跌下马来。白士让举枪欲刺，窦建德说："不要杀我，我是夏王，可以让你富贵。"杨武威遂下马，将他捆绑起来。

纵横中原六七年、所向无敌的窦建德，竟然就这么成了俘虏，而白士让、杨武威这两位从不出名的将领也就此进入史册。

五月九日，王世充开城投降。历时十一个月的大战就此结束。

王世充和窦建德的力量并不弱，分开来，这两人与李世民都有一拼。他们差不多可以算是势均力敌。因此，当时，才会有中国北方三足鼎立一说。如今，一战之下，消灭两大强敌。如此夸张的战果，实在令人有不可思议之感慨，让人真的有些不知道说什么才好。

六月，大军凯旋。帝国首都长安举行了盛大的凯旋式。李世民身穿金甲，排列铁甲骑兵一万人，披甲战士三万人，前后均有军乐队，锣鼓喧天地将俘虏和战利品献到太庙。

唐高祖李渊认为，李世民的军功太高，古往今来的官职已经无法表彰这么崇高的战功。遂下令册封李世民为“天策上将”，位在王公之上。

就此，李世民的地位直逼太子李建成。

在中国政治文化传统之下，他们之间已经没有任何和平共处的可能。

07

玄武门唉，玄武门

一般说来，政治领袖是否出色，大体看他们在下列三个方面的表现即可：

首先，是否具有总览全局、审时度势的战略洞察力；

其次，是不是有能力发现、驱使人才，实现自己的战略意图；

最后，赏罚是否严明，能不能不断淘汰笨蛋和坏蛋，将永远存在的小人，限制在最低活动范围内，为英雄开辟出广阔的用武之地。

在扫平群雄、创建唐朝的过程中，应该说，李渊在上述三个方面全部表现出色。当时的观察家这样评论他："决神机而速若疾雷，驱豪杰而从如偃草"——决策时有如迅雷霹雳，豪杰们在他的驱使下就像驯服的小草（《旧唐书》卷一，高祖纪 史臣曰）。时隔一千多年，哪怕从今天的眼光看，大唐帝国的创立过程都可圈可点，远远不是打几次胜仗那么简单。李渊的所有战略部署，总体上几乎无懈可击。

中国台湾三军大学编著的《中国历代战争史》是一部具有很高专业水准的著作（笔者读书写作时，从这部巨著中获益良多）。该书编著者对于李渊评价甚高——唐高祖李渊扫平群雄，统一全国之总方略，其着眼之高远，运用之灵活，至堪玩味。他以关中关河之险为战略核心，以物产丰富之巴蜀为后劲，退有关河以自固，进统中原则有黄河、渭水顺流之势，东向江汉江南可沿长江顺流而下，占据了这种地略优势，战略意图的实现就有了依托。在政略上，突厥人热爱财货子女玉帛，从来对领土不感兴趣。李渊牢牢把握住这个特点，大把挥洒金银，致使突厥人虽有数次南下，却都没有影响到中原地区战局。从而，顺利实现中国的重新统一（请见中国台湾三军大学编著《中国历代战争史》第八册第十二卷第三章第九节 战后之政局及申论）。

看一看下列时间表，我们会对李渊的战略布局有一个直观印象：

公元六一七年即隋炀帝大业十三年七月，直入关中，进据长安；

公元六一八年即唐武德元年八月至十一月，遣李世民平定秦凉薛举、薛仁果父子；

公元六一九年即唐武德二年二月至五月，平定河西李轨；

公元六一九年即唐武德二年十一月，遣李世民进驻柏壁，第二年即唐武德三年四月，刘武周、宋金刚败逃突厥，后被突厥可汗杀死；

公元六二〇年即唐武德三年七月，遣李世民进攻东都洛阳，第二年即唐武德四年五月二日，李世民围点打援，于虎牢战场生擒夏国大建天子窦建德；同月九日，郑国皇帝王世充在洛阳开城投降；

公元六二一年即唐武德四年八月，派遣李靖征讨在江陵称帝的梁国皇帝萧铣，同年十月灭之；

公元六二一年即唐武德四年十一月，派遣李靖前往岭南地区，第二年六月，岭南地区全部归入唐朝版图；

公元六二二年即唐武德五年十月，派遣洪州总督若干则进攻在南昌称帝的楚国皇帝林士弘，当月林士弘死，该地平定；

公元六二二年即唐武德五年十一月，派遣太子李建成，征讨借突厥兵第二次崛起的窦建德旧部刘黑闼，第二年正月平定；

公元六二三年即唐武德六年八月，辅公祏反，李渊派遣李靖、李世勣等诸将大举围剿，第二年二月灭之。

创建唐朝过程中，李渊最重要的军事与战争行动，大体如上。

从中，可以清晰看出此人先创建根据地，然后，由近及远、由里及表的整体战略意图。在时间、地域、难易、强弱、轻重缓急等因素的考虑上，一环紧扣一环，丝丝入扣，无一不与事机吻合。致使短短六七年时间，混乱不堪的中国大地，便已经隐隐然重归一统且走向安宁繁荣。隋炀帝杨广大业五年的极度繁荣，是建立在隋文帝杨坚开皇二十年与仁寿四年奠定之基础上的；同样，若没有唐高祖李渊在武德九年间打下的根基，唐太宗李世民的贞观之治，哪有可能在他登基之后三四年便降临华夏大地？

遥想当年战乱四起、瞬息万变的复杂局面，不能不承认，确实如《中国历代战争史》编著者所言，李渊是一位被埋没了太久——长达一千多年的大政略家和大战略家。而埋没了他的人，显然是他的儿子李世民。

中国历史上有一个特别有趣的现象：每当改朝换代时的政治统帅足够出色时，就会涌现出大批量的能臣骁将共襄盛举、建功立业，那个时代甚至整个朝代都会变得开朗舒展，浑然大气；而但凡这个时候的领袖是阴毒狠辣一流人物时，整个朝代就会人物猥琐凋零，社会则七扭八歪。流风所致，有时甚至会长达几百年。

刘邦和李渊开创的汉唐气象可以看成是前者的典范；而后者的代表，大约非朱元璋的大明王朝及其衣钵传人莫属。

在大唐创建的过程中，李渊是整个战略棋局中的博弈者，他的对手如上表所列，算得上是高手云集。李世民则仅仅是李渊手下的一枚棋子。当然，那是一枚极其出色的棋子。

当时，李渊手下可以运用的棋子很多，比如李建成、李世民、刘文静、李靖、徐世勣、房玄龄、杜如晦、魏徵、王珪，等等，武将更是多至数不胜数——尉迟敬德、秦叔宝、程咬金、段志玄，等等。在能够进入中国民间传奇和神话系统的人物中，可能还没有哪一个时代像此时此刻那么令人动容。这些人，若单独拿出来，每一个都足够出色；作为一个群体，更是异彩纷呈。大唐帝国群星璀璨的局面，就是这样一批人，在李渊的领导下开创出来的。

和父亲李渊比较起来，创业时期的李世民更多表现为一个天才的军事将领。打个比方：一个是全民健身和体育运动的组织者，另一个是奥运会百米冠军。届时，哪怕全民的健康指数全球第一，而社会的目光必定还是会聚焦在冠军身上，众多荣誉、赞美、掌声，艳羡的目光、爱慕的眼神、丰厚的物质奖励都会涌向他，能够为那位组织者欢呼的人并不会太多。因此《中国历代战争史》的编著者才会引用孙子的话来比较李渊、李世民父子——李渊是“善战者，无智名，无勇功”，李世民是“百战百胜，非善之善者也”，认为，李渊卓越的大才被有意无意地埋没，“殊堪浩叹”！信哉斯言。

其实，埋没父亲的一世英名还在其次，一母同胞的兄弟之间大砍大杀，才真正令人扼腕叹息。

关于李世民出生的时间，说法不一，《新唐书》和《旧唐书》上也不一样。从公元五九七年即隋文帝开皇十七年，到公元六〇〇年即开皇二十年，共有四种年份的说法。按照最后一个时间计算，李渊太原起兵时，李世民只有十七岁。那些热烈赞颂他的人，喜欢用这一点说明李世民是一位罕见的少年天才。

这一说法，也被应用到了少年天才最早的事迹上。

这一事迹据说发生在公元六一五年即隋炀帝大业十一年，这一年隋炀帝被十万突厥铁骑包围在雁门关内。李世民毅然应征入伍，参加勤王兵马前来救援皇帝，并且向长官云定兴建议："始毕可汗之所以敢于包围天子，是觉得我们仓促之间无法救援的缘故。我们应该白天大张旗鼓数十里不绝，夜晚鼓号相应。他们以为我们大批救兵来到，必闻风而逃。要不然，彼众我寡，他们一拥而上，我们肯定打不过他们。"

云定兴照此办理，十万突厥铁骑果然解围而去。

想想看，一个十五岁的毛头小伙子，一条妙计就为大隋天子解了十万铁骑的重重包围。不知别人怎么样，至少打死我也不敢相信会有这种事情。而据某些学者考证，当时，云定兴的兵力可能连打着旗帜分散到数十里长的距离上都不够。

官修正史上，很认真地记载说：李世民出生时，他家门口有两条龙在游戏。古人所说的龙，一般指的是蛇。当时是阴历十二月，正是数九隆冬季节，李世民出生在陕西武功，不知道该地区的蛇，在这个季节是否冬眠？

李世民四岁时，有个书生对李渊说："您是贵人，而且有贵子。"看到李世民后说："此儿龙凤姿态，天日仪表，快到二十岁时，必定会济世安民。"李渊害怕书生泄露天机，想把他干掉。结果，那书生一晃就不见了。据说，李世民的名字就是这么取的。问题在于，假如这个孩子准确的出生时间都被忘掉了，不知你是不是还愿意相信关于他出生前后的这些鬼话？

李渊一共有二十二个儿子，他和窦氏——鲜卑纥豆陵氏夫人生的有四个，而且是最大的四个儿子。李世民是老二，他的哥哥李建成可能比李世民大十岁左右；老三李玄霸早年夭折，没有留下任何事迹；老四李元吉，大约比李世民小五岁到六岁。

李渊出任太原留守时，只带了李世民赴任，把李建成、李元吉和另外一个夫人生的第五子李智云，留在河东，即今日山西永济西部一带。当时，李世民二十岁上下，李建成约三十岁，李元吉可能十五岁到十六岁的样子，李智云则十四岁。为什么这样安排，很多人解释为，李渊偏爱李世民，不太喜欢其他三个孩子。另外一种情形可能更加符合常识：李建成已经成年，父亲不在家，长兄持家为大。

因为这个缘故，大体上可以想见：太原起兵之前的准备工作——阴谋策划于密室，煽风点火于基层，与方方面面奔走联络、招降纳叛，等等，基本都是在李渊的旨意，或者至少是默许下，由李世民出面去做的。

直到起兵前夕，李建成才带着李元吉赶到太原会合。不知道因为什么，李建成把十四岁的李智云留在了河东，起兵后，被隋朝官员捕捉到长安处死了。按照当时的观念，十四岁已经差不多成年。唐皇室对于此事没有任何说明。天家骨肉之间，恩怨以权益为转移，是一个很难说清楚的话题。

玄武门之变发生后，太原起兵被全部归功于李世民，成为他应该取代李建成的最重要理由之一。这种说辞，道出了部分实情，即李建成的确没有参与起兵前的筹备工作；该说法强词夺理的部分在于：李世民当时的年龄分别有十七岁、十八岁、十九岁、二十岁四种说法，我们取最大的一种——二十岁，即便如此，这么一件惊天动地的大事，是由这么一个小青年发起——高屋建瓴的战略布局、周到绵密的组织安排、丝丝入扣的执行落实，都是二十岁的李世民胁迫、指导着五十岁、当了大半辈子高级官员的李渊去做的。这话听上去，有点儿仗势欺人——仗着手中的权力，把所有人都当成白痴、弱智的意思。谁爱信谁信，我不仅不信，而且认为整个儿压根儿就是扯淡。原因只有一个——玄武门之变后的李渊，已经基本或完全失去了话语权。

攻取西河即今日山西汾阳，是太原起兵后的第一战，李渊命令李建成和李世民兄弟俩同时领兵出战。当时，没有明确的官职名称，军中以“大郎”“二郎”称呼他们。

大业十三年六月，起兵后一个月，李渊建大将军府，任命李建成为陇西公、左领军大都督，李世民为敦煌公、右领军大都督，将手下的部队主要交给他们二人统领。他们的地位大致相当，李世民名次在后，可能略微低一点点。考虑到李世民比李建成小了将近十岁，这种安排可以看成是李渊很看重李世民的才干。因为，起兵造反，在任何时代都是拎着脑袋闯世面的勾当；在下面，可能是谁有本事谁就闯出来；在上面，则是谁有本事就用谁闯，偏谁爱谁这种小儿女心态，成事不足败事有余，恐怕是顾不上的。以这种小儿女之心做事，有没有能够成就大事业的，还需要考证。

西渡黄河之后，李渊立即兵分两路，一路由李建成带领，驻扎在永丰仓，地点在陕西华阴东北部，作用是守潼关，防范东方之敌；另外一路由李世民率领，从渭水以北向西发展。

一般说来，兵合则强，兵分则弱，是个很普通的军事常识。但是李渊的这个布置极为漂亮。他用李建成挡住东部屈突通所部隋军主力，用李世民攻略兵力空虚的关中地区，一举将长安孤立起来成为孤城。两支部队的使用如臂使指，完美配合后达成一个战略目标——拿下长安。

在攻打长安的战役中，仍然是李建成、李世民兄弟二人协同作战。李建成的部队负责攻略长安城的东、南两面，李世民的部队攻打西面和北面。实际作战中，最先攻入长安的是李建成的部下雷永吉。太原起兵之后，李建成、李世民兄弟二人一直并肩作战，难以分出高下，但是在关键的长安一战中，雷永吉在皇城东门景风门附近首先登城，显然令李建成占了上风。

此后的一切都顺理成章。

公元六一八年，即隋炀帝大业十四年五月二十日，李渊取代杨侑登上帝位，建立唐朝，改元唐武德元年。六月一日，任命李世民为尚书令，七日，立李建成为皇太子，李世民封秦王，李元吉封齐王。这一年，李建成大约三十一岁，李世民可能二十一岁，李元吉则在十六岁上下。

到目前为止，一切都是在按照传统政治模式进行，没有任何可以异议的地方。无论是帝制传统下坚如磐石的嫡长子继承制度，还是现实的功劳、实力，李世民都没有挑战李建成太子地位的足够理由。因此，史书上关于李渊答应让李世民做太子、李世民坚决推辞的说法，让人实在看不出来有任何理论和现实的依据，大体可以看成是李世民做了皇帝后，文人们的无奈与御用文人们的无耻。

从西周时代开始，三千多年间，中国社会形成了一个坚固的宗法制等级社会。其中，最关键的制度安排就是宗法和等级。按照这种制度，天子正妻即皇后所生的儿子叫嫡子，嫡子中的长子叫嫡长子；其他妻妾妃嫔所生的儿子叫庶子。在任何情况下，不论长幼、不分愚贤，这位嫡长子是天子——皇位的天然继承人，其他儿子没有皇位继承权，哪怕庶子的年龄比嫡长子大也是如此。所谓“立嫡以长不以贤”就是这个意思。

在嫡长子死掉的情况下，要在其他嫡子中挑选继承人；没有嫡子时才会考虑将庶子过继为嫡子，然后继承。所谓，“未立之前子以母贵，已立之后母以子贵”，说的就是这种情形。意思是说，太子没有确立之前，是以母亲的身份为转移；假如没有嫡子，太子是在庶子中确立的话，就会使他的母亲因为儿子的地位而变得尊贵起来；太子若继位为帝，他的母亲虽然不是先皇帝的正妻——皇后，也会因为儿子是皇帝，而被尊以很高的地位，到后来则发展为与先皇帝的正宫皇后并列为皇太后，只是名字排列在后面，如明朝万历皇帝的母亲李太后、晚清著名的西太后慈禧，都是如此。

因此，嫡长子、嫡子、庶子的身份地位有着严格的等级区分，只有嫡长子才具有天然的资格成为帝统和大宗，是无条件的“尊之统也”。其余诸子包括嫡子都是小宗，是旁支，需要无条件地接受大宗的支配与约束。小宗可以绝，大宗不可以绝，大宗绝后时，小宗必须先过继给大宗，然后才能继承大统。这套制度推而广之到了中国所有的氏族、宗族、家族之中，成为等级森严的社会控制系统。中国人经常说的“正宗”“正统”等观念，就是从这里演变来的。在儒家意识形态里，违反这套制度的人，就是标准的犯上作乱，就是乱臣贼子。对于被冠以这种称呼的人，是人人“得而诛之”的，就是人人都可以杀掉破坏这种等级制度的人。

在现实政治层面上，皇太子的地位也极端重要。他不但是皇帝之下的第一人，还是帝国稳定的象征，是法定的、无可争议的最高权力继承人，是帝国正统延续的合法性所在。因此，皇太子被视为“国本”——国之根本，太子地位的动摇，常常意味着国家根本的动摇，意味着绝大的政治风波和许多人的人头落地。

因此，不论在理论上，还是在现实层面，这时候的李世民都没有理由也没有实力挑战哥哥李建成的太子地位。

然而，若是深究起来，后来促使李世民发动这场挑战的悲剧种子，其实，仍然植根于与这套宗法等级制度密切相关的政治文化传统之中。令这粒种子破土而出的东西，显然与李世民独特的个性、辉煌的军功、他和战友们生死与共的情谊有关，但是，还有一点常常被人们有意无意地忘记，其实，却可能是最重要的！

那就是——深深植根于中国政治文化传统土壤上、令他们不寒而栗的政治前景！

从每个人的性情来看，并不是所有人都喜欢没完没了地在战场上厮杀，那需要一种天生的军人性情与气质。

我们知道，李世民身上流淌着鲜卑人与匈奴人的血液，他有一把浓厚的、辉煌的大胡子，号称虬髯，在和部下的将士们开玩笑时，他曾经让士兵用自己的胡子悬挂弓箭。他可能不但在外貌上很像英武剽悍的胡人，他那种酷爱骑射、崇尚武功的气质，大约也是来自马背上祖先的遗传。西魏—北周的开国元勋、六大柱国大将军中，他的曾祖父李虎和外曾祖父独孤信占据两席，并且都以上马治军、下马治民著称于时；父亲李渊通过射箭，才娶来了他的母亲——才貌双全的窦家小姐；而窦夫人的父亲、李世民的外祖父窦毅，出身鲜卑纥豆陵氏，那是一个以武功起家的、显赫的军人世家；最后，李世民自己的岳父长孙晟，也曾经以极高的骑射武功，赢得了突厥骑士们的崇高赞誉。

李世民是一个天生的军人与骑士，他酷爱在战场上奔腾驰骋，从史料上看，他的骑射武功也相当了得。大业十三年初，李渊担任太原留守不久，曾经在一次激战中，被反政府武装团团包围，情势危急。李世民带领不多的将士杀进重围，将李渊解救出来。这是李世民最早出入于战阵的军事生涯记录。

进军长安路上的霍邑之战，是起兵以来的第一场血战。当时，在隋军猛将宋老生的冲击下，正面接战的李渊、李建成有些抵挡不住，阵脚开始松动。李世民率领轻骑兵从侧后翼冲杀过来。据说，在激烈的搏战中，李世民的两把大刀都砍成了豁牙，两个衣袖里灌满了鲜血，挥洒出来后，继续冲杀。

在洛阳城下与王世充对峙时，有一次，从中午到傍晚，他一直在战场上混战，身边只跟着一位名叫丘行恭的将军。当时，李世民的战马中箭死掉了，李世民摔下马来，丘行恭把自己的马给李世民骑，自己提着大刀在前面开路，二人远的用箭射，近的用刀砍，浑身上下糊满了泥土血污。

这一场混战持续了六个多小时。回到军营中时，没有人能够认得出李世民。直到他摘下头盔说话，人们才知道原来是秦王。

他手下一位著名的大将名叫段志玄，也在这次激战中因为马匹死掉而摔下马后被捕。两个王世充的骑兵知道这是一员大将，很喜悦地揪着他的头发，把他夹在中间，准备渡洛水回去请赏。这家伙走到河中间时，借着水劲一跳，把两个骑兵齐刷刷地推进河里，自己骑上他们的马逃了回来。

武德四年三月二十五日，李世民进驻虎牢，第二天，他带领五百名轻骑兵前去侦察窦建德的兵势。他一路走一路分兵，把五百骑兵分给了李世勣、秦叔宝、程知节率领，埋伏在路边；他自己只和尉迟敬德带着两个人，一行四人前往窦建德的军营。李世民对尉迟敬德说：“我执弓箭，你拿长矛，就是有百万大军也拿咱俩没办法。”

到离窦建德军营只有一千多米远时，碰上了窦建德的巡逻兵，以为他们是唐军的侦察兵，就没理他们。没想到，李世民大声喊道：“喂，你们听着，我是秦王李世民！”一边喊，一边张弓就射，一箭把对方带队的将领射下马来。窦建德军中大惊，出动五六千人追击他们。李世民让那两名骑兵先撤，自己和尉迟敬德慢悠悠地往回走，追兵近了，他就射一箭，每次必定会把对方一个领头的射下马；追的人不敢追了，他们继续慢慢走。就这样，李世民前后射死三四个将领，尉迟敬德杀死十余个骑兵，两人一直把追兵引到了埋伏圈中。最后，号称“大破之”，还俘虏了窦建德两名有名有姓的将军。

作为地位崇高的秦王，李世民经常指挥几万人、十几万人大规模的军事行动。每次关键的战斗，他似乎都是身先士卒地冲杀在战场上，很少躲在指挥所或山头上指挥。在平定宋金刚时，他两天两夜穷追不舍，没有吃饭、没有解甲睡觉，军中只有一只羊，他是和将士们分享的。当时，有一座城池被刘武周、宋金刚包围了很久，里面的守军苦苦坚持，已经接近绝望。李世民追击宋金刚，一举为这座城池解了围。当他来到城下时，所有人都不敢相信自己得救了。当李世民摘下头盔让他们打开城门时，城上的人们欢呼动地，又哭声震天。

即便我们距离那个时代已经很遥远，即便我们没有过军旅生涯，即便我们根本就没有经受过战场上生死存亡的考验，我们也完全能够想象得出，这位秦王李世民和他手下的将士们之间，会是什么样一种生死不渝的关系。

有人认为：李世民早就有了谋取皇位的想法，所以才会多次主动要求到战场上去博取名声、培植势力。在他们龌龊的大脑里，上战场冲杀似乎和在大学里抄袭、剽窃，从而骗取学术地位一样轻松自如。他们真是让人——啊，呸！

我们知道，在任何一个社会里，军人都是一个特殊的群体。在理论上讲，他们的职业要求他们具有高超的杀人技巧和能力，在与敌人对垒时打败对手而不是被打败，从而，或者保卫他们的国家与人民；或者成为等而下之的专业杀人机器，在政客、军阀驱使下，祸害自己或别人的国家与人民。

因此，职业要求他们崇敬的对象，必然是那些能征善战、骁勇凶猛的人；他们热爱的人，必定是那些在铁与血的搏击中，能够带领他们一次次战胜敌人的统帅。假如在生与死的致命考验面前，这个统帅还能够身先士卒，与他们生死与共、同甘共苦的话，那他所获得的拥戴，就是没有这种体验的人无法想象的了。从史料中判断，李世民很有可能是这样一位统帅人物。

譬如，到目前为止，我们在史料中找不到在李世民指挥下，曾经打过败仗的蛛丝马迹，唯一的一次记录，发生在第二次与薛举对垒时，李世民患病休养，将军务委托给刘文静主持，结果几至全军覆没。用今天假模假式的话讲，他应该承担领导责任。此外，他的军事生涯一片辉煌灿烂。

仔细翻检这些记载，可以发现李世民的军事指挥生涯相当枯燥乏味。譬如，他自己曾经总结说："我从少年时代经略四方，很知道用兵最要紧的是什么。每次只要一看敌人的阵势，就知道他的强弱何在，于是，就用我最弱的对付他们最强的，用我最强的打击他最弱的。他对我们最弱的部分不过是追奔百八十米而已，我对他们最弱的，必定是杀到他们阵后，然后再从后面反击之，没有不溃败的。我之所以能打胜仗，不过如此而已。"

观察那些最关键的战役，比如霍邑之战中打击宋老生，平定陇右时打击薛仁果部将宗罗睺，对宋金刚、窦建德，等等，李世民每次都是采用此种战术，且每发必中。其中关键之点，可能和他善用轻骑兵有关。几乎每次作战，他都是亲自带领轻骑兵直接插入敌方背后，再从后面反击过来。从他对敌人的穷追不舍中也可以看出，他的轻骑兵部队，极有可能是他的整个部队中最为精锐的部分。这支部队大约每人都配备有副马，从而，保持着极强的冲击力，且具有特别坚韧持久的打击能力。有人认为，李世民对于轻骑兵的训练和使用，可能在中国军事史上是划时代的，对传统骑兵战术具有革命性的突破。

此外，李世民最为经常使用的战术，就是以极为坚忍的耐心，深沟高垒坚不出战；同时，以精干部队截断敌人补给线，令其陷入疲惫万分的境地；然后，前后夹击、穷追不舍，力求彻底击溃。

一战制服王世充、窦建德两大强敌，是他军事生涯的巅峰之作，也成为中国军事学中围点打援战术的经典范例。切割、孤立、包围，最后围点打援，是这种战法的一般步骤。他也是凭借着这些，置王世充、窦建德于死地的。

理论是灰色的，而生命之树常绿。上面的总结令人厌烦，而李世民确是在战场冲杀中，获得了功业、声望与将士的拥戴，并一步步走向了玄武门。

有一些小故事，可以帮助我们理解，为什么有一大批人坚定拥护李世民发动玄武门之变。

李世民和尉迟敬德的故事，我们已经很熟悉了。他和李世勣之间还发生过一件小事。

有一次，李世勣得了重病，医生说，需要人的胡须烧成灰和在药里才能治疗他的病。李世民知道后，立即剪下自己的胡子，烧成灰，为李世勣和药。当时，李世勣感动得磕头都磕出了血，流着泪向李世民道谢，李世民说得很简单："现在国家需要你出力，我只是为国家考虑罢了，你不必这么谢我。"

这件事情，虽然发生在玄武门之变以后很久，但和上述战争故事浑然一体，可以让我们知道，李世民就是在这样的进程中，与部下将士形成了休戚与共、不可分割的利益共同体。这种休戚相关，既包含了情感世界里生死不渝的战友情谊，也包括了现实利益上一损俱损一荣俱荣的利害关系。

因此，李世民和李渊之间究竟谈了些什么？李渊到底对李世民有过什么许诺？李世民和李建成、李元吉之间发生了些什么事情？他们和宫廷中李渊的那些大小老婆们是不是真的有猫腻？这一切，已经变得一点儿都不重要了。

平心而论，中国政治阴谋的确经常发生在宫闱之中。但是，李渊、李建成、李世民父子兄弟之间的事情，再掺和上一帮说不清道不明的老娘们儿，仍然和今天没有人能够判断夫妻离婚时的是非一样，是一笔谁想怎么编就怎么编的烂账。玄武门之变后，有些不入流的文人还真是有点儿下三烂，编了一些比如李建成、李元吉兄弟和他们父亲的老婆们不清不楚的故事，试图以此证明李世民的高大完美。这些帮闲真叫人反胃。其实，就算真有这些事，也和鲜卑人嫂婚制遗俗有关，就和李世民杀了自己的同胞兄弟后，又娶了弟弟的妻子差不多是一回事儿。李世民死后，他的儿子唐高宗李治娶了和自己没有血缘关系的庶母武媚娘；唐明皇李隆基娶了自己的儿媳妇杨玉环；众多突厥可汗继位时，不但继承老可汗留下来的权力，还会继承他留下来的汉家公主，等等，只和民族文化习俗有关，和该人是不是高大完美没有什么联系。在这件事情上，倒是司马光还算明白。他说："宫禁深密，莫能明也。"（《资治通鉴》卷一九〇，唐纪六，武德五年十一月）因此，索性不去说它——人家宫廷或者夫妻卧室里的事情，是说不清楚的；既然说不清，就不要说。我们只说能够说得清的。

比如，上述所有战争故事和李世民的军功是明明白白地摆在那儿的。谁说了些什么，事后很容易编造出来；而谁做了些什么，特别是在战场上做了些什么的故事，要想编造可就相对比较困难，因为亲眼所见的人太多了。尤其是战争的结果，摆在那儿，很清楚，并不需要做什么考证工作就很明白，想要编造也几乎没门儿。

问题的关键，其实端在于怎么看待这些本来很明白的事情。

或者换句话说，中国政治的确和宫闱中的阴谋诡计纠缠得很紧密，但是，至少就玄武门之变前的李世民而言，那一切宫闱秘辛已经变得一点儿都不重要了。重要的是，这些在国家创立过程中一刀一枪杀出了一个大一统天下的人们，在战争结束国家安定下来之后，应该如何自处？国家应该怎么与他们相处？

事实上，在帝王政治条件下，这是一个历数千年都没有解开的死结，或者说，根本就是一个无解的方程。原因在于，古代中国最高权力的传承体系，没有那种与《创世记》神话相联系的万世一统皇家世系，比如像日本的天照大神与天皇之间，或者像欧洲的某些王室那样，而是建立在实力加暴力的基础之上。任何政治力量，只要具有足够强大的实力，都可以用暴力挑战现存秩序，将一切推倒重来。而儒家意识形态和帝王政治相结合，铸就了赢者通吃、输者万事皆休的政治理念与秩序，遂使最高政治权力的传承每每变成你死我活的殊死搏斗；举凡中国政治史上的所有改朝换代，无不充满血淋淋的大砍大杀，其深层原因端在于此。

同理，所有获得最高权力的政治力量，也都会自然而然地、不计代价地耗用社会资源，以国家利益的名义，来扼杀任何可能形成挑战的异己政治力量。一般说来，这种打击的矛头，主要针对两种人：其一，是那些手握重兵、重权的文臣武将，代表人物就是人们经常谈到的所谓功臣；其二，则是那些有资格染指最高权位的皇室成员。

春秋晚期，越王勾践卧薪尝胆消灭吴国之后，帮助他做到这一点的两位最重要的助手，一位是范蠡，一位是文种。范蠡成功之后，急流勇退，据说是带着西施不辞而别，飘然而去，又据说成了中国商人的鼻祖陶朱公，西施则过上了傍大款成为富婆而不是二奶的幸福生活。文种看得没有那么透彻，结果也就没有那么幸运。据说，勾践派人送给他一把宝剑，告诉他说：“为了灭掉吴国，先生您一共教给我七招，我只用了三招，就把吴国收拾了。您手里还有四招，看来我这里是用不上了，您到九泉之下的先王那儿，演示给他看看吧。”文种只好横剑自杀，下地狱找勾践他爸去了。

这算是中国古代比较文雅的对付功臣的做法。

粗鲁野蛮一些的，比如刘邦干掉韩信的故事，朱元璋除去所有开国功臣的故事，已经成为诛杀功臣的经典，成为所有仿效者学习帝王之术的必读教材，而千古传诵。

这些是第一类需要打击的对象。在堂皇二十四史中，此类故事可以用数不胜数来形容。

第二类故事更是异彩纷呈。皇家内部的骨肉相残，历来就是悠久文化传统中的华彩乐章。莎士比亚若是有幸读到这些故事，对花费如此巨大之气力描写丹麦王宫里的小状况，可能会感到懊恼不已。

曹植不是功臣，没有什么文韬武略，也不掌握重兵重权，只是曾经得到了父王曹操的欣赏，有可能继承王位而已。父王死后，已经继承权位的曹丕没有直接干掉这个一母同胞的弟弟，而是让他写出千古传唱的《七步诗》来，让他在郁郁寡欢中死掉，让他还有机会展示自己的年轻与盖世才华，这已经是太过仁慈了，也成为中国皇室骨肉相残的经典案例。

而近在眼前的例子，一个是北周武帝宇文邕的弟弟宇文宪，他文武全才，功勋卓著而享有崇高威望。宇文邕死后，他的儿子宇文赟继位，第一件大事，就是连借口都不费心去找，将这位让他感觉不爽的叔叔骗进皇宫，直接拿绳子勒死就是了。第二个例子，则是让所有人都黯然神伤的隋朝皇室杨家父子兄弟。其权位争夺的后果之严重，不但把已经弄到手的万里锦绣江山弄丢，就连皇室一族也整个断子绝孙。对此，我们已经使用了不少笔墨，姑且从略。

如今的李世民更加糟糕，中国历史上所有需要打击的情形几乎被他一身而兼具。尾大不掉、功高盖主之类狗屁词汇，似乎就是为他这种人设计的，皇家所深切忌讳的所有要素都汇集到了他的身上。由此，不论是在理论上，还是在现实政治层面，他如何可能找到完美的出路？如果李世民不是皇帝宠爱的皇子，他可能早就被李渊“狡兔死，走狗烹”了。即便他是皇帝的儿子，即便父皇对他喜爱赞赏有加，即便至少一半的天下是他打下来的，那又怎么样？如果李渊死了呢？如果李建成继位为帝呢？到那时，除了再次起兵造反之外，李世民也不是别无选择，只是他的选择余地变得特别小，比如，他可以选择自己的死法——是用刀子，毒酒，还是绳子？他还可以选择是自己一个人死，还是带着一大帮子人，包括所有家人和忠诚追随他的部下，一起去死。

中国历史上，有许多与他很像的人，在类似的情境下，做出过差不多相同或类似的选择。儒家意识形态支撑下的中国帝王政治文化传统，就是这么不公不义，就是这么冷酷无情。

明白这种大背景之后，我们就会明白，玄武门之变，其实是一件必然要发生的事情。与李渊、李建成、李世民、李元吉诸人的人品、性格之类没有太大的关系，而是和帝制传统下政治异己力量的生存状态有关系。另外有关系的，则仅仅是一个假设：这件事情有没有可能在他们的人品、性格范围内予以化解？

对此，我们能够阅读到的资料实在太少，所有史料几乎都经过了修饰和阉割，变得前言不搭后语，可信度很低。很多时候，根据前因后果或者常识进行推测，反倒可能距离当日之实情更加贴近。

譬如，李渊对李世民说：李建成做太子的时间已经很久了，且没有明显的过错，因此，不忍心将他废黜。

这里的李渊既是皇帝，也是父亲，表达的可能是当日的实情。

当李世民在沙场上军功越来越显赫时，太子李建成则在协助父亲处理国务。作为皇帝的法定接班人，他没有可能像李世民那样到战场上去冲锋陷阵、建功立业；不招灾、不惹祸、规规矩矩等着接班就是他的最大职责与功业。按照古人对皇位继承人的挑选标准，“立子以长，不以有功；以德，不以有众。古之道也”（范祖禹《唐鉴》卷一）。像李世民这样于国于民有功和受到众人拥戴，都不是成为最高权位继承者的理由，只要年长和有德。年长容易理解，什么叫有德，仍然是一个很玄妙的问题，解释起来，需要大费笔墨，而且还不一定能说明白。简单通俗地说，大约像李建成这样，没有明显的过失，也不需要“有功”“有众”，就叫有德吧。用这个标准看，应该说，李建成做得不错。魏徵、王珪是李建成身边的官员，差不多每天跟在太子屁股后面，后来，二人全都成为唐太宗李世民贞观时期的一代名臣，并且以敢于直言著称。从他们的所有言谈中，找不到李建成具有明显过失或缺陷的证据，魏徵对李建成唯一的不满，是他没有听从自己的建议，早些处理李世民，致使李世民羽翼丰满，尾大不掉。

上古时代，流传下来一些美好的传说，一些人物为了不和兄弟抢位子，自己远逃他乡，以便让哥哥或者弟弟安心坐上王位。据说天下吴姓的始祖吴太公，就是为此从北方逃到苏州一带的。由此，这些人被视为品行高洁的典范，成为儒家教义中号召人们学习的榜样。古人的情形已不可考，今天若有人号召别人这样做的话，可以请号召者自己先少拿几个月的奖金试试。李建成大约就是觉得自己没有理由少拿奖金，所以，也就没有去做初唐时期的吴太公，而是成了玄武门之变的反面一号男主角。

李世民做了皇帝之后，史书中几乎是一边倒地漫骂李建成。偶尔不小心也会透露出来一点儿另外的意思，并感叹李建成其实是个宽厚仁爱的人。比如，有一次，李元吉准备布置人干掉李世民，被李建成坚决制止，李元吉很恼火，气狠狠地说：“我都是为了你，和我有什么关系？”其实，仅仅从这件事情上，就得出李建成宽厚仁爱的结论，可能是有点儿过于大胆了。试试读完下面这则史料，看看还有什么人敢继续说这种话——

唐武德四年正月，李建成受命前去平定一个边疆地区的稽胡部落。李建成俘虏了一千多人，他把几十个酋长释放出来，授以官爵，以此诱使更多更大的酋长投降。他宣布，将要在该地区增加设置州县，修建城池，以便让归顺的人居住。然后，要求二十岁以上的男人集合起来，以便安置。当这些人按照他的要求集合以后，早就埋伏好的军队将他们包围起来，开始屠杀，一次就杀死了六千多人（以上事见《资治通鉴》卷一八九，唐纪五，高祖武德四年正月、三月）。

用宽厚仁爱之类字眼形容政治人物，尤其是中国的政治人物，常常需要冒很大的风险。对李世民、李渊也应该作如是观。比如，唐武德三年五月二十日，平定刘武周、宋金刚之后，李世民在夏县命令屠城，就曾经干过灭绝性屠杀的勾当（事见《资治通鉴》卷一八八，唐纪四，高祖武德三年五月）。李渊更加过分，比如，窦建德被处死后，他的旧部刘黑闼举兵反唐。李渊就曾经谋划着，要将该地区十五岁以上的男子统统活埋，以此消除反抗势力。最后，虽然没有实行，但从这样的策划中，我们可以知道，李渊这位狠角色从来就不是一个良善之辈（《资治通鉴》卷一九〇，唐纪六，高祖武德五年十二月 考异）。当政治人物变成政治动物时，他们就时常会在神圣的名义下，干出骇人听闻的恶行或暴行，这是经过数千年黑暗中摸索之后，人类追求民主，致力于将政治权力关进笼子里的最重要理由。

知道了这些情形，我们对玄武门之变可能就会多一些心理准备，不至于过多地停留在道德或者人伦层面上思考问题。

公元六二一年即唐武德四年五月，李世民围点打援，一举打倒两大强敌窦建德和王世充。六月，在盛大凯旋仪式中回到长安。十月，李渊认为李世民功劳过大，以往的所有官衔不足以表彰他的丰功伟绩，于是专门为他硬造出一个官名曰“天策上将”，位置在所有王公之上，开天策府，置官署。就此，除了皇帝和太子，李世民成为天下第一人。

此时，李渊和李建成可能都在心里期待着，这个特殊的头衔若能够让李世民感到满意，那可就太好了，谢天谢地。而李世民则以自己的实际行动让他们知道：人类的欲望是没有止境的。

当年十月，李世民开天策上将府，置文学馆，安排了十八位饱学之士为文学馆学士，就是历史上著名的秦王十八学士。这里所谓文学馆，其实和今天理解的文学没有什么关系，更像是一个参谋部、智囊团或者政策研究室。十八位学士以政治、军事参谋人才如房玄龄、杜如晦、于志宁等人为主，辅之以孔颖达等精通经史的著名学者，当时的人们很羡慕他们，称之为“登瀛洲”。李世民每天和他们一起“议天下事”（《新唐书》卷一九八，儒学传序）。这样，在李世民的天策上将府或者叫秦王府中，聚集了两大类人才：一类是在战争中与李世民结下生死情谊的武将系统，包括尉迟敬德、秦叔宝、程知节、段志玄等人；文官系统除了上述十八学士之外，还有地位更高、先后出任过宰相的萧瑀、封德彝、长孙无忌等人。

至此，李世民合法拥有了一文一武两大辅佐班底，公开形成与李建成太子东宫不同的政治势力。

齐王李元吉则旗帜鲜明地支持太子李建成，他的动机是什么尚不清楚，史书的记载不是贬低，就是发狠，很难令人信服。在两个哥哥之间，他可能更喜欢年长的李建成；在现实利益上，李建成也显然稳稳地占据着优势。因此，他的想法到底是什么，很难确定，可以任人猜测。有一点可以确定的是，李元吉也是个狠角色，不讨人喜欢，劣迹不少，但肯定不是平庸之辈。

据说，他出生时，他的母亲就不喜欢这个儿子的长相，不怎么抱他，也不给他喂奶，是他的奶妈陈善意把他奶大的。李渊离开太原进击长安时，任命他为太原最高军政长官，当时，李元吉只有十五岁左右。此后，他的表现是个十足青春反叛期的恶少。

他喜欢打猎，号称宁可三天不吃饭，也不能一天不打猎，于是，经常带着手下奔腾驰骋在老百姓的庄稼田里；纵容恶奴抢夺别人的财物；白天，喜欢在太原闹市区里射箭，看行人躲避为乐；夜里，则时不时到别人家里，奸淫百姓妻女。太原人对这小子恨之入骨，又毫无办法。他有几百个奴仆，经常玩的一个游戏是将这些奴仆分成两军，让他们穿上盔甲，真刀真枪地对打，死伤甚重，他自己也屡屡受伤，仍然乐此不疲。为此，奶妈陈善意苦苦劝他。谁知，有一天，这小兔崽子喝醉酒后，竟下令让壮士将这位把他抱大的奶妈活活打死了。

李渊给他配备的助手既管不了他，又劝不动他，苦不堪言，只好写信向李渊报告。李渊很不高兴，把李元吉免官，但不到一个月又官复原职。后来，李元吉弃城逃回长安时，李渊大怒，硬要杀掉那位助手顶罪。多亏当时朝中有明白人，才救了这位可怜官儿一命。

按照史书上的描述，李元吉力敌十夫——可以和十个人对垒，既是个大力士，也善于使用马槊——一种骑着马使用的、杆很长的矛。他的克星是尉迟敬德。

当时，尉迟敬德是极有名的战将，不但善于使用马槊，还以躲避马槊、空手夺槊、夺槊后反刺敌人著称，因此，作战时，他往往单人独骑在敌群中出入往返，没有人能够伤到他。李元吉很不服气，要和尉迟敬德比武。李元吉是亲王，身份尊贵，尉迟敬德把自己的槊头取下来，只拿一根木杆和李元吉对打，李元吉竟根本碰不着他的边。李世民可能想出李元吉的洋相，故意问尉迟敬德："躲槊和夺槊，哪个更难？"尉迟敬德说："夺槊更难。"李世民就命令尉迟敬德夺李元吉的槊。李元吉素来以骁勇凶猛著称，羞辱之下，就很发狠、很认真地想要在尉迟敬德身上捅个窟窿出来，结果，连续三次被尉迟敬德夺走了手中的马槊。据说，李元吉表面上虽然很是赞叹，心中却深以为耻，恨上了尉迟敬德。

他加盟太子一方，肯定会增加李建成的声势，因为李元吉不但是亲王，而且行政职位也非常高，除了不是天策上将之外，他本兼各职并不比李世民差多少。

这里，最难判断的人是李渊，处境最为艰难的人也是李渊。作为皇帝，他可以杀伐决断，深谋远虑地对整个国家做出战略安排；而作为父亲，却很难对自己的亲生骨肉杀伐决断，也很难在儿子们当中做出非此即彼的选择。历史上，能够把整个国家、亿万人民玩弄于股掌之上的政治人物很多，即便是这些人中，能够把自己妻子儿女那点儿事儿，摆弄得完美顺当的却也并不多。中国皇帝里，最冷血的当属汉武帝。老皇帝晚年最宠爱钩弋夫人，为了防止自己死后年轻的夫人出问题，他提前把她杀死；为了不让亲生儿子危害到自己，他悬重金奖励杀死儿子的人。像这种畜生不如的皇帝，即便被颂扬为雄才大略，能够向他学习的人毕竟不多。而深宫高墙之内，朝朝代代烂账不断，端在于帝王政治文化传统之下，这本账实在是无法不烂。

从种种迹象看，李渊可能确实没有更换太子的念头，即便有，他也不敢。按照普通人的观念，隋朝皇室是他很近的姨表亲戚。杨广当太子前，既是平定南陈的前敌统帅，也曾在抗击突厥时出任前敌统帅，声望不可谓不高，朝野上下曾经一片赞誉之声。杨广替换杨勇成为太子之后，杨坚生前，便开始骨肉相残；杨坚死后，则整个国破家亡。前车之鉴就在眼前，李渊不可能再蹈覆辙。因此，他采取的策略可能就是尽量调和他们兄弟之间的关系。他做得很吃力，也不可能有效果。

平定刘黑闼，是李建成与李世民双方的第一次较量。

刘黑闼是窦建德的部下。窦建德被李世民擒获后，他的部下逃散到了河北各地。窦建德被处死后，唐朝下令召集窦建德的部下，引起了他们的恐慌，于是，在唐武德四年七月，推举刘黑闼为统帅再次起兵反唐。唐武德五年正月，李世民主动要求领兵征讨，到三月下旬，刘黑闼战败后逃进突厥。

不久，在突厥骑兵的支持下，刘黑闼再次杀进来，并很快席卷了窦建德原来占据的区域。李建成的谋臣王珪、魏徵建议他："殿下您只是因为年长才成为太子，没有令人称道的功绩，没有广泛的影响。秦王李世民建功立业，威震四海，人心所向，殿下如何安心？"他们建议李建成毛遂自荐请求出征，讨伐刘黑闼，既可以建立功业，又可以团结山东豪杰，培养自己的根基。李建成欣然接受，李渊也欣然批准。就此，李建成踏上征程（《旧唐书》卷六十四，隐太子建成传）。

很快，到唐武德六年正月，李建成就将刘黑闼彻底平定。在此过程中，他表现出了不错的政治、军事才华，可能也确实团结了不少有影响力的人物。幽州大都督庐江王李瑗和势力很大的罗艺，可能都是在此期间与李建成结下了很深的关系。

进入唐武德七年以后，双方的较量不再那么有风度了。原因很有可能是李世民意识到了时间对自己太不利，于是，开始加紧步伐。六月，李建成招募长安与四方骁勇二千多人为太子东宫卫士，分别驻扎在东宫的左右长林门，号称长林兵。同时，秘密派遣部下官员可达志到罗艺处，调发来三百名幽州骑兵，想用这些骑兵补充东宫的军事力量。结果，被人告发。李渊把李建成召来骂了一顿，将可达志流放到了四川西昌地区，此事遂不了了之。

杨文干事件在玄武门之变中很有名，常常被人说成是李建成想要发动政变，其实，最大的可能是李世民设计的一个圈套，用来陷害李建成。原因是，当时，李世民有一百个理由发动政变，李建成却是连半个理由都没有。

六月三日，李渊带着李世民和李元吉，到新建成的仁智宫避暑，让李建成在长安留守。杨文干曾经担任过太子东宫的警卫工作——和李建成之间的关系很深，当时担任庆州都督，位置在今天甘肃庆阳。据说，李建成趁着李渊不在长安，派遣两个军官给杨文干运送军事装备，准备里应外合拿下大唐朝。二人觉得事关重大，就跑到李渊避暑的地方，告发太子指使杨文干兵变。李渊大怒，找个理由，下手诏令李建成前来。李建成吓坏了，不敢去。有人劝他干脆占据长安反了算了，有人劝他赶紧到仁智宫去请罪。李建成选择了请罪一途。

李建成请罪的方式十分特别。据说，他“奋身自掷，几至于绝”——跳起来自己摔自己，差点儿摔死。李渊恼怒之极，把他关起来，只给他很糙的饭吃。然后，令一个官员前去召杨文干。那个官员去了之后，杨文干便宣布起兵造反。李渊立即派人前去镇压。

第二天，怒气冲冲的李渊把李世民叫来，告诉他说：“杨文干这件事儿和李建成有关，弄不好恐怕会出大乱子。你去一趟，平定下来后，就立你为太子。我不能效法杨坚杀亲骨肉，让建成到四川去做蜀王，那儿地方偏僻容易对付。今后他要是不服从，你也很容易制服他。”这可能是李渊唯一一次答应李世民做太子。

谁也没有想到的是，后来，这件事情变得特别蹊跷。

李世民到了庆州时，杨文干已经被部下杀死，其他人一哄而散；李世民回来后，再也没人跟他提起做太子的事情；李建成继续做他的太子；太子东宫的两个官员王珪、韦挺和李世民部下的杜淹被流放到了四川西昌。这就实在太过离奇了。而李渊的说法更是深不可测，曰：“兄弟之间不能相容。”然后，黑不提白不提，从此不了了之。

于是，这件事情到底是怎么回事儿，至今没有人能够做出让人信服的解释，遂成为初唐历史上最为蹊跷的一个谜团。

此后，双方互相挖墙脚，收买对方的人。

李建成给尉迟敬德写了一封信，大约就是交个朋友的意思，然后赠送给了敬德一车金银器物。尉迟敬德拒绝得极为大义凛然，曰："我本来是一个微贱的人，生逢乱世，沦为罪人，秦王对我有再生之恩。我用自己的生命才能报答得了。对于殿下，我没有什么功劳，不敢接受厚赐。若是私下和您交往，就是有二心，就是见利忘义，我如果是这种人，对您有什么好处呢？"

随后，尉迟敬德向李世民做了汇报。李世民说："他给你就收下，不必顾虑。那玩意儿不嫌多，还能知道他们的谋划。要不然，你可能会有麻烦。"

后来，李元吉曾经派人去刺杀尉迟敬德。这显然不是个好主意，因为，最后谁会杀了谁实在很难说。据说，尉迟敬德大开房门，自己安卧床上，刺客到了他家的院子里，始终没敢进屋。

秦王府的另一位著名将领段志玄，也收到了太子的致意，礼物可能也很丰厚。段志玄的做法和尉迟敬德大同小异，并在后来与尉迟敬德一起参与了玄武门之变。可见，李建成、李元吉的工作做得实在是太蹩脚。一个可能的解释是：他们大约习惯于接受别人的礼物和巴结，压根儿没有受过给人送礼的训练，才导致了这种后果。

相比之下，李世民的收买工作就做得很到家。比如，李元吉齐王府的官员裴宣俨被免职后，进入秦王府工作，李元吉怀疑他是卧底，将其用毒酒毒死。太子东宫有一位名叫王晊的官员，在关键时刻向李世民告密，直接引发了玄武门之变。守卫玄武门的高级将领常何，曾经是李世民的部下，也跟随李建成征讨过刘黑闼。有证据显示，常何从外地调进首都警卫部队，就是李世民安排的。他负责守卫玄武门后，李世民曾经给过他一笔数量不小的金元宝，让他分给守卫玄武门的将士们。而另一方面，他和李建成之间又显然维持了很好的关系。因此，玄武门之变的当天，李建成和李元吉兄弟看到是常何值班，就没有任何疑心。他们显然不知道，常何已经投靠李世民，变成了他们的催命判官。后来，甚至还有一个更加时尚的说法，说是常何的妹妹曾经是李世民的情人，玄武门之变后，被纳为李世民的妃嫔。若真有此事，这血淋淋的事件就更加五彩斑斓了。但是不管怎么说，没有常何，这一次玄武门之变就根本无从谈起。

在后来的记载中，两次谈到李世民在此期间险些被他的兄弟害死。一次大约是在唐武德七年九月前后。有一天，李渊带着儿子们在城南校猎，命三个儿子比赛骑射。李建成把一匹爱尥蹶子的马给李世民骑，结果，那马连续三次尥蹶子，李世民都跳离马背。后来，他对宇文士及说："死生由命，他想用这玩意儿害我，门儿都没有。"

李建成知道后，把李世民的话改为："秦王说：'我有天命，方为天下主，哪里会随便就死了？'"

李渊听说后，把李世民叫来，当着李建成、李元吉的面，训斥他说："天子自有天命，不是靠求能求到的，你也太急了一点儿吧？"

还有一件事情，据说是在玄武门之变前不久发生的：有一天晚上，李建成叫李世民到东宫去喝酒，酒里下了毒，李世民"心中暴痛，吐血数升"，最后，是淮南王李神通把他扶回了家。

这些记载的真实程度很难确定，令人疑窦丛生。再加上所有这些叙述全部都是一面之词。因此，我们只能姑妄听之。

事实上，仔细翻检当日史料，会有一种相当明显的感觉：李渊越来越疏远李世民，越来越偏向李建成；而李世民做了皇帝之后，也对李渊酸辣兼备，处处话里有话，透出掩饰不住的怨恨。从常识推测，这种情形并不符合人之常情，最大的可能是，李世民过于急切的夺嫡举动，已经引起李渊的厌恶，李渊不太想搭理他了。

有三件事情，可能曲折地透露出了当日的部分实情：

其一，有一次，李渊叫着李世民的乳名，对裴寂等近臣说："这孩子在外面带兵打仗久了，又听了一些读书人的话，已经不是我以前的那个孩子了。"（《资治通鉴》卷一九〇，唐纪六，高祖武德五年十月）他下令把房玄龄、杜如晦等读书人调出秦王府，不许他们私下来往，可能与此密切相关。对此，史书上则是另外一种说法：李建成、李元吉惧怕这两个人的谋略，所以在李渊那儿使坏，把他们赶出了秦王府。

其二，武德九年，玄武门之变前不久，李渊可能一度准备废黜李世民的王爵。陈叔达劝李渊："秦王于天下有大功，不能轻易废黜。且秦王性情刚烈，如果一时想不开，说不定会有什么不测的后果。到那时，陛下您后悔可就来不及了。"（《资治通鉴》卷一九一，唐纪七，高祖武德九年六月）李渊这才放过了李世民。

李世民做了皇帝以后，在陈叔达患病期间还任命他为礼部尚书。李世民说："这是为了报答您当年的直言相救。"（《旧唐书》卷六十一，列传第十一 温大雅 陈叔达）

其三，将秦王府里的文臣武将如房玄龄、杜如晦、程知节等陆续调出去，安排新职位。这一举动可以做多重理解：首先，战争已经基本结束，国家进入和平发展时期，除了皇帝和政府，任何人养着一大帮文臣武将，都将是战乱的祸根，这是再浅显不过的道理。李渊出于实用主义的考虑，没有及早裁撤李世民的势力，本来就是错误的。如今，临近最后摊牌才这样做，当然会引起李世民及其部下的重重疑虑。史书认为：李建成、李元吉为了削弱李世民的实力，撺掇李渊这么干。

可能因为这些原因，李世民放弃了合法谋求太子地位的努力，决定采用暴力手段。他做了最坏的准备：派遣秦王府车骑将军张亮带领一千多人前往洛阳，私下联合山东豪杰以应变。他们做了极为雄厚的财政准备，所携带的资金，多到“恣其所用”的程度——资金可以任意使用（《资治通鉴》卷一九一，唐纪七，高祖武德九年六月）。显然，李世民已经在为决裂、建立割据根据地和战争做准备。谢天谢地，没有真的发展到这一步，否则，李世民在中国历史上的形象就很难说了。

唐武德九年四五月间，突厥骑兵数次攻打兰州、天水等地，并围攻武威附近的乌城，成为引发玄武门之变的导火索。

根据陈寅恪先生的考证，为了笼络突厥，顺利实现整体战略意图，李世民可能很早就按照突厥人的习俗，和突厥可汗结拜成了兄弟，彼此之间有着“香火之情”。所以，每当突厥骑兵入塞，李渊经常会让李世民出面对付。李世民也往往不动刀枪就能化解危机。这一次，李渊没有这么做，在李建成的建议下，派遣李元吉统率诸军出征，把秦王府将领尉迟敬德、程知节、段志玄、秦叔宝等人调归李元吉指挥，并由李元吉挑选秦王麾下的精锐部队，补充军力。

在理论上讲，不论秦王府的将领还是部队，都不是李世民的私人武装，皇帝当然可以调动，任何人都没有权利也没有理由拒绝。但是，眼下，表面上是太子名位、实际上是最高权位的争夺已经到了一触即发的时刻，皇帝的这个决定是李世民和秦王府诸人所不能接受的。否则，以此为开端，李世民的政治力量就可能被分而治之，瓦解于无形。早在武德七年，程知节被任命为康州刺史时，他就对李世民说过：“大王手臂今并剪除，身必不久。知节以死不去，愿速自全。”冒着抗命不遵的风险，宁死不去赴任。可见，在此问题上，秦王府诸人保持着高度的警觉与敏感。

随后，太子东宫官员王晊告密，点燃了最后摊牌的导火索。

按照唐代制度，太子东宫有一个叫率更寺的部门，最高首长叫率更令，从四品上，品级不低；两个副手叫率更丞，从七品上，相当于县级或副县级干部。该部门职责是掌管东宫宗族次序、礼乐、刑罚及漏刻之政令等日常管理工作。王晊是这两个率更丞中的一个。他告诉李世民：

“太子对李元吉说：‘这回你得到秦王府的精兵骁将，拥有数万之众，我将和秦王一起到昆明湖去给你饯行。到时候，让壮士把他拉下去干掉，就说是暴死，皇帝也无法不信。我再想办法拿到处理国事的权力。至于尉迟敬德这些人，要是不服的话，就挖个坑活埋了他们，看谁敢不服？’”（《资治通鉴》卷一九一，唐纪七，高祖武德九年六月）

值此，玄武门之变的一切准备工作均告完成。我们无法知道，这个王晊告密是不是编出来的。不过，任何人想要发动这样一场政变，都需要类似的理由。编一个出来，难度系数不大。

公元六二六年即唐高祖武德九年六月四日，玄武门之变发生。

届时，毫无戒备的李建成、李元吉二人，进入玄武门，走到临湖殿时，发现情形不对，慌忙掉头往回跑。李世民一箭将李建成射死，并和李元吉扭打在一起，险些被大力士李元吉用弓弦勒死。尉迟敬德赶来，将李元吉杀死。随后，唐开国皇帝高祖李渊失去人身自由。

备受推崇的贞观之治，就在这种情形下拉开了序幕。

众多文臣武将支持并参与了玄武门之变，将他们的行为仅仅归结为卑鄙的动机或利益的驱使，可能并不完全公正。

事后，李世民曾经有过两次伤心伤肝的失声痛哭：

一次是事变后见到李渊时，他做了一个显然不属于汉族习俗的举动——用嘴含着李渊的乳头，哭得痛彻肺腑；

另一次，是在杀死李建成的五个儿子和李元吉的五个儿子后，为他们和他们的父亲下葬时，李世民又一次痛哭，哭得至为伤痛。

有人认为这是在做戏。其实，他可能真的是伤痛愤懑到了极点。想想看，他在大唐帝国创立过程中所建立的功勋，无人能出其右，用丰功伟绩来形容并不过分。这不仅仅是他的自我感觉，也是公认的看法。然而，他却要用当时人们认为最坏的手段——杀兄、屠弟、逼父、灭侄，来获得他认为应该属于他的东西。从历史上数不胜数的事例看，假如不这样做，他和他的家人，还有那些跟他一起出生入死立下功勋的人们，可能都会死无葬身之地。

这是极诡谲的二律背反。中国政治文化传统经常将人置于此种两难境地。

身处其中，不知道什么样的人能够不哭。

08

谢天谢地，皇帝有怕的东西

公元六二六年，是为唐高祖武德九年。六月四日，在大唐首都长安城内的皇宫北门即玄武门，发生了中国历史上极为著名的玄武门之变。李世民杀死同胞哥哥太子李建成和弟弟齐王李元吉，随后，尉迟敬德前去“侍卫”皇帝，将李渊置于武力控制之下。

李渊正在湖中泛舟，见到全副武装的尉迟敬德，大惊，曰：“谁在作乱？你要干什么？”

尉迟敬德回答：“太子、齐王作乱，秦王诛之；害怕惊动皇帝陛下，特派臣子我前来宿卫。”

在尉迟敬德的要求下，李渊发布手令，命所有军队听从秦王指挥，“于是内外遂定”（《旧唐书》卷六十八，尉迟敬德传）。李建成的五个儿子、李元吉的五个儿子被杀死，并以皇帝诏书的名义，下令绝二人属籍，意思可能是灭绝二人的子孙后代，不再承认他们是皇室成员。按照斩草除根不留后患的古训，秦王府诸将一度准备将李建成、李元吉的亲人故旧一百余人全部杀死。据说，因为尉迟敬德的反对，才没有实施这个屠杀计划。

三天后，六月七日，李世民被立为太子。皇帝为此下达的诏令中说：“所有军国事务无论大小，全部交由太子处理，事后报告备案。”

六月十二日，原秦王府文武被任命为太子东宫官员；进入七月份以后，又陆续将他们任命为中央政府要害部门的负责人。

两个月后，八月八日，李渊传位给儿子李世民，自己退位做了太上皇。九日，李世民即位，成为大唐帝国第二任皇帝。当时，李世民的年龄应该在二十八岁到三十岁之间，唐高祖李渊大约六十岁。

第二年即公元六二七年，正月，改元贞观。中国历史上极其著名的贞观之治就此拉开帷幕。此后，李世民做了二十三年皇帝；李渊则做了九年太上皇，贞观九年五月七十岁时去世。

从后来发生的事情判断，玄武门之变在李世民心理上造成了不小的压力。在很长一段时间里，他可能一直为此坐立不安。

玄武门之变以前，房玄龄和杜如晦都被李渊调出秦王府，并禁止他们私下与李世民交往。决定发动玄武门之变以后，李世民让长孙无忌去叫房、杜二人前来商量行动计划，二人不知道李世民已经下定决心，推辞说：“皇帝有话，不许我们再进秦王府，要是私自拜见秦王，皇帝会要了我们的命，实在不敢奉命。”

长孙无忌回来一说，把李世民气坏了，他取出佩刀交给尉迟敬德，吩咐说：“你再去一趟，他们要是真的不来，你就把他们两人的脑袋割下带回来。”房、杜二人早就积极怂恿李世民夺嫡，如今当然不再犹疑。二人化装成道士，跟着长孙无忌进入秦王府；尉迟敬德则走了另外一个门。

他们谋划完毕准备出发时，李世民的长孙夫人亲自出来慰问勉励他们，“左右莫不感激”（《旧唐书》卷五十一，文德皇后长孙氏传）。贞观元年，李世民论功行赏时，房玄龄是一等功臣。后来，长孙皇后临死时，对李世民说：“房玄龄侍奉陛下的时间最久，所有奇谋秘计他都参与了，却小心谨慎，没有一句泄露。要是没有大的变故，希望您能够一直善待他。”由此可知，替皇家的阴谋诡计守口如瓶，必要时编造谎言或者嫁祸于人，乃是当朝重臣受到皇家礼遇的重要条件之一。事实上，关于玄武门之变的所有历史记载，几乎都是一边倒地贬低李渊、李建成和李元吉，不符合逻辑的漏洞很多，大约都与李世民及其重臣们的极力遮盖与编造有关。

从贞观三年起，唐朝开始实行宰相监修国史的制度，当时，确定由宰相房玄龄负责这项监修工作。贞观九年五月，太上皇李渊去世，十月，李世民提出要看起居注。若从古代传统的角度观察，李世民的这个要求相当过分。当时的谏议大夫名叫朱子奢，劝阻他不要这样做。因为，起居注的起码要求，是如实记载皇帝们的善恶好坏，不能遗漏也不能修饰；然后，藏在史馆，传之后人，帝王们本人是不能看的。这位谏议大夫说得很明白：之所以这样规定，是因为帝王尊崇，臣下卑贱，如果碰上一个文过饰非、拼命护短的昏庸皇帝，责怪起来，臣子们的脑袋是不够砍的。因此，历朝历代的皇帝不能看本人的起居注，既是规定，也是惯例，还是传统（事见《唐会要》卷六十三，史馆杂录上）。这一次，李世民的要求可能不了了之了。

到贞观十三年，褚遂良担任谏议大夫兼任起居注的负责人。李世民拐弯抹角地问他：“你负责起居注，到底都写些什么东西呀？大抵当皇帝的能不能看呢？我很想看看你们都记了些什么，无非就是想根据所作所为的得失，警诫自己而已。”

褚遂良说：“现在的所谓起居注，就是古代的左、右史，用来记载君主的言行，善恶好坏都要记，就是为了君主能够不做非法的事情。我没有听说过帝王看这个的先例。”

李世民问道：“我做的坏事，你也一定要记吗？”

褚遂良说：“臣子我听说过一句话，叫作与其遵守真理，不如谨守职责。我的职责就是如实记录，怎么能不记呢？”

黄门侍郎刘洎站在边上为褚遂良帮腔：“君主有过失，就像天上的日食月食，人人都能看到。就算褚遂良不记，天下之人也都记住了。”

李世民欣然表示同意他们二位的看法，似乎又一次不了了之（事见《贞观政要》卷七，文史）。

然而，不久，李世民就向负责监修国史的宰相房玄龄明确表示：非看国史不可。

当时，他再次明知故问：“我看以前的史书，都是为了抑恶扬善，以便规诫未来。不知道为什么不让帝王看到关于他自己的史书？”

房玄龄回答说：“国史要求善恶必书，很少有君主能够一点儿都不违法，为了害怕忤逆皇帝的旨意，所以不让帝王观看。”

李世民说：“我的想法和古人完全不一样。我之所以想看国史，好的那些就不必说了；如果有不好的地方，也是为了警诫自己，以便改正得更好一些罢了。你把撰写好的拿来给我看看。”

显然，此时已经不是商量，而是命令了。于是，房玄龄和具体负责修史的许敬宗把国史删略为编年体，撰写了《高祖、太宗实录》各二十卷，“表上之”——敬献给皇帝看（《贞观政要》卷七，文史）。玄武门之变前后的林林总总，都是房玄龄们和李世民一起谋划的，不用想就可以知道房玄龄会怎么撰写国史。

不料，即便如此，李世民还真的就是对玄武门之变那一段记载不满意。他认为，“六月四日事，语多微文”——玄武门之变那一段太多拐弯抹角，根本就应该直截了当地写。怎么才算直截了当地写呢？李世民直截了当地对房玄龄说：“昔日，周公诛杀管叔蔡叔，周朝的天下才安定下来；季友毒死了叔牙，鲁国才得以宁静。我所做的，和他们在本质上是一样的，全都是为了国家和人民的长远利益。史官有什么必要非得拐弯抹角，直截了当地写不就完了吗？”（《贞观政要》卷七，文史）

后来，房玄龄、许敬宗们想必就是按照皇帝的要求，直截了当地做了修改，于是，我们今天所看到的所有关于玄武门之变的记载，差不多都和李世民所定的调子一模一样，至于逻辑上的混乱、自相矛盾与事实上的出入和漏洞，已经无法顾及。因为要想将这些全部弥补得尽善尽美，可能是一个无法完成的工作。

史书记载，最后，因为撰写高祖、太宗《实录》成功，皇帝专门发布文告褒美表彰房玄龄，赏赐帛一千五百段（《旧唐书》卷六十六，房玄龄传）；许敬宗则因为撰写《武德、贞观实录》成功，不但被封为贵族爵位——高阳县男、赏赐帛八百段，还任命他代理黄门侍郎（《旧唐书》卷八十二，许敬宗传），这是一个差不多相当于副宰相级别的高级机要职位。杀伐决断十分明快的李世民，显然不会如此重奖让他不满意的人和事。

后来，不断有人为此指责李世民篡改历史，言下之意颇多不屑。其实大可不必。

事实上，但凡对于历史、对于白纸黑字，能够怀有一份敬畏之心的人，就不会坏得太离奇、太出格。这一点，大约可以被看成是一条底线。不论是皇帝，还是普通人；也不论是古人，还是当今之人，只要踏过这条底线，丧失了这份敬畏之心，就会沦落成为我们所看到的那些人渣。

李世民对自己的生前身后之名、对白纸黑字的历史怀抱着一份诚惶诚恐，可能正是他能够成就贞观之治的部分原因，也正是此人的可爱之处。说实在话，这已经是中国政治与中国人所能够享有的最大幸运了。

我们知道，在以儒家意识形态为主的政治文化传统中，中国皇帝的地位至高无上，他对普天下所有的人拥有近乎绝对的生杀予夺之权，只有两样东西勉强可以成为对皇权的制约：其一是上天的意志，其二就是所谓史笔如刀。

按照这种意识形态，皇帝是上天的儿子，所以叫天子，他代表上天的意志治理人间，如果上天对他的行为不满意，就会降下灾异来警告或惩罚他，专业术语叫作天象示警，譬如地震、山崩和特别的天体运行现象、特别的天气或气候，等等。不管这个皇帝是怎样的恶棍或人渣，他的臣民都不能反抗，否则就是犯上作乱，就是乱臣贼子，意味着株连九族、凌迟处死等极端可怕的罪名和后果。

显然，这是一种在暴力支持下，力争把全国人民都培育成政治白痴的意识形态。按照某些当代学者的看法，中国两千多年帝制历史雄辩地证明，这是一套独具中国元素且极其成功的政治文化传统。

因此，上述两种对皇权的所谓制约，真的不是在嘲弄中国人的政治智商，也不是堵住人的嘴巴之后拿人开涮，而是真正实施了两千多年的政治现实。于是，我们就有机会看到许许多多禽兽不如的皇帝们，踏着中国人民的尸骨血泪为所欲为。这时，上天的意志约束不了他们，生前身后的名声也同样限制不了他们。原因特别简单——

置身于庞大得几乎无边无沿的权力之中，常常会使人产生错觉，使他们觉得自己不是什么天子即上帝的儿子，根本就是无所不能的上帝本人。这使他们的魄力常常会大到无边无沿的程度，令他们完全不知道戒慎戒惧、诚惶诚恐为何物。这可能是他们敢于无所不用其极地一意孤行、为所欲为的重要原因，用“和尚打伞，无法无天”来形容这些雄才大略的伟大君主，实在是太准确、太恰如其分了。秦始皇是这样，七十岁了方才轮台悔过的汉武帝是这样，李世民的表叔——隋炀帝杨广也是这样。

幸好，谢天谢地，李世民不是这样，他还有怕的东西，而且，令他畏惧的东西还不少。遂使我们在两千多年、四百多位皇帝中，能够继开创了文景之治的汉文帝之后，再看到贞观之治，看到开创了这个时代的皇帝——唐太宗李世民。

在人类的社会生活中，战争这个领域时时涉及生死，最实在，最不能玩儿虚的。两军对垒，死生一线，发挥出最大潜能尚且不一定能够战胜对手，花拳绣腿只能挨揍，等于是找死。因此，留心中国古代文化的人，可能会有一个特别有趣的发现：那些优秀的军事著作，如《孙子兵法》，每个字都有实实在在的内容，完全不来虚情假意那一套，与那些云里雾里、天上地下、前五千年后五千年尽情忽悠的博大精深形成了鲜明对比。

军旅生涯也是一样，特别是真刀真枪的战争体验，大约十分有助于人保持清醒和理性。不同凡响的军事生涯，可能是李世民能够保持头脑冷静的重要原因，贞观之治的形成与此密切相关。

贞观元年，李世民和萧瑀聊天时，讲了一件发生在自己身上的事情，由此引申出了一番大道理：

“我从小就喜欢弓箭，曾经得到过十几把良弓，我觉得恐怕没有比这更好的了。后来，我让一个制作弓箭的专家鉴赏这些弓，他告诉我说，所有的弓都不是好材料做的。我问他为什么？他说：‘如果木心不直的话，脉理就是邪的，这种材料制作的弓虽然有劲，射出去的箭却不正。’我这才知道以前自以为很精通的东西，其实并不尽然。我是以弓箭定天下的，对弓箭的认识尚且差这么多，何况天下事务，怎么可能无所不知？”

随后，李世民规定：京官五品以上者，要轮流在中书省值夜班。

其重要任务之一，就是预备皇帝向他们了解民间的情况。据说，李世民经常召见他们，每次都要详细询问政教得失，百姓利害。

李世民很清楚地知道，自己不是无所不能的上帝，因此，特别善于倾听别人的意见，广采博收，显得心胸颇为宏大。

他对魏徵说："玉质虽高，要是藏在石头中，没有能工巧匠的发现和雕琢，就和砖头瓦块没有什么区别；如果被发现并精雕细琢出来，就成了万世之宝。我这个人虽然没有很高的质，却愿意让你来切磋琢磨。就劳驾你来做这件事情吧。我要是达到了很高的境界，你也就成为能工巧匠了。"（《贞观政要》卷一，政体）

他对王珪也说过类似的话："金子在矿石里有什么可贵的？经过冶炼锻造却成了人们的宝贝。我就好像是金矿石，希望你来做这个能工巧匠。"（《贞观政要》卷二，任贤）

在中国的帝王中，能够如此低姿态面对臣僚的，即便不是绝无仅有，也肯定极为罕见。

李世民对君主治国在个人才能上的限制了解得很透彻："以天下之广大，四海百姓之众多，千头万绪，哪里是一个人日理万机、独断专行而能够顾得过来的？一天当中决断十件事情，就算有五件做得很漂亮，另外五件怎么办？日积月累，不累积得亡国还等什么？"（《贞观政要》卷一，政体）

为此，李世民即位不久就开始改革政治体制，特别是对中央政府组织系统中最为核心、政治机制中最为关键的宰相制度进行调整，力图提高效率，减少失误。

我们知道，三省六部的宰相制度，是在隋文帝杨坚之后开始逐步形成的。应该说，在李世民的贞观年间，这项制度所发挥的作用最为健康且有效率。

当时，内史省正式改称中书省，最高长官为中书令，一般设置两人，唐初为正三品，中唐以后升为正二品；其下有副长官中书侍郎两人，正四品上，后来升为正三品；再往下有中书舍人六人，正五品上，类似今天的机要秘书。其日常工作大致有两项：一是进奉章表，即为皇帝分类整理、呈报各级各地政府的文书报告；二是为皇帝起草各种诏敕策命，就是替皇帝准备各种批示、答复、红头文件、文告政令、便条手谕，等等。其职责，其实是中央政府汇集情况，制定政策的最高权力部门。

门下省是与中书省平行的议政机构，最高长官原来叫纳言，后来改名叫门下侍中，也是设置两个人，品级和中书令一样，先是正三品，后升为正二品；其下有副长官黄门侍郎两人，品级先是正四品上，后升为正三品；再往下有四位给事中，级别是正五品上。这个部门的职权是专门负责驳正违失，通俗地讲就是专门挑毛病、吹毛求疵，有权力对中书省拟订的各项方针政策、文告政令提出不同意见，并将其封还、驳回，当时的术语称为“涂归”，就是涂抹、修改、打回去重新来过的意思。在理论上讲，凡是没有经过门下省审查通过、签字画押后下达的政令都是非法的，没有法律效力。由此可知，这是一个权力很大的国家最高审议机构。

尚书省则是国家最高行政机关，最高长官是尚书令，正二品。因为唐初李世民担任过这个职位，后来唐代就没有人能够再获得这个头衔，从二品的左、右仆射遂成为尚书省的最高长官。吏、户、礼、兵、刑、工六部是尚书省下属的六个执行部门，其首长叫尚书，设置一人，正三品，副首长叫侍郎，两人，除吏部侍郎为正四品上之外，其他五个部的侍郎都是正四品下；六部中，每个部又有四个下属部门，叫司，司首长称郎中，级别是从五品上。

由这种设置可以知道，上述三省同为国家的最高权力机关，三省首长都是宰相——国家方针政策法令由中书省制定，由门下省审议下达，由尚书省执行，三种不同的权力并行分立，明显带有相互制约、平衡的意图在，构成了一个相对完整的上层政治生态。

集思广益与制约平衡，肯定是李世民调整宰相机制的重要目标。他曾经很明白地表达过这个意思。贞观元年，他对王珪说："意见不同，本来是很正常的事情。有的人为了护己之短，特别不愿意听到不同意见，是是非非，久而久之就积累成怨恨；有的人则特别顾惜私人的情面，明明知道不对，也顺着去做。就因为照顾一个官的小情面，造成了涉及千万人的大弊端。这就叫亡国之政，你们要特别在意提防这一点。"（《贞观政要》卷一，政体）

为此，他明显加大了参与政事的人数。贞观元年，他下令让御史大夫杜淹参与朝政，打开了其他权力部门成为宰相参与朝政的道路。当时，宰相在政事堂议政，凡是参加政事堂会议，并在头衔中带有"参知政事""参议得失""参知机务""参掌机密""参与朝政""同知政事"等名目，或者在官衔下加上"同中书门下三品""同中书门下平章事"等职衔者，都被视为宰相。这就使宰相人数经常达到了十几个人，他们分掌不同的政权部门，可能在一定程度上确实达到了集思广益和制约平衡的功效。有人认为，贞观年间的官场风气特别清新廉洁，行政效率高，政策失误少，与李世民对宰相制度的调整有很大关系。

为了减少政治上的失误，贞观之初，李世民曾经做过一项很有意思的制度规定：凡宰相进宫商讨军国事务时，必须有谏官——专门发表反对意见的人，一同参加讨论（《贞观政要》卷二，求谏）。当上皇帝不久，他还下令恢复所谓"五花判事"。其具体做法是：举凡重要的军国大事，要由中书舍人"各执已见，杂署其名"，意思就是鼓励人们发表不同意见，从而达到集思广益减少失误的作用。据说，推行五花判事之后，"由是鲜有败事"——由此，很少有错误发生（《资治通鉴》卷一九三，唐纪九，太宗贞观五年四月）。

这种施政作风，和不久前的隋文帝杨坚、隋炀帝杨广形成了鲜明的对比。我们知道，杨坚是一位工作极为勤奋的皇帝，军国事务，无论大小事必躬亲，一人决断，故废寝忘食成为日常生活中的常态。而杨广则完全是另外一个路数：他在朝堂之上总是端着，不苟言笑，极少说话，所有重大国策都是在退朝之后，和身边几个臣僚决定的。李世民对他们的施政作风很不以为然，曾经多次分析过其弊端，应该说颇有道理。他们之间的这种反差不是小事，其中势必隐含了对于政治风气与社会风气的不小影响。

李世民出身皇亲国戚之家，与隋朝皇室关系密切。不到十年，这个王朝就从花团锦簇直到土崩瓦解，这全部过程，都是他亲眼所见，大约给他留下了刻骨铭心的印象。因此，他时常会情不自禁地谈起自己的忧虑、畏惧和如临深渊、如履薄冰的心情。

——“昨天，我读完了《帝系略》一书，一共记载了八十多个君主。其中，亡国丧身者多，繁荣兴旺的少。看着这些兴亡往事，感到特别战战兢兢。”（《册府元龟》卷一五七，帝王部，诫励二）

——“比如秦始皇，也是一个英雄的君主，平定六国之后，仅仅到他儿子一代就亡了国。桀、纣、幽、厉全都亡国丧身，我不能不怕。”（《魏郑公谏录》卷四，对有天下者皆欲子孙万代）

——“观察近代帝王，有传位十代的，有一代两代的，也有自己得到又自己失去的，我常常为此觉得忧虑而又恐惧。”（《魏郑公谏续录》）

——在教育儿子时，他说：“君主好比舟，百姓就像水；水可以载舟，也可以覆舟，你将要成为君主，对此不可不常怀畏惧。”（《贞观政要》卷四，教诫太子）

——有一次，他对身边的近臣说：“天子是什么？得道而受众人拥戴就是君主，无道而遭人唾弃就什么都不是。这真是可怕。”（《贞观政要》卷一，政体）

——“君主的短处在于很难审视自己，听不到逆耳之言，因此亡国灭家，到死都不能醒悟，这岂不是太令人畏惧了？”（《全唐文》卷十，太宗金镜）

身在帝王文化之中，他没有可能真正找到长治久安之道。但在中国众多帝王中，能够像他这么诚惶诚恐、居安思危的，真是打着灯笼也找不出来几个。

怎么样才能解决这个问题呢?

李世民认为,只要做好两件事情,就可以达到这个目的。其一，是任用贤良之士；其二是虚心听取不同意见。其实，在中国政治文化传统之下，这两条都极难做到；在绝大多数情况下，则是根本就做不到。然而，应该说，李世民基本做到了，而且做得还很不错。这是贞观之治受到广泛赞扬的基本原因。李世民是在谋杀了自己的同胞兄弟后才拿到的皇位；这样一个人，千百年来能够受到广泛而热烈的赞扬，根本原因也在于此。

翻检史书，我们会发现，中国历史上，因为一句话说得帝王不爱听，而被当场活活打死或者事后处死的事例，几乎多到了数不胜数的程度。隋炀帝杨广毫不掩饰地说过：“对于那些劝谏我的人，即便当时不杀他，过后也必杀之。”（《新唐书》卷一三二，吴兢传）

虞世南是隋唐之际有名的学者型官僚，他的哥哥是隋炀帝的心腹重臣虞世基。隋炀帝杨广曾经对虞世南说：“你给我记住：我天生讨厌别人劝谏。对已经做了大官，还要通过谏我来博取名声的人，我更是厌恶；至于卑贱之士，虽然稍许好一点儿，但也决不会让他有出头之日。”（《隋书》卷二十二，五行志上）

忠言逆耳，真话很少有好听的。可见，在当时的政治环境中，说真话历来需要冒巨大之风险。可是，假如大家说的都是废话、套话、假话、空话、大话、奉承话时，这还是人的生存环境生存状态吗？

可能和战争年代与将士们同甘共苦有关系，也可能他自己就曾经有过这样的体验，做了皇帝后，李世民是一个颇能体谅臣子们苦衷的皇帝，对于说真话可能带来的巨大风险看得也很清楚。《韩非子·说难》是极有名的古代法家著作，其中，谈到对君主说真话时，是用传说中龙的逆鳞来说明的——据说，龙的喉咙下部有一片逆鳞，直径约一尺大小，如果有人碰到这东西的话，龙就必要杀人而后止。韩非子说："君主也有逆鳞，对他说真话的人要能够不去触碰那逆鳞才行。"

李世民在和臣子们聊天时，多次谈起过这个逆鳞："当皇帝不容易，做臣子更难。我听说龙是可以驯服的，只是脖子上有逆鳞，你们不怕触犯逆鳞，敢于说出自己的看法，实在是太好了。要是能够经常这样，我哪里还用担心国家政治败坏呢？"

李世民发现，每当自己在朝堂上态度严肃、不苟言笑，大臣们觐见时举手投足就会慌乱失当，奏事的人也会紧张得前言不搭后语，一副极度恐惧的表情。他意识到，平常谈事情尚且如此，要是想谈一些批评皇帝的话，必定更加害怕触犯逆鳞。"臣子们想要进谏，必定畏惧死亡之祸，简直就和赴刑场、冒枪林弹雨没有什么不同。忠贞的人们不是不想竭诚尽力，而实在是太难了。"因此，李世民一再主动宣布："我敞开怀抱，欢迎批评，你们不必有什么忌讳，尽管畅所欲言"（《魏郑公谏续录》），"我绝不会因为你们大胆批评而妄加诛责"（《贞观政要》卷一，政体）。每当有人对他提出批评或不同意见时，即便说得不合适，他也并不反驳，"若露出责怪的意思，人们心中害怕，岂不是更加不敢说话了"；而且，每当有人向他上奏事情时，他一定做出一副和蔼可亲的表情，以便让他们不必过分紧张（《贞观政要》卷二，求谏）；对于那些敢于高谈阔论直言批评的人，李世民还特别"拭目以师友待之”（《贞观政要》卷一，政体）。看来，在中国政治文化氛围里，要想做个好人、好臣子和要想做个好皇帝，是一件相当累的活儿，都不是容易事儿。

公正地说，在这个问题上，李世民是言行一致、信守承诺的。在二十三年皇帝生涯中，他确实错杀过人，但也确实没有因为对他的批评或言论不当而杀过人。在中国漫长的两千年帝制社会中，为了几句话而丢掉脑袋的人多至数不胜数，李世民不为言论而杀人有多么不容易。粗粗看上去，似乎除了汉文帝做皇帝的二十三年之外，只有李世民的贞观年间做到了这一点。由此可知，受到人们长久赞美的文景之治与贞观之治，还真不是浪得虚名。一个时代是不是伟大，是不是盛世，嘴上功夫基本是扯淡，需要人们在日常生活中如沐春风、真切地感受出来才行。

从史书记载上看，李世民听取批评意见的故事极多。贞观元年，刚刚当上皇帝不久，为了鼓励人们说真话，李世民还故意重奖了一位执法官员。这位官员名叫孙伏伽，官职是大理寺少卿，相当于我们今天的最高法院副院长。当时，有一个人犯了罪，被判处死刑，李世民同意这个判决，孙伏伽则坚决反对。他上书李世民，认为：这个人罪不至死，真要处死他，就开了滥加酷刑的先例。李世民接受了孙伏伽的意见，并下令把兰陵公主的花园奖励给他。据说，这是一座价值百万的花园。

有人看不过去了，对李世民说：“孙伏伽只是按照他的本职工作做了应该做的事情而已，是一件再平常不过的事情，这个奖励实在太重了。”

李世民回答说：“我即位以来，还没有人对我提出过不同意见，孙伏伽是第一个，所以给他重奖。”

此后，和历朝历代因为说真话被杀死的事例数不胜数一样，李世民重金奖励说真话的事例也几乎是数不胜数。

贞观四年，李世民下令修建洛阳皇宫里的乾元殿，张玄素上书反对，话说得尖酸刻薄，令人相当难以下咽：

“阿房宫修好，秦国亡；章华宫建完，楚国灭；当年，乾元殿盖完没有多久，隋朝就解体了。我看皇帝您眼下的功力，比隋炀帝时差了不止一星半点儿，不明白凭什么要在天下大乱刚刚过去，民间满目疮痍的时刻，花费巨资，去干早就被证明是前代弊端的事情？从这个角度看，简直比隋炀帝这样的皇帝还要差劲。”

李世民气急败坏地追问：“你觉得我不如隋炀帝，那么，和桀、纣比起来，你觉得怎么样？”

张玄素说：“您要是真的这么干了的话，这个宫殿修好之日，就是同归桀、纣之君之时。”

在大庭广众之下，君臣二人就这样唇枪舌剑，你来我往。朝堂上众多臣僚屏住呼吸，无不为张玄素捏了一把冷汗。最后的结果，出乎所有人的意料，极其富有喜剧效果——李世民认为：众人唯唯诺诺，不如一位壮士敢说敢做。原话是：“众人之唯唯，不如一士之谔谔。”下令奖励张玄素二百匹绢。按照肯定不够精确的计算，这两百匹绢差不多相当于今天的十万元人民币上下。

事后，魏徵感叹说：“张公简直有回天之力！”

而那句“众人之唯唯，不如一士之谔谔”，也成为千古名句，为心胸开阔正派的人所铭记。

贞观八年，李世民又想修建洛阳皇宫。这回，跳出来的是一个名叫皇甫德参的小官。这个连七品芝麻官都不到的小小县丞，上书批评皇帝劳民伤财，不把百姓疾苦放在心上，话说得很偏激、很难听。李世民极为恼火，认为这小子是有意诽谤，准备以“讪谤罪”治之。魏徵认为：“要不是因为激动，人们也不会给皇帝写信。因此，自古以来，上书皇帝时言辞都会很激烈，否则无法引起皇帝的注意。如今，言辞激烈一点儿，就被看成讪谤而治罪，这合适吗？请您三思。”

李世民三思后，认为魏徵是对的，遂下令奖励那个皇甫德参二十段帛，还概括出了一段理论：今后，凡是提批评意见的，只要他的意思是好的，就不管他的态度好坏，只要他的道理是对的，就不问他的言辞对错（《帝范》卷二，纳谏）。

平心而论，以我们的生活体验，要想做到这一点，可能是不太容易。

有一次，李世民到东都洛阳去巡视，住在显仁宫。这座宫殿储存的物资不多，结果，管理者供给的食物很粗糙，而且不对李世民的胃口。当时，李世民大为恼火，准备从重处治这些人。魏徵聊天似的提醒他说：前些年，隋炀帝杨广就特别看重下面的人是否能给他弄好吃的，弄得好，就提拔奖励，弄得不好，就大加惩处。上有所好，下必甚焉；以至于越来越过分，直到亡国。这些并不是史书上记载的，都是陛下您亲眼所见。李世民听了，很惭愧地表示：“要不是你，我听不到这种话。从今往后，不会再出这种事情了。”

魏徵敢在皇帝面前说真话，大约是中国历史上最为著名的一位了。在这个问题上，魏徵还真的说过一句实话。有一次，李世民当众赞扬魏徵敢于“犯颜直谏”——不看自己的脸色而实话实说。魏徵老老实实地给李世民拍了一次马屁，他说：“陛下诱导大家说真话，我才敢直言；如果皇帝不爱听真话，我哪里敢触逆鳞、犯忌讳？”（《贞观政要》卷二，任贤）

《资治通鉴》记载了类似的一件事情：

贞观六年，李世民在宫中宴请重臣。长孙无忌说：“过去和魏徵、王珪是仇人，想不到今天能够在一起喝酒。”

李世民说：“魏徵、王珪做事情尽心尽力，所以我才重用他们。”他转向魏徵问道：“你每次提不同意见，我要是不接受，你就不再接我的话，为什么？”

魏徵回答说：“我认为事情不能那么办，所以才会提不同意见；陛下不接受，我要是再接陛下的话，就等于接受不妥的事情，所以不敢答应。”

李世民说：“你先答应了再说，有什么关系？”

魏徵说：“舜曾经告诫大臣，不要当面答应，背后嘀嘀咕咕。我不答应陛下就是因为不想那么做。”

李世民大笑，说：“别人说魏徵为人粗疏傲慢，我怎么看都觉得备感妩媚。”

魏徵站起来，一边行礼一边说道：“陛下敞开胸怀，允许大家说话，我才能竭尽自己的一点愚见；陛下要是拒而不受，我哪里敢这么多次冒犯您！”

不久，魏徵再一次说：“如果皇帝昏庸暴虐于上，就不可能听从逆耳忠言，就算是虞国有百里奚、吴国有伍子胥，也挽救不了亡国之祸。”

过细想想，在中国的政治文化传统之下，这还真是至理名言。

李世民的身上，流淌着多种马背民族剽悍的血液，骏马、良弓、神雕、名犬是他们的最爱；酷爱骑射狩猎，几乎成了他们的第二天性。李世民也是如此，非常喜爱神勇的良驹鹰犬。有一次，他得到一只极棒的鹞鹰，爱不释手。一天，闲来无事，他将那只鹞鹰拿在手中逗弄，突然发现那个永远有理的魏徵远远走来，他连忙把鹞鹰藏掖到怀里，然后，正襟危坐着与魏徵谈话。那天，魏徵废话极多，岔不开、扯不完、打不断，一本正经地和皇帝讨论一些鸡毛蒜皮的烂事，且没完没了。李世民坐立不安，既“惜鹞且死”，又“素严敬”魏徵，一直煎熬到魏徵走，那只神勇的鹞鹰已经闷死在皇帝的怀里。皇帝叹口气，以后就很少玩鹰了（事见《隋唐嘉话》上）。

还有一次，李世民准备到山南地区去巡游散心，所有事项都准备停当，临出发时，皇帝却下令不去了。魏徵知道后，询问皇帝发生了什么事情，李世民很无奈地告诉他：自己确实想出去走走，但是想来想去，“畏卿嗔，遂停耳”——因为害怕你不高兴，所以就把行程取消了（《大唐新语》卷九，从善）。

怎么样，这位皇帝还有一些可爱的地方吧？

可能和缺少宗教信仰有关，中国人整体上是一个可塑性极强的人群。一般说来，历朝历代的国人大体上相差不大，但在不同的皇帝之下，其精神风貌的差别却可以达到天上地下的程度，有时会大到让人无法辨识的地步。

比如，我们已经很熟悉的裴矩，在隋炀帝时代，曾经投合皇帝的喜好，出过不少令人一言难尽的主意。到了贞观年间，李世民仍然很看重他。

李世民痛恨官员贪污受贿。有一次，他悄悄派手下人给皇宫里的工作人员行贿，想试探一下，看看什么人不堪信任。结果，还真有人接受了一匹绢的贿赂，大约价值今天的千八百元。李世民下令将这个官员处死。裴矩对此颇不以为然，劝阻李世民说：“为官受贿，确实该死；但是皇帝您用这种方式引诱别人，陷之以法，恐怕在道理上说不过去，不符合‘道之以德，齐之以礼’的古训。”

李世民一听，立即召见五品以上官员，很感慨地说：“裴矩能够据理力争，不看我的脸色，很好。要是每件事情都能这样，还愁什么不能天下大治？”后来，司马光写《资治通鉴》时，写到这儿，也大发感慨，认为裴矩在隋炀帝手下是个佞臣，到了李世民这儿就成了忠直之臣，不是他的本性变了，而是环境变了，才会出现这种“君明臣直”的景象。

西方哲人说：“环境的力量胜过父母的遗传。”中国人打从娘胎里生出来的那一刻起，所受的就是顺从、听话、柔媚、乖巧的教育；因此，当这个社会上出现了许多不听话的刁民时，不必考究就可以断言，一定是官府举措失当，把他们逼得当不成顺民的缘故。裴矩的故事从另外一个侧面，也大体说明了这个道理。

在李世民的努力下，贞观年间的政治空气十分清新，史书上所记载经常对李世民提出批评或不同意见的人，有名有姓的有三十多人，除了最著名的魏徵之外，还有刘洎、岑文本、马周、褚遂良等人。仅仅魏徵一个人，就在李世民耳朵边上整整唠唠叨叨了十七年。十七年间，他总共在二百多件事情上和皇帝唱反调；口头说的不算，见诸文字的有几十万字。李世民给他的回报是——多次百万元重奖、位极人臣的宰相高位和崇高的礼遇。

有一次，李世民身边一个极受信任的人对他说：魏徵动不动就和皇帝争论，曲曲折折反反复复，不听他的就没完没了，完全是在拿皇帝当小孩子。

李世民听后，很动感情地回答：

“我从小不太读书追求学问，唯一的爱好是骑马射箭。起兵以后，有了大功，承蒙偏爱，也并不留心为政之道。唯有魏徵和王珪在这方面给我教导，我很努力地按照他们说的去做，结果，大获其益。于是，就按照他们说的大力去做，终于导致今天天下太平的局面。这些，都是魏徵的功劳。”

实事求是地说，李世民能够在后世得到崇高的赞誉，魏徵的确是起了不小的作用。贞观十一年，李世民准备修建飞山宫，为了堵住批评者的嘴，他很坚决地告诉大家：如果不建这座宫殿，自己的生活、工作将会很不方便。魏徵以同样坚决的态度反对之，他说：

“隋炀帝之所以弄得国破身亡，就是因为仗着有钱而穷奢极欲。如今，正应该拨乱反正，汲取他的教训，怎么能够在他的基础上更上一层楼？那不就是以乱易乱、以暴易暴吗？这么干，灾

祸必至！”（《资治通鉴》卷一九四，唐纪十，太宗贞观十一年正月）

到了贞观十五年，李世民好像有些按捺不住了似的，在皇宫里大兴土木。有一天，宰相房玄龄、高士廉走在路上，碰到了少府少监窦德素，房玄龄随口问了一句：“北门里在兴建什么工程？”

少府是专门负责各类皇家工程、制作的机构，少监是该部门的第二把手。窦德素回头把房玄龄的这一问报告给了皇帝。李世民很不高兴，训斥房玄龄说：“你把你南边的事情管好就行了，我北门里的小工程关你什么事？”

唐朝宰相办公的地方在皇宫的南部，北门即玄武门里面是皇帝的后宫。李世民显然是在告诉房玄龄，以后少管我后宫里面的事情。房玄龄和高士廉吓坏了，一个劲儿磕头请罪。

魏徵也很不高兴，站出来替房玄龄打抱不平：

“我不明白陛下为什么指责房玄龄他们？也不明白房玄龄、高士廉为什么要请罪？他们是皇帝任命的宰相，是陛下的股肱耳目，朝野内外的事情有什么是他们不应该知道的？如果北门里的工程做得对，他们应当帮助陛下尽快完成它；如果这个工程不好，他们就该帮助陛下停止它。问一问有关部门本来就是分内的事情，怎么就不行了呢？我实在不知道他们错在哪里，要受皇帝的责怪；也不知道他们到底有什么罪，需要在这儿没完没了地谢罪？”

史书记载说：“上甚愧之”——皇帝很难为情（以上事见《资治通鉴》卷一九六，唐纪十二，太宗贞观十五年十二月）。

不仅南门、北门的事情，魏徵要管，就连皇帝家里嫁女儿的事情，他也要发表评论。

贞观六年，长乐公主出嫁，李世民因为这个女儿是长孙皇后亲生的，自己又特别喜爱，就命令有关部门在准备公主的嫁妆时，比公主的姑姑永嘉长公主增加一倍。这位永嘉长公主是唐高祖李渊的女儿，也是李世民的妹妹。就是说，李渊退位了，没有实权了，他女儿出嫁的嫁妆就只能是侄女的一半。

别人包括当事人都不敢说什么，魏徵却不干了，又跳出来打抱不平。他引经据典，举出东汉明帝册封儿子的例子，批驳李世民。

这个故事的大意是：汉明帝册封儿子时，大臣们按照规定，将他们的规格拟定得和他们的叔叔一样。汉明帝是汉光武帝刘秀的儿子，汉明帝儿子们的叔叔，自然指的就是汉明帝的弟弟们。报告到了汉明帝手里后，汉明帝却不同意，他的理由是："我的儿子怎么能和先帝的儿子一样？"遂下令，将自己儿子们的待遇降低一半。由此，在历史上传为美谈。

魏徵以此为例，认为公主的嫁妆，不降到长公主的一半就不错了，哪里有理由比她的姑姑长公主多一倍？

李世民没表态，把这件事情告诉了公主的亲妈长孙皇后。长孙皇后的表现和她受到的赞美很般配。她说："我总听说陛下敬重魏徵，一直不知道原因，今天算是知道了。从他所说所做的事情看，这真是一位可以托付天下的人啊。"

长孙皇后对李世民说："我和陛下是结发夫妻，情意深重；有什么事情还怕你不高兴，要看一看你的脸色才敢说出来。何况魏徵只是一个臣子，隔了不止一层。"

随后，长孙皇后派人到魏徵家里，给他送去重金奖励，并转告他说："听说先生为人正直，今天真正知道了，所以颁下赏赐。请你今后一如既往，千万别变。"（《资治通鉴》卷一九四，唐纪十，太宗贞观六年三月）

这件事情发生在公元六三二年，也就是唐太宗贞观六年三月。与这一次皆大欢喜紧接着的，就是被无数人引用过的那个故事：

李世民退朝后，怒气冲冲地回到后宫，恶狠狠地说："会须杀此田舍翁”——找机会一定得杀掉这个乡巴佬!

长孙皇后一听，赶紧问他想杀谁。李世民说：“魏徵总是当众羞辱我。”

长孙皇后没说什么，回到寝室，换上只有在最隆重、最正式的场合才穿用的皇后大礼服，然后，端端正正地等候在庭院中。李世民一见，吓了一跳，连忙问她发生了什么事情，长孙皇后说：“我听说只有明君才会有直臣。现在魏徵之所以直，都是因为陛下明的缘故。我不敢不向陛下表示祝贺。”

还有一件事情也和魏徵有关。说实在的，如果不是他发挥作用的话，李世民的形象可能会显得相当丑陋。

有一次，李世民到九成宫避暑，跟着他的宫人回京城，在途中一个县城招待所休息。恰好宰相李靖和王珪也来到这个县城。县里的官员极为难，最后，只好请皇帝的宫人移到别的地方。

这些宫人自以为是皇帝身边的贵人，觉得自己受了羞辱，就向李世民告了一状。李世民大怒，曰：“威福之权柄，难道要由李靖之流来操控吗？他们怎么敢如此轻慢我的宫人？”遂下令，查办当地官员和李靖、王珪等人。

魏徵立即出来阻止。他对李世民说：

“李靖、王珪是国家重臣，他们外出，地方官当然要按照规定拜见并且接待，地方官们要通过他们了解朝廷的最新动态，李靖他们回来要向皇帝报告地方情形，这是有政事和公务上规矩的。而那些宫人，只是路过休息，吃一顿饭而已。不要说为此怪罪李靖这样的重臣，就是责怪地方官，恐怕都会骇人听闻，让天下人笑话。”李世民这才没有一意孤行（以上事见《旧唐书》卷七十一，魏徵传）。

第二年，即贞观七年，发生了一个牵扯到皇亲国戚的案件，又一次让人知道，李世民心中其实是很袒护这些阔人的。

李世民第三个儿子是蜀王李恪，他的岳父杨誉属于那种狗仗人势、不是东西一类，仗着外戚的身份，颇为飞扬跋扈。结果，因为强夺官婢而触犯了法律。负责查办这一案件的官员名叫薛仁方，将杨誉拘押起来，调查案件。

杨誉的儿子是宫廷侍卫，在皇帝那儿控告薛仁方非法拘禁他父亲，并且挑拨离间说："就是因为他父亲是皇亲国戚，所以，薛仁方才故意横生枝节，制造事端。"

李世民很是恼怒，下令将薛仁方杖一百，撤职查办。魏徵当即阻止说："薛仁方是在履行自己的职责，维护国家法律的尊严，怎么可以为了皇家的亲戚，就随随便便妄加刑罚？皇亲国戚本来就以难于管理著称，这个口子一开，不知道还会发生多少事情。陛下这么做，和水未横流，先把堤坝毁掉有什么两样？"

后来，经过反复查证，证明薛仁方的确是在按照法律规定做事，李世民立即收回成命，撤销了对薛仁方的处分。

为了防止挑拨离间和施展阴谋诡计，李世民特别做出规定："不许大臣私下里对皇帝议论政事和人事，凡是宰相和皇帝讨论事情，必须有谏官和史官跟随，谏官的作用在于随时发表反对意见，史官的作用在于随时随地记录各人的善恶言行。同时，不许百官私下处理和职务有关的事项，所有各级、各部门官员，必须在办公场所当众处理公务。"这一手很厉害，是当时政治空气很阳光、很干净的重要原因。

当时，不仅大臣们敢于在皇帝面前提出不同看法，后宫里也经常可以听到不同的声音。比如，李世民要任命长孙皇后的哥哥长孙无忌做宰相，皇后认为自己的哥哥是非常好的人，却不是很好的宰相人选，因此，多次反对皇帝的想法。我们知道，长孙皇后出身于鲜卑族家庭，按照鲜卑、匈奴和突厥等民族的习俗，家庭主妇对家庭内外事务、酋长夫人对部落内外事务、阏氏—可贺敦一皇后对国家军国事务，都有极大的发言权，和汉族男尊女卑、男主外女主内那一套差别很大。长孙皇后敢于在许多重大事情上发表和皇帝不同的意见，可能与这种习俗有关，也必定与李世民开放的胸怀有关。

还有一位徐贤妃徐惠，比武媚娘的年纪还小四五岁，在历史上也很有名。贞观晚期，李世民大兴土木修建宫殿时，这位可能刚刚二十岁出头的女士上书李世民，劝谏皇帝体恤百姓疾苦。这封奏疏写得逻辑严谨、条理清晰，文采斐然，一看就知道书写者的才气不一般。李世民“善其言”而纳之。

就这样，贞观时期，这种敢于发表不同意见和说出真实看法的风气，已经渗透到了皇帝的夫妻生活之中。

不必读很多书，也不必讲什么高深的理论，只要想想时隔一千多年后的今天，想想自己和周围的人们，想想那些有点儿权、有点儿钱、有点儿名的人们的嘴脸，我们就可以知道，李世民夫妇至矣尽矣。他们能够做到这种程度，应该算是太不容易了。和中国历史上所有政治人物比较一下，除了汉文帝刘恒，尚看不到任何人能够和他们媲美。

人们普遍认为，唐代是中国人活得最为奔放大气的时代，信哉斯言。这个伟大的时代，其实很简单，就是从人们敢于说出真话这样一个极其平常的小事儿上，开始塑造的。只有白痴才会相信，一个谎话连篇的年代能够成就什么盛世！

贞观年间，本来是以阴暗、残暴、谎言为其开端的。

身处其中的人们，大约谁也没能想到，踏着满地血污登上舞台的李世民，竟然会有这么漂亮的一个大转身——在如此悲惨的序幕后面，紧跟着来了一场接近完美的、阳光灿烂的演出。让人无法不感叹政治的复杂多变和人性的难以把握。

贞观二年二月，李世民对身边的近臣们说：

“人们都说天子至高无上，没什么可怕的；我可不是这样。我上怕头上三尺有皇天，下怕臣民瞻仰众目睽睽，整天兢兢业业，还唯恐不合天意，唯恐天下人失望。”

魏徵说：“这实在是天下大治的关键所在。陛下要是能始终如一就好啦。”（《资治通鉴》卷一九二，唐纪八，太宗贞观二年二月）

皇帝也有怕的东西，这真是中国人和中国历史的最大幸运。于是，李世民创造出了一种中国历史上极为罕见的政治环境。他和魏徵之间的君臣际遇，应算是中国历史上独此一份，再无他人能够享此盛名与殊荣。有这么一出流传千百年的历史喜剧，令满是暴君奸臣、充斥着阴谋诡计的中国政治舞台，就此色彩绚烂了许多。

令人心情极度复杂而终于无法释然的是，所有这一切，可能都与唐太宗李世民难以言说的内心世界，息息相关。

09

天可汗

以奇用兵，以正治国。

在某种意义上，玄武门之变可以被看成是一次军事上的出奇制胜，然而，该事件即便具有不得已而为之的大背景，在政治上却也绝对乏善可陈。

一般缺德少才的政客们，最喜欢做的事情，就是将“奇”——阴损、邪恶、狠毒的招数应用到治国上面去，设局下套、栽赃陷害、凶狠残暴、不讲廉耻、谎话连篇。可以想见，这样治理出来的，必定是一个思想恶棍、政治流氓、经济骗子，再加上地痞无赖们兴高采烈的国度。

谢天谢地，李世民没有这样做。

李世民认为，若想防止政治腐败，长治久安地开创出太平盛世来，并不是一件多么困难的事情。作为君主，只须做两件事情即可：其一是受诤谏。就是既有能力让人们说真话，也有雅量听得进去真话。其二则是任用贤良。就是让德才兼备的人有用武之地，让层出不穷的小人们，离权力尽可能远一些（《贞观政要》卷一，君道）。我们曾经说过，帝制条件下，这是两件极难做到、在绝大多数情况下也根本没有可能做到的事情。

李世民占据政治舞台中心位置之后，迅即做了一个堪称华丽的大转身，极醒目地打出了“以诚信御天下”和“为政莫若至公”两面大旗。其实，就是将上面所说的两件事情，上升为政治理念和口号而已。此后二十三年间，他在这个舞台上大兜大转，大体上没有离开过这两面旗帜。在后来的一千多年时间里，心不明眼很亮的中国文化人，给予了他极为崇高的赞美，显然，和他基本言行一致地实践了旗帜上的两句口号，有很大的关系。

公元六二六年八月初九日，离六月四日玄武门之变两个多月光景，李渊退位为太上皇，将皇位传给了李世民。当时，李世民面临的形势相当动荡。

渭北和黄河以北地区，都有同情太子李建成的政治力量，且实力不小，比如幽州大都督庐江王李瑗、驻扎在泾州的燕郡王罗艺，等等；关中和首都长安人心浮动，新皇登基似乎并没有带来多少欢欣鼓舞的气象；而最严重的，则是突厥铁骑。

自从上次南下以来，至今有十数万突厥大军并未出塞，而是屯驻在陇右地区，勒兵观望。李世民刚刚继位，他们就在颉利可汗和突利可汗率领下，直趋泾州。驻扎在泾州的天节将军、燕郡王罗艺并不抵抗。突厥骑兵便分兵三路，大举深入帝国腹心地带：

八月二十日，右翼一路兵临武功城下；

八月二十四日，左翼一路团团围住高陵；

主力部队则在颉利可汗率领下，直捣帝国首都长安。

李世民急忙命尉迟敬德为泾州道行军总管，渡过渭水拦截阻击突厥左翼大军，并于二十六日在泾阳一带发生激战，虽小有斩获，却并不能阻止颉利可汗主力部队的南下。二十八日，颉利可汗和突利可汗的两支部队会合于长安城北渭水便桥边。

唐朝立国以来，从武德二年开始，突厥骑兵就不断南下，和两个背景有关：

其一，李渊在太原起兵时，曾经向始毕可汗称臣，并许诺可汗："征伐所得，子女玉帛可汗有之。"刘文静奉命出使并与突厥定约，也答应突厥方面："愿与可汗兵马同入京师，人众土地归唐公李渊，财帛金宝归可汗。"（参见《大唐创业起居注》《旧唐书·刘文静传》等）

为此，突厥可汗一再派兵南下，有时是支持或声援李渊，有时是牵制或给李渊找麻烦，更多的时候则是要求唐朝方面履行盟约，交出子女玉帛。李渊也一再向突厥输送大批量的财宝玉帛、舞伎美女，等等，数量可能相当巨大。但历任突厥可汗并不满足，在他们看来，这些财宝美女距离双方约定的数量显然差得太远；而在唐朝君臣眼中，这是一个根本无法填满的无底洞，从而，由心痛到肉痛，越来越忍无可忍。

到这一次南下，短短七八年间，已经是突厥骑兵第八次前来索要美女财宝或找麻烦了。

另外一个背景是，从始毕可汗开始，中间经过处罗可汗，到如今的颉利可汗，隋唐之交的十几年里，中国分崩离析一塌糊涂，突厥趁势而兴，第二次崛起为整个东亚的霸主。当时，中原地区黄河流域的割据群雄薛举、窦建德、王世充、刘武周、梁师都、李轨、高开道等几乎全部向其称臣、纳贡，换取其支持。李渊只是众多势力中的一个而已。

作为游牧民族的首领，突厥可汗和以前的匈奴单于一样，对占有中原地区的土地城镇没大兴趣，令他们两眼放光一脸色眯眯表情的东西，主要集中在两个方面：其一，农业经济和城镇文明中积累起来的巨大财富；其二，那些在儒家教义训练下，长久跪在帝王长官脚下的汉族男女，实在柔媚可人，是他们眼中为奴为仆的最佳人选。于是，这几代突厥可汗持续实施着一个连贯的战略：尽量维持中原地区乃至整个中国的四分五裂状态，在这种局面中，其最大化之利益，不动刀兵即可实现。因此，他们支持所有向其称臣的政治力量。

李渊以唐代隋，一步步打破了各方政治力量间的均势，令突厥可汗十分不安。他们连续八次南下，除索要财富之外，隐含不露的战略目的就是牵制李渊，或者直截了当地支持李渊的敌对势力，力争再次建立各种力量之间的动态平衡，阻遏唐朝重新统一之局面的形成。事实上，突厥可汗将隋炀帝杨广的妻子萧皇后迎接到突厥去，立杨广的孙子杨政道为隋王，都含有这种深远的政治用心在。

假如不是李渊、李建成、李世民父子出色的政治、军事才华，假如没有后来突然降临的巨大自然灾害的话，突厥可汗的这种战略，完全可能使当时的中国历史变成另外一副模样。

到唐高祖武德七年六、七月间，李建成、李世民兄弟争斗趋向白热化之际，突厥第七次大举南下，兵临豳州城下，吐谷浑、党项也在突厥可汗的指挥下，同时出兵到了甘肃岷县、青海乐都和四川松潘等地。逼得李渊甚至一度准备放弃长安，迁都到山南地区去。

当时，关中地区大雨连绵，唐朝前线部队粮草断绝，军械装备如弓矢等也因为长时间的阴雨而无法使用。按照陈寅恪先生的考证，李世民曾经按照突厥习俗，与突利可汗结拜为兄弟，二人之间有香火之情。在此危急关头，李世民送给突利可汗大量财宝物资，答应将皇室女儿嫁给可汗和亲，并挑拨颉利可汗与突利可汗之间的关系，这才令突厥可汗同意撤兵。

然而，两个月之后，从九月份开始，到唐武德九年上半年，半年多时间里，突厥骑兵会同吐谷浑、党项等部，分多条路线连续不断地大举南下，治下在今日山西、河北、陕西、宁夏、甘肃、青海、四川等省的地区全都陷入动荡不安的战乱之中。

到玄武门之变前夕，幸亏突厥将主力部队转向秦州即今日甘肃天水和灵州即今日宁夏灵武一带，结果，撞上了中国历史上最为优秀的军事家之一李靖，双方胶着在那里，这才给李世民留出了发动玄武门之变和登上皇位的一点点时间。

颉利可汗和突利可汗会师于渭北之滨后，派遣心腹将领执失思力进入长安，来见李世民。这位执失思力很好玩儿，见到李世民之后，只说了一句话："我们来啦。颉利可汗和突利可汗带领百万大军来啦。"剩下的意思似乎是：你们看着办吧。

此时，长安城里满打满算只有几万人的作战部队，急切之下，没有人知道各地入援部队什么时候能够到达。李世民一边组织守城，遍插旌旗、制造烟尘，似乎埋伏着千军万马；一边紧急征求李靖的意见。李靖提出两条：一、"请倾府库赂以求和"——请李世民拿出所有国库里的钱财送给突厥可汗求和；二、请求自己带部队从灵州出发，倍道兼程南下，邀截突厥归路，以备和议不成。

李世民接受了李靖的建议，遂带高士廉、房玄龄等六个人，来到渭水岸边，与颉利可汗隔水谈判。三十日，李世民再次来到长安城西，和颉利可汗斩白马盟誓于便桥之上。突厥可汗遂退兵。

这就是迫使李世民签订城下之盟的"渭水之耻"。后来，围绕此事，人们编出了无数故事、说辞与豪言壮语，可能都是扯淡。大体可以视为官府与无聊文人的习惯性意淫。

"渭水之耻"肯定令李世民倍感屈辱。此后，他做了两件事情，一件事情很小，却颇能表现此人受到的刺激之深；另外一件事情则很大，几乎是贞观之治乃至大唐盛世的奠基之举。

小事是，九月初，突厥骑兵刚一退走，李世民就发狠，在皇宫显德殿大院里，亲自训练将士骑射武功。他对将士们说：“我不让你们给我修建楼堂殿阁，只是一心一意地习练武功；闲下来我做你们的师父，突厥再来你们就做将军，把他们打出去，让老百姓过上安稳的日子。”

据说，在随后的几年时间里，他坚持轮流训练、比试、奖励、选拔将士，练出了一支相当精锐的部队。其间，以献媚为专长的臣子曾经阻止他说：皇帝乃千金之体，何其尊贵！寻常人等见皇帝时，任何利器都不能携带。皇帝怎么可以成天和这些军汉真刀真枪地厮混在一起，若有人生出歹意，岂不是会防不胜防？李世民并不理睬。

大事则是基本治国方略的确立。

突厥骑兵撤退后，九、十月间，李世民广泛征求意见，试图确立治国的基本政略、战略理念。

值此天下大乱刚刚过去，满目疮痍，百废待兴。众人认为“当今必不可行帝道、王道”，应该向秦始皇、汉武帝那样行霸道，以君主强力集权，实行威权统治。还有人鉴于“渭水之耻”和李世民的表现，认为当务之急是实行崇尚军国武功之政策，以武力征讨周边地区，建立国威军威。

当时，只有魏徵一个人认为：中国若想实现盛世梦想，就必须走一条路，那就是——静！他认为，“静者，为化之本”，“为国者要在安静”——治理国家最重要的是安静。意思是，只要能够管好皇家和各级官吏，让他们的心静下来——清净无为不搔扰民，轻徭薄赋不盘剥民，与民休息不糟蹋民，世界上最为吃苦耐劳的中国人民，就会像变魔术一样生产出无穷无尽的财富。魏徵打包票说：只要做到这一点，三年时间，天下大治都算是太晚了。中国富裕安定后，四面八方的人们自然就会宾服——“中国既安，远人自服”。

魏徵的见解显然来自对中国社会脉动的精准把握。

天佑大唐！李世民力排众议，采纳了魏徵的意见。

百战归来的天策上将李世民，屠兄杀弟夺取权位的秦王殿下，天天在皇宫大院里亲自操练士兵的大唐皇帝，偏偏摒弃所有极尽揣摩他心意之能事的高谈阔论，竟然就选中了魏徵这个不冷不热的“静”字，作为自己长治久安、深根固本之道，并由此打出两面大旗——“以诚信御天下”和“为政莫若至公”。就此，中国迎来了贞观之治和大唐盛世的漫天霞光曙色。

我们曾经谈到，所谓“以诚信御天下”和“为政莫若至公”，其实，很大程度上就是从李世民“受谏诤”“任贤良”中提炼出来的。贞观之治受到长久赞美的原因，主要在于李世民在这两件事情上做得足够出色。事实上，盛唐时期人才辈出的伟大盛世，就是通过这两件事情而拉开帷幕、奠定基础并持久迸射出百年活力的。

细细追究起来，在帝制条件下，不论是受谏诤还是任贤良，都不仅仅是帝王的人品问题，更多的可能是智商与能力问题。

以受谏诤为例，让人说真话和听人说真话，是需要足够智商和能力的。统治者如果没有政治善意，谏诤之类就根本无从谈起；即便有善意，但是缺少智商、能力和由此带来驾驭局势的自信，也同样会沦于等而下之——既不敢让人说真话，也没有胆量听人说真话，只能用权力来钳制住人们的嘴巴。中国两千多年帝制社会，三四百位皇帝，只有汉文帝刘恒和唐太宗李世民两个人真正敢于让人说出真话，原因在于：刘恒具有达于极致的仁慈心怀，所以才会将人们骂皇帝看作天经地义；而李世民则具有极高的智商、能力与自信，所以才敢于听任臣子把自己和桀、纣之君相提并论。于是，只有这两个人，才能开创出中国历史的巅峰时代——文景之治和贞观之治。

关于受谏诤的话题，我们在前面一个章节中已经说了不少，就此打住。而在任贤良这个问题上，涉及的问题，其实同样与领导者的智商和能力有关。

实事求是地说，在中国政治文化传统之下，让人说真话与听人说真话需要足够的智商与能力，不是想学就能学到的；而识拔人才、知人善任则难度更高，更是等闲学不来的。因为，要想做到这一点，不但需要智商和能力，还需要有“为政莫若至公”的大格局与胸怀。

可能与战场上的辉煌经历有关，李世民鉴识人物的智商极高。他任用的大批官员，几乎全部都是出类拔萃的一时之选，每一个人单独拿出来，在他们各自的领域里都能够独当一面且业绩不凡。这些响当当的人物里，似乎还没有一个人，是那种为人所不齿的阿谀奸佞之辈。在杀伐决断中走上帝位的李世民想必非常清楚：在生死间不容发的战场上，任何精于揣摩领导心思的阿谀、奉承、马屁精，都会变成一摊狗屎；只有那些富有真知灼见、拿得起真刀真枪的人们，才能帮助他成就真正的伟业。

因此，李世民在选用人才时，不但做到了既不问出身唯才是用，又有本事捐弃前嫌恩怨，将本来属于敌对阵营的人物，拉拢到自己身边，成为他死心塌地的同志与战友；还有办法摒除个人好恶，将各种人物网罗一室共襄盛举。这真是了不起的大格局、大本事。

比如，在济济一堂的贞观名臣中，长孙无忌是他的大舅哥；李孝恭、高士廉、长孙顺德、柴绍、殷开山是他家亲戚；房玄龄、杜如晦是他的秦王府老部下；段志玄、刘弘基是太原起兵的老人；魏徵、王珪、薛万彻过去是太子李建成的忠实部属；尉迟敬德则是宋金刚手下猛将；徐世勣、秦叔宝、程知节是李密旧属；戴胄、张公谨是王世充的部下；岑文本、刘洎过去效力于萧铣；褚亮和他的儿子褚遂良服务于薛举；温彦博原来是罗艺的手下；封德彝、裴矩、虞世南都是隋炀帝杨广的近臣；屈突通是隋朝大将；马周是素不相识的贫寒之士；李靖曾经和李渊有过相当严重的私人过节；萧瑀则是隋炀帝杨广萧皇后的兄弟和李渊身边的老臣；李百药甚至还参加过辅公祏发动的反唐叛乱。

这么五花八门的一大帮子人，在李世民手下出将入相，工作都很卖力。他们中的大多数人位高权重，许多人位极人臣，并成为历史上的一代名臣，还有的人甚至成为中国文化中的符号性人物，或者变成了民间传奇、神话系统中的人物。对文化史有所了解的人会知道，这绝不是轻易可以做到的。

马周曾经是一个贫寒潦倒的人，后来成为李世民的宰相，他的故事，颇能表现李世民与这些臣僚之间的关系特点。

据说，马周很小就失去双亲，家境贫寒，但酷爱读书。长大后，穷困潦倒，很不受人待见。武德年间，因为有才学，在州学里做老师。他每天喝酒，不好好教课，经常被长官训斥，便愤而辞职，在山东、河南等地到处游荡。后来游荡到长安附近，在新丰的旅店里住宿，因为钱少，老板也不拿正眼瞧他，只顾去招呼那些大款们。马周并不计较，一个人要了一斗八升酒，坐在那儿独酌独饮，自得其乐。一斗八升酒，算起来至少有十好几斤，这份豪情吓着了老板，开始对他另眼相看。

不久，马周继续游荡，来到京城，寄居在常何家里，成了标准的京漂一族。

这个常何，就是驻守玄武门、为李世民玄武门之变立下大功劳的那个将军。这位将军不读书不看报，却懂得敬重有才学的读书人，马周在他家里住得颇为舒适。

恰在此时，皇帝广开言路，号召大家大胆批评国家政治得失。常何当官正当在兴头上，很想有所表现，又苦于不会归纳总结，也写不出锦绣文章来，于是就请马周帮忙。马周想也不想，一挥而就，一口气替他洋洋洒洒地整出二十多条。常何兴致勃勃地呈报给了皇帝。

不料，皇帝拿起常何的奏疏后，越读越觉得字字句句都说到自己心坎儿里去了，不知不觉就亢奋起来。

李世民是何等样人，知道这个常何即便积极要求进步，十分卖力地靠近组织，却也不可能长进到写出这种锦绣文章的程度。于是，就把常何叫来要赏赐他。常何不敢跟皇帝撒谎，老老实实说出了马周的名字。李世民立即派人去找马周。据说，在等待期间，李世民先后四次派人前去催促，颇有点儿求贤若渴的味道。和马周谈过话后，从此一发不可收拾，一再破格提拔，最后，一直提拔成大唐帝国宰相。李世民多次对人说："我对于马周，只要一会儿见不到，就会想他。"

马周遭遇皇帝知遇之恩后，也算是鞠躬尽瘁死而后已，为人为官颇有可圈可点之处。当时的观察家认为他见识深广，气度高远，对他评价很高。后来在历史上口碑不错，成为一代名臣。可惜，寿命不长，只有四十八岁就去世了。

李百药则是另外一种类型的人物。他是隋文帝杨坚时期名臣李德林的儿子，是一位在文史方面造诣很深的学者型官员，也是一位颇为传奇的人物。

他小的时候经常生病，所以大人给他起名叫百药。长大后，因为无意中得罪了隋炀帝，在隋朝官场上一直不太得意。后来，稀里糊涂地裹进了杜伏威的反政府武装里，被当成了师爷、智囊和文胆式的人物，很受尊敬。

李渊建立唐朝之后，他力劝杜伏威归顺，杜伏威接受了劝告。不料，不知道为什么，杜伏威怀疑李百药对自己不安好心，就让人给他灌了毒酒。谁也没有想到的是，李百药好人有好报，竟因祸得福：可能是过去吃了太多的药，郁积在体内没有消散出去，那杯毒酒喝下肚，不但没有毒死李百药，反而在大泻一场之后，连他以前的老病根都通通治好了。

后来，李百药卷进辅公祏的反唐起兵。辅公祏被平定后，李百药成了李渊的俘虏。有人在李渊那儿使坏，说李百药动员杜伏威归顺是假，怂恿辅公祏叛逆是真。在缴获的物品中，李渊发现了一封信，是杜伏威写给辅公祏的，内容是要辅公祏杀死李百药。这封信等于为李百药洗清了冤屈；无奈李渊已经有了很坏的第一印象，还是很不客气地把他发配到泾州，去做一个很小的芝麻官儿。

李世民知道李百药的大名和倒霉经历，到泾州时还慰问过他。老先生郁郁寡欢地在那儿苦熬时光，对李世民很感激。

作为一个武功显赫的军人，李世民特别喜欢显摆自己的文才，居然还敢给大文人兼大诗人李百药赐诗一首，诗曰：

项弃范增善，
纣妒比干才；
嗟此二贤没，
余喜得卿来。

诗写得很烂，情意却很感人。

李世民做了皇帝以后，李百药老当益壮，在文史方面颇有贡献。今天我们读到的《齐史》就是以老先生为主修撰的，名列堂皇二十四史之一。有一次，李世民写了一篇文章，让李百药用同名也写一篇。李百药写完后，李世民对他的文采很服气，写了一个手诏给他，赞叹地设问说："老先生为什么身体这么老而才气这么旺，年纪这么大而意境这么新？"

老先生为人好，喜欢奖掖后进，自己对功名富贵看得很淡，不爱钱财，就连工资、奖金也经常随手散给贫穷的人们。他擅长写五言诗，文思深沉含蓄，又清新易懂，据说，当时连打柴放牛的孩子都喜欢背诵他的诗。

贞观末年，李百药去世，已经八十多岁，当时的人们特别敬仰他。他在历史上名气也不小。

从总体上看，李世民和他的臣僚们相处得比较明朗、健康、融洽。李世民对他们知人善任，他们彼此之间也很少互相拆台，没有那么多钩心斗角、尔虞我诈的龌龊事儿。有一段时间，房玄龄、魏徵、李靖、温彦博、戴胄、王珪并列宰相，共同执掌国政。有一天，李世民宴请这些人。席间，李世民对王珪说："你号称鉴识人物很准，尤其善于品评。你来比较、品鉴一下你自己和他们几位如何？"

王珪说："论起孜孜不倦为国工作，知无不为，尽心尽力，我不如房玄龄；每每以谏诤为心，把君主比不上尧舜当成自己的耻辱，我不如魏徵；文武双全，出将入相，我不如李靖；对国情掌握得详尽明确，上通下达精当准确，我不如温彦博；处理繁杂事务，日理万机，我不如戴胄。若是论起疾恶如仇、激浊扬清，和他们各位比较起来，我还算有点儿长处。"

李世民认为王珪果然品评精当；被评价的各位也觉得王珪所说，正是自己得意之处。于是，大家都是好东西，尽欢而散。

与此类似的一件事情，则是李世民品鉴自己的当朝重臣们，也是颇为精彩。事情起因是，李世民要求长孙无忌当众批评自己的过失，他对长孙无忌说："据说君贤则臣直。人苦于不能自知，你当着大家的面，说说我有什么不足之处。"

长孙无忌很扯，不太会凑趣，说出一通无聊的马屁话："陛下的文治武功超越千古，发号施令则顺应天地之道，我顺从还顺从不过来呢，哪里还有什么不足之处？"

这马屁拍得一点儿都不"直"，分明等于在说李世民不是贤君。

李世民说："我本来是想听听你认为我有什么过失，你却如此离谱地说了一大堆奉承话。既然你不说，我就来说说你们。咱们是言者无罪，闻者足戒。"

李世民说："你，长孙无忌，很善于避嫌，反应敏捷迅速，和古人比起来毫不逊色，领兵打仗不是你的长处。高士廉，涉猎古今，聪明颖悟，临难能保持节操，为官不拉帮结派，缺少的是骨鲠规谏。唐俭，口才一流，善于与人相处，在我身边三十年，却听不到一句对国家事务的得失建议。杨师道，品行纯善，自己不会犯大错，却性情怯懦，缓急之际用不上力。岑文本，心地厚道，文笔极佳，持论有根有据，自然不会得咎。刘洎，性情坚贞，说出话总能让人受益，然其意上然诺于朋友，能自补缺，亦何以尚？马周看问题机敏深刻，性情贞正，至于论量人物，直道而行，每次交给他做的事情，都很令人满意。褚遂良，有学问，性情正直忠诚，对我很亲，譬如飞鸟依人，自加怜爱。"（《旧唐书》卷六十五，长孙无忌传）

由此可知，李世民对人的观察颇有洞察力。在中国古代，君臣之间如此推心置腹、亲密无间，是极为罕见的个案。史料中，还可以看到这样的事例：李世民为了维护他选中的官员，可能曾经多次杀死或流放过向他控告魏徵、房玄龄等人的人。

君子小人问题，困扰中国社会数千年，是中国政治文化传统下的不治之症，李世民也没有可能找到解决的办法。但是，他极高的智商和军政阅历帮助他有效地减少了此方面的困惑。

李世民极明白："君主只有一颗心，却要面对无数人的追求。有的人用勇力，有的人用口才，有的人用奉承，有的人用奸诈，还有的人专攻你的嗜好，四面八方包围得密不透风，大家都想通过君主的宠爱，实现自己的人生价值。只要一不小心，就会身陷其中，危亡随后就到。善恶难辨，知人不易，真是难哪！"

为此，宇文士及曾经被李世民弄得很是下不来台。

有一次，李世民站在一棵大树底下，十分欣赏地说了一句:“这棵树真不错。”宇文士及立刻接上话茬，对那树赞不绝口。李世民很不高兴，冷冷地盯着宇文士及说：“魏徵曾经劝我远离佞人，我一直不明白他指的是谁。经常怀疑是不是你，今天看来，还真是如此！”（《大唐新语》卷九，谀佞）

另外一个经常被人提到的例子，是许敬宗。

许敬宗富有才学，很早就被召进秦王府，是著名的十八学士之一。然而，在贞观年间，他始终没有受到重用，一直处在权力的边缘地带。相比较之下，马周、刘洎等人的才学不如许敬宗，和李世民的关系也远不如许敬宗长久，却都登上了宰相高位。当时的观察家认为，之所以如此，就是因为许敬宗才高而德行不好，是个小人。

后来，到了武则天时代，许敬宗活跃起来，在一些关键事务上投合武则天的心意。许多人认为，武则天干的扯淡事儿里面，许敬宗需要负责任的地方不少，被认为验证了李世民对他的看法。从此，许敬宗就很难逃出小人之讥了。

怎么辨别君子和小人，怎么区分好的部下和坏的部下，李世民和他的臣子们算是费了牛劲，他和魏徵二人在这个问题上切磋的时间着实不算少。魏徵还整理出了识别六种好官员和六种坏官员的十二条标准，据说为李世民所“嘉纳”：

好部下有六种，总称为“六正”：

最高一等的好部下，被称为圣臣。这种人，在道德和才智上达于极致，其识别标准是：他们能够在事物尚处于萌芽状态时，就清楚地洞察其未来之发展，把握其存亡之机和得失关键，从而，防患于未然；并且，他们有本事在任何情况下使君主超然地处于尊贵光荣的地位。

第二等的叫良臣。他们谦虚谨慎，每天都尽心尽力地向君主灌输为善之道，用礼义勉励君主，用长远的眼光开导君主，顺从君主之美，匡正君主之恶。

第三等的叫忠臣。这种人起早贪黑夙兴夜寐，从不懈怠地把好思想好主意奉献给君主，经常能够用历史的经验教训坚定君主的意志。

第四等为智臣。能够洞察成败，提早防范而及时救助，堵塞祸患之途，根绝祸患之源，转祸为福，使君主无忧无虑。

第五等是贞臣。其特点是：奉公守法，恪尽职守，不接受礼物馈赠，涨工资、晋升官职、奖金、奖励一概辞谢，也不乱开饭局。

第六等叫直臣。在家国昏乱的情形下，坚持不做阿谀逢迎的事情，敢于在君主铁青着脸的时候，仍然当面指出君主的过失。

可以想象得出来，除了第六种直臣会令领导们略感或甚感不适之外，领导者若是有本事识别并提拔一批这样的部下，他们的日子将会是何等幸福快乐！当然，这种状态仅限于领导者只此一家、别无分店才行，譬如在最高领导是皇帝的地方。否则，想不出来有上述德行的人们，为何不自己去做领导？

坏部下也是六种，总称为“六邪”：

第一邪叫具臣。其表现是贪图禄位，不尽职责，随波逐流，左右逢源。

第二邪叫谀臣。君主所说的都叫好，君主所做的都说棒，私下窥测君主的喜好而进之，只要能让君主笑得合不上嘴，怎么着都行，不管后面有多少危害。

第三邪叫奸臣。内心险诈，表面谨小慎微，巧言令色，嫉贤妒能，想做的事情和推荐的人物就拼命说好的一面，隐藏坏的一面；不想做的事情或要打击的人物，就拼命说坏的一面，掩盖好的一面。使君主举措失当，赏罚不明，号令不行。

第四邪叫谗臣。智商高得足以掩饰坏事，口才好得完全能无理搅三分，内离间骨肉亲情，外扰乱朝廷规矩。

第五邪叫贼臣。专横霸道，揽权擅政，拉帮结派，舞弊营私，拉大旗作虎皮，打着君主的招牌，图谋自己的权势。

第六邪叫亡国之臣。用邪佞谄媚君主，陷君主于不义，欺上瞒下，蒙蔽英明的君主，使黑白混淆，善恶不分，是非不明，四处传播君主的恶，恨不得让外国人都知道，这叫亡国之臣。

李世民开创的贞观之治，有多少用人之明是得益于这些标准，我们不得而知。反正对后世没有太大的帮助则是可以肯定的。因为，翻翻史书就可以知道，在后来的一千多年里，这“六正”们的日子好像越来越难过，而那“六邪”们却如雨后春笋般层出不穷，沐浴着帝国温暖的阳光雨露，在祖国大地上生长得无比茂盛。

但是，不管怎样，通过李世民和魏徵们这种孜孜不倦的探讨，却也曲折地表现出了一种时代氛围，一种具有浓厚理想主义色彩的政治气氛，表明人们在很认真地、令人肃然起敬地寻找着一种诚实而正派的为政之道。他们能不能达到目的是一回事，有没有人做这样的追求是另一回事。在中国的漫长历史中，只有那些正直、富有教养、怀有崇高信念、具有特殊禀赋的人，才不论置身于何种政治环境里，都会做这种理想化的追求。他们的追求，常常与一个民族历史文化中最高贵、最令人尊敬的那一部分相联系。缺少这种追求的民族，肯定是一个蝇营狗苟的民族；摧残这种追求的社会，一定会沉沦成蟑螂、老鼠泛滥成灾的阴暗、下贱的国度。

历史仿佛在为李世民和魏徵君臣们的追求背书：仅仅过了四年，到贞观四年时，魏徵预言的景象就真的出现了——“中国既安，远人自服”。就在这一年，公元六三〇年即唐贞观四年，突厥崩溃，颉利可汗成为唐军俘虏，北部、西北部原来诸多归顺突厥的部族纷纷归附大唐，众多部族君长拥戴李世民为“天可汗”。四年时间里，从颉利可汗在渭水之滨逼迫李世民做屈辱的城下之盟，到今日他本人被押送到长安接受审判，事情似乎太过戏剧化了一些。

实事求是地说，这种结局的出现，与大唐是不是强大没有太大的关系，但是，如上所述，肯定与唐朝政治上出现的这种令人心仪的景象有关。在李世民极为开明的领导下，这个国家出现了朝野上下群贤毕至，同心协力治理和建设国家的气象，这种健康明朗的政治气氛，使这个战争创伤清晰可见的国家，充满了朝气蓬勃的向上力量。这是一方面的原因。

另一方面的因素可能同样不应忽视：曾经无比强大的突厥，遭遇了天灾与人祸的双重打击，内部四分五裂。在这种因缘际会之下，方才出现了上述戏剧化十足的结局。

中国以农业立国，在很大程度上是一个靠天吃饭的国家。按照天人合一、君权神授的说法，李世民通过玄武门之变成为天子，必定是没有得到上天的首肯。因此，从贞观元年开始，连续三年天灾不断，农业生产和国家财政受到的打击相当严重。

贞观元年，河南、河北、山东、山西地区大旱，关中地区却相反，由于阴雨连绵而造成饥荒。正常年景，一匹绢可以换至少十斗米，如今，只能换一斗米。为了度过青黄不接的早春时节，大量灾民开始卖儿卖女。李世民下令将皇宫御府中的金帛拿出来，赎买这些孩子，归还给他们的父母（《资治通鉴》卷一九二，唐纪八，太宗贞观二年三月）。

贞观二年，天下发生大面积蝗灾，关中地区不但蝗灾严重，还继去年雨水过多，变为春天大旱。就此，发生了那个著名的故事：李世民在田地里捉住几只蝗虫，诅咒说：“人以粮食为命，如今却都被你吃了，这是要害死百姓呀！百姓有过错，也都是我一个人的错，你要是有灵，就来吃我的心，不要坑害百姓。”说完，将抓在手里的一把蝗虫吞进口中。左右侍从急忙阻拦，担心皇帝

为此生病。李世民说：“我就是想把灾祸移到自己身上，哪里还能怕生病？”（事见《贞观政要》卷八，务农）

后世有人认为李世民是在“作秀”，这种看法可能过于刻薄并“现代”了些。当时人们普遍认为蝗虫乃百虫之王，所以才会写成“虫皇”，遭受蝗灾的人们不但不敢杀死它们，就连捕捉都不敢；通常的做法是焚香祷告，祈求它们飞到别处去祸害别人。直到今天，这种风俗在中国的某些地区仍然还有遗存。在这一点上，将李世民的做法说成“作秀”，似乎有些小人之心的意思。

当年三月，李世民下诏大赦天下，大意说：如果能够年谷丰登，天下安宁，请上天把灾祸移到自己身上，用以保佑国家，自己心甘情愿接受一切。据说，诏书刚刚发布，就下起雨来，“民大悦”。（《资治通鉴》卷一九二，唐纪八，太宗贞观二年三月）

贞观三年，天下又发生洪涝灾害。

就这样，从贞观元年开始，连年灾害，每年国家的财政收入根本就入不了国库，左手收上来，右手散出去，当年的收入勉强可以供给当年的支出，境况极为窘迫。

当时的观察家们注意到了一个现象：从李世民开始，中央政府大力提倡节俭，有证据显示，大唐首都长安的皇宫里，除了主殿之外，许多宫殿都是茅草屋顶；李世民继位后，陆续将皇宫中的宫女释放出去三千多人；李世民患有呼吸道方面的疾病，曾经有臣僚建议，为他在地势高、干燥一些的地方修建居住和办公的地方，被他拒绝。由此，导致贞观一朝朝野上下节俭成风。时人云：“隋氏纵欲而亡，太宗抑欲而昌。”由此，形成了极好的社会风气。

另一方面，除了在中央政府任用干部上大力推行“用人至公”之外，李世民亲自选拔地方官员，对官员的考核、奖惩、任免等抓得极严，对贪赃枉法者惩治严厉。因此，贞观四年，国家虽然并没有达到繁荣昌盛的程度，却已经出现了道不拾遗夜不闭户的景象，商贾走在路上可以放心地露宿野外。以往，每当连年发生自然灾害时，人们就会四出逃荒，形成动荡不安的局面。如今，这种景象大为缓解，民间表现出了少见的安定与秩序，人们似乎对政府很有信心。

终于，到贞观四年，李世民不但迎来了农业生产上的大丰收，还迎来了军事上、政治上的大丰收。

此时，突厥内部的情形与唐朝差不多刚好相反。

突厥分裂为东、西突厥两部后，到隋末唐初，已经称霸于东亚地区。其中，东突厥的三代可汗，给草创时期的唐朝形成了巨大压力。

颉利可汗的父亲是与隋朝关系极为亲密的启民可汗。当年，在突厥内部的争斗中，启民可汗穷途末路，隋朝中央政府给予他极大支持，将他安置在今天内蒙古呼和浩特附近的大利城，形成中央政府与东突厥之间的蜜月期。启民可汗去世后不久，他的儿子始毕可汗奋发图强，带领东突厥部众再次崛起。值此之际，隋炀帝杨广一错再错，不但导致中原地区天下大乱，还与自己一手扶植起来并亲密无间的东突厥王庭反目为仇。由此，始毕可汗迅速取代动乱中的隋朝，成为东亚地区新的霸主。

公元六一九年，即唐武德二年，始毕可汗去世，他的儿子年纪太小，由弟弟继位，是为处罗可汗。第二年，处罗可汗在接见唐朝使者时，极其可疑地死去，再由弟弟继位，就是我们很熟悉的颉利可汗。颉利可汗即位时，东突厥达到了最为强盛的顶峰时代。唐武德年间，他多次支持刘武周等人与唐抗衡，给李渊父子造成了不小的困扰，渭水之耻则是他直接给李世民的下马威。

从历史情况看，突厥和匈奴等纯粹的游牧民族一样，梦中家园是广阔无际的中亚细亚大草原，除了烧杀抢掠、敲诈勒索中原地区的财富之外，没有证据能够证明他们对于占有中原的土地感兴趣。到颉利可汗时，东、西突厥已经分裂数十年，可能和长期生活在东方、无法回到中亚细亚草原有关，这位颉利可汗大约第一次开始打入主中原的主意。

最初，给他出这个主意的人，很有可能是梁师都。梁师都曾经用鲜卑拓跋部落入主中原建立北魏帝国的故事怂恿过颉利可汗。当年，鲜卑人的祖先从西伯利亚与大兴安岭东麓迁徙过来时，拓跋部落生根繁衍之地，主要就分布在颉利可汗所在的地区。梁师都的主意能够打动颉利可汗，可能也与此有关。于是，渭水之耻前后，颉利可汗开始重用一个叫赵德言的汉人，授予他大权，让他帮助自己改革制度法令，可能是为了向北魏道武帝和孝文帝学习，为入主中原做准备。

史书记载说，突厥人本来是一个本性淳厚的民族，各种制度法令质朴简略而有效。这个赵德言当政后，花别人的钱不心疼，拿着鸡毛当令箭，制定了许多繁琐苛刻的政令，对突厥人的习俗进行了大刀阔斧的改革，搞得突厥人手足无措。用一句民族谚语形容：规矩多得连舌头都不知道应该放在哪儿了。突厥人怨声载道。这还不够。当时，颉利可汗身边有一批擅长做生意的西域粟特人，可汗又把日常行政事务委托给他们来处理，王族无形之中被冷落疏远，致使其内部开始酝酿着动荡不安。

游牧民族的主要财富是由牛羊马驼等牲畜构成的，这些牲畜既是他们的生产资料，也是他们的生活资料。当异乎寻常的天气导致牲畜大批死亡时，就意味着将以此为生的游牧民族推向了死亡的边缘。就在突厥王庭波诡云谲之际，上天在给唐朝降下连年灾荒的同时，也给塞外草原降下可怕的暴风雪。大雪深达数尺，几个月吃不到草的牛羊马驼大批死亡。

这时，只有这时，政治环境是否清明才会发生绝大效力。

李世民的开明政治，导致朝野上下齐心协力，共度时艰；而颉利可汗则在赵德言的辅佐下，以严刑峻法向属下的各个部落民众摊派勒索，横征暴敛。就此，众多部族开始离心离德。随着岁月的推移，不祥的阴云越积越重，从四面八方聚拢到了颉利可汗的头顶上空。

先是薛延陀和回纥部落的反抗。

突厥强盛时，除了突厥部族本部之外，还有数十个部族归顺，组成了一个由不同民族构成的复合国家。当时，在漠北居住着敕勒十五部族，又叫铁勒十五部，主要有薛延陀、回纥、仆固、同罗等部族。西突厥强盛时，这些部族西向依附于西突厥；东突厥崛起后，他们又南下依附于始毕可汗。如今，天灾人祸一起降临，颉利可汗出现了衰败的迹象，他们再次叛离而去，随后，多次重创颉利可汗派来讨伐的大军，并在西北方游牧民族的神山郁督军山下，建立了自己的王庭，地点在今日蒙古国杭爱山东北麓。

李世民知道后，立即派遣使者间道来到薛延陀王庭，册封其首领夷男为可汗，史称“夷男大喜，遣使入贡”。贞观三年八月，李世民将一把宝刀和一支宝鞭赐给夷男派来的使者，对他说：“今后，你的部下有大罪的斩之，小罪的鞭之。”从而，与薛延陀结成同盟，对颉利可汗形成了南北夹击的态势。

唐高祖李渊在位时，曾经派遣使者前往联络西突厥；如今，这位使者和西突厥可汗派出的使者一起来到长安，带来了西突厥可汗希望迎娶唐朝公主的重礼。由此，李世民着手准备在西部建立打击颉利可汗的同盟军。

在东方，李世民对突利可汗的长期拉拢，也在此时开始发挥作用。

突利可汗是始毕可汗的儿子，是颉利可汗的侄子，也是由颉利可汗扶植起来的小可汗，势力范围主要分布在辽东、辽西、河北北部等与今日内蒙古相邻的地区。突厥强盛时，这一地区的奚、契丹、霫等数十个部族都归附突利可汗，如今，这些部族纷纷前来归顺唐朝。颉利可汗很恼火，责怪突利可汗没有本事管住自己的下属。等到薛延陀、回纥等部独立后，颉利可汗派遣突利可汗前去讨伐，结果大败而归。颉利可汗一怒之下，把突利可汗捆起来鞭打了十几天。

突利可汗很早就和李世民结拜为兄弟。当时，李世民是为了拍马屁，笼络突厥，防止他们南下。后来，突厥铁骑多次南下时，李世民可能都是通过这层关系和大量财宝，达到了不战而使突厥骑兵退兵的目的。当年，不停地给自己拍马屁的兄弟，如今已经成为大唐天子，被捆打了十几天的突利可汗，回到自己的驻地后，就开始考虑是不是投奔这位天子兄弟。此后，颉利可汗数次向他征兵，他都顶住不给，并派人前去联络李世民，准备入朝，彻底背离颉利可汗。到贞观二年，两位可汗公开反目，颉利可汗准备攻打突利可汗，突利可汗则派人向李世民求援。

李世民征求大臣们的意见："突利可汗是我的兄弟，不能眼看着不救；而和颉利可汗又刚刚订下盟约，怎么办？"当时，很多人，包括杜如晦等重臣都认为，如今正是趁他们内乱打击之的最好时机。李世民考虑再三，可能和国力太弱并连年饥荒有关，最后还是决定不出兵，但却加紧了对梁师都步步进逼和分化瓦解工作，并在这一年，将隋末四十八处烟尘中，坚持时间最久的梁师都最后灭掉。

就这样，到贞观三年八月，李世民在国内休养生息的同时，在北、东、西三面远交近攻，大致完成了对颉利可汗的战略包抄，遂开始部署大举北征。

十一月二十三日，李世民下令分五路大军进击突厥：

任命李靖为定襄道行军总管，从定襄即今日山西平鲁西北地区出发，直捣突厥王庭；

任命华州刺史柴绍为金河道行军总管，从金河即今天内蒙古清水河出发进击；

任命任城王李道宗为灵州道行军总管，从灵州即今天宁夏灵武地区出发进击；

任命灵州大都督薛万彻为畅武道行军总管，从营州即今天辽宁朝阳地区出发；

任命并州都督李世勣为通漠道行军总管，从云中即今日山西大同地区出发。

五路大军共十余万兵马，全部接受李靖的指挥。

贞观四年正月，李靖率领三千精骑，从马邑即今日山西朔州出发，突如其来地杀到了今天内蒙古和林格尔南边的恶阳岭。此举大出颉利可汗之意料，他认为，如果不是倾全国之兵而来，李靖断然不敢如此孤军深入。由此，一日数惊。李靖的情报工作做得极为出色，他清楚掌握了突厥王庭的状况，一面派人策反颉利可汗的部下，一面连夜突袭突厥王庭所在地大利城，并一举拔之。隋炀帝杨广的妻子萧皇后和被突厥可汗立为隋王的杨政道，都在此役中被俘，并被送往长安。

颉利可汗仅带很少随从逃离战场，准备收拢兵马据守碛口，其地在今天内蒙古乌拉特中旗东部。李世勣从大同出发，跟在颉利可汗后面一直追到武川附近的白道，迫使颉利可汗只能退守阴山一线的铁山。

到达铁山后，颉利可汗陆续收拢了数万兵马。他似乎已经失去斗志，遂派遣那位很好玩儿的执失思力再次到长安去，向李世民谢罪，并请求举国内附，自己也将亲来长安。

李世民派遣专门负责外交工作的鸿胪卿唐俭，前往颉利可汗驻地予以安抚，同时，命李靖率领部队迎接可汗。

李靖和李世勣两军在白道会师，二人认为：“颉利可汗虽然吃了败仗，兵马却还很多，如果越过大漠，会合了原来的部众，道路艰险且遥远，再要追他就太难了。眼下，皇帝的使者在他那儿，他必定会放松警惕，若选精骑万人，带足够二十天吃的口粮，奇袭之，必可不战而擒。”二人商量后，把这个想法和副将张公谨说了。张公谨说：“皇帝的诏书已经同意颉利可汗投降，使者也在他那儿，怎么可以再去打他？”李靖说：“这是难得的兵机，机不可失，时不再来。当年韩信就是这么灭掉齐国的。一个使者有什么可惜的？”遂带兵连夜出发，李世勣则率部前去截断颉利可汗的后路。

二月初八日，李靖率军来到阴山脚下，遇到一千多顶突厥人的帐篷，李靖将他们抓起来跟着自己一起行军。当时，颉利可汗已经见到了李世民的使者唐俭，非常高兴，也确实放松了警惕。李靖遂趁着大雾，一直逼近到距离颉利可汗营帐只有几百米的地方，才被哨兵发现。这一仗，颉利可汗的力量被彻底摧毁，其所有退路几乎都被堵死。最后，被他的一个部下抓住，送给唐军，并押解到了长安。

有人向李世民报告说：“过去几年，不断有中原地区的官员，私下与萧皇后和杨政道联系，请皇帝追查这种人。”李世民表现得很大度，说：“过去，天下没有安定下来，突厥又那么强大，无知的人们想留条后路，也可以理解。现在天下已定，过去的事情就算了，何必没完没了。”遂置之不问。

颉利可汗来到长安后，李世民数落他说：“你倚仗父兄打下来的基业，放纵自己自取灭亡，罪一也；多次和我订立盟约又毁约，罪二也；仗着强大，成为好战分子，暴骨荒野，罪三也；蹂躏我的庄稼掠夺我的人民，罪四也；我原谅了你的所有罪过，保留你的社稷，你还犹犹豫豫不赶快来，罪五也。但是，自从在渭水便桥上你我二人结盟以后，你就没有再大举骚扰我，就为这一条，我原谅你。”据说，当时颉利可汗哭得稀里哗啦的。

后来，李世民花重金把这位可汗养了起来。这位昔日草原上的雄鹰，如今被关进金丝编成的鸟笼子里，虽然活得富贵安逸，却了无生趣。据说，这位可汗经常失声痛哭，人也日见憔悴。李世民曾经想把他安置到一个水草丰美的地方，那里有成群的野鹿，可以让他在奔腾驰骋的狩猎中找回一些当年的感觉。不知为什么，可汗谢绝了李世民的好意。三年后，于郁郁寡欢中在长安去世。

太上皇李渊听到突厥可汗被俘的消息后，赞叹说：“当年汉高祖刘邦被匈奴骑兵包围在白登，一直没能雪耻；如今我儿子一举灭突厥，我托付的人，还有什么可忧虑的？”然后，在凌烟阁举办盛大宴会，许多亲王、公主、妃嫔、重臣参加了这个宴会。大家喝着酒，李渊兴致极高，亲自弹起了琵琶，李世民则在琵琶声中跳起舞来，大家唱的唱，舞的舞，祝寿的祝寿，敬酒的敬酒，尽欢而散。

随着唐军捷报频传，中国东北、北部、西北、西部、西南、南部地区众多部族酋长与邦国君主，纷纷亲自或者派遣使者络绎不绝地来到长安。他们眼中的中原人，服饰装扮很是奇特诡异；中原人们眼中的他们，同样奇特诡异。于是，大学者颜师古建议皇帝，请把他们画下来，以便传给后代。李世民欣然同意，留下了一幅《王会图》，可能是由阎立本牵头画的。

不久，“四夷君长”们来到皇宫门前请愿，上书给李世民，请求他上尊号为“天可汗”。李世民乐不可支，说：“我已经是大唐天子，又下行可汗事乎？”据说，当时在场的大臣和四夷君长们一起欢呼万岁。从此以后，凡是皇帝发给西北君长们的信件，皆称“天可汗”。

这一年，是公元六三〇年，即大唐贞观四年。

就在这一年，西域高昌国国王麹文泰来到长安。这位国王曾经在隋炀帝大业年间到过长安，如今，一路走来，他大为感慨。原因是，到了贞观四年，从秦陇地区一路行来，乡村城镇还是一片萧条，远非隋时那么繁荣兴旺。

李世民虽然被尊为天可汗，他的国家却还是满目疮痍。在贞观之治的道路上，他任重而道远。

010

贞观年间

贞观年间留下的一份政治遗产，大约是对法制建设的追求。

据说，隋文帝杨坚主持修订的《开皇律》，是对中国后世一千多年间影响最大的一部法律。由于战乱流离，《开皇律》现在只剩下了有限的残卷，已经无法知道它完整的原始风貌。唐高祖李渊的武德年间，以《开皇律》为样本，经过增减损益，制定了《武德律》。李世民即位后，又在《武德律》的基础上删削修正，成为《贞观律》。著名的《唐律》其实基本就是《贞观律》的修订版。

《唐律》是中国历史上保留至今的一部重要法典，不仅通行于唐代，对后世也有深远影响。在后来宋、元、明、清的法律中，都可以看出它的影子，在国界以外的朝鲜、日本、琉球、越南古代法律体系中，也可以清晰地看出它的影响。在世界法律中，称得上是独树一帜的法系。

中国古代没有宪法。“溥天之下，莫非王土；率土之滨，莫非王臣”这句话，其实就是中国的根本大法。由此，注定了国家是皇家的天下，臣民是皇家的奴仆。嬴秦、刘汉、杨隋、李唐、赵宋、朱明等称谓就是这么来的。在这个最高层面上，也就注定了这个国家只能是人治国家，这个国家的法律只能是帮助皇家治理人民的法律，致使中国的法律时常随着皇家及各级官吏、权贵们的意志转移。掌握权力的人们精明强干并愿意尊重一下法律时，法律就会效力非常；反之，便时常形同虚设。自古至今，中国人特注重人脉关系，对法律怀有敬意者少，这是重要的原因。

李世民的个人素质及其对法律的相对尊重，同样为贞观之治增加了异样的光彩。

与以前的法律条文比较起来，《唐律》显得宽简了许多。众多死刑条款改成流放，众多流放改成徒刑。有一次，李世民闲来观看一幅《孔穴图》，大概就是人体器官和经络、穴位图之类。他突然发现，人的五脏分布在胸、腹腔内，最后竟然全都附着在后背上。他恍然大悟，这才明白为什么执行鞭背之刑——就是用鞭子抽打人的后背时，时常会把人打死。他连连叹气：“那鞭刑是五刑里最轻的一种，哪里有用最轻的刑罚把人打死的道理？古代帝王不明白这一点，真够可悲的。”遂下令，今后不许再打犯人的后背（《唐会要》卷四十，君上慎恤）。李世民大约无论如何也不会想到，到了不肖子孙的明、清时代，随着帝王政治的登峰造极，刑罚技术也发展成了炉火纯青的艺术，不要说打后背，就是打屁股，也已经有本事在几下子之内夺去人命。这是后话，姑且打住。

李世民很明白：“法者，非朕一人之法，乃天下之法。”因此，每当涉及“天下之法”时，他常常会很自觉地维护法律的尊严。

贞观初年，登极之初的李世民大开选举之门，希望选拔人才，帮助自己治理国家。当时，有不少人伪造资历、学历，意图混个一官半职。情形大约就如今日泛滥的假文凭一样。为此，李世民下令给这类人一个机会，他们可以自首，否则，被查出来的就要处死。恰巧这时一个倒霉蛋儿被揭发出来。司法负责人戴胄根据法律，将这个人判处流刑。

李世民很不高兴，叱责戴胄说："我已经下达了命令，不自首者处死。你却只判了一个流刑，在天下人面前置我的命令和威信于何地？难道你是想卖狱吗？"这是很凌厉的质问。卖狱这个专业术语和今天很流行的术语"捞人"是一个意思，就是今天极常见的花钱买通司法人员，重罪轻判，甚至把罪犯从监狱里捞出去。

戴胄回答："皇帝您要是当场把他杀死，那我也没有办法；既然把他交给了司法部门，我就只能按照法律来断案。"

李世民再次质问："你倒是守法了，难道就让我失信于天下吗？"

戴胄说："法律，是国家向天下颁布的大信；语言是在一定喜怒哀乐之下说的话。皇帝您为了一时的激愤命令杀人，现在，既然已经知道不能这么做而按照法律执行，是忍小忿而存大信。如果只是为了自己的愤怒而放弃法律这个大信，我很为您可惜。"

李世民想了想，对戴胄说："法律上有了缺失，您能弥补，我可以放心了。"（《旧唐书》卷七十，戴胄传）

另外一个事例大同小异：

有一次，监察官员控告一个县长盗用官粮。李世民最恨这种事，大怒之下，下令立即斩首。有一个大臣阻拦说："按照法律，不至于处死。"李世民坚持说："国库的粮食事关重大，这次不杀，下次再犯的人就会更多。"魏徵说："皇帝设置了法律，意思就是要和天下共同遵守。现在，法外治罪，人们自然就会法外畏罪。而且，今后要是有更严重的情事的话，该怎么办？"

话题一旦提到了"与天下共之"的高度，李世民立即收回成命，同意按照法律处置。

李世民曾经干过一件极好玩儿的事情，在中国历史上是仅此一件，在世界历史上大约也是绝无仅有。这种事情，如果不是具有大心胸、大气魄，应该是断然不会去做，也做不出来的，遂成为千古佳话。

贞观六年，就是公元六三二年年底，大年三十前夕，李世民去了一趟国家监狱。当时，全国在押的死刑犯有三百九十人左右。按照帝国的规矩，一般死刑犯是在每年秋天复审后执行处决，叫作“秋决”。

李世民站在监狱昏暗的牢房里，看着那些没有了生命希望的囚犯们，不知都想了些什么。或许皇帝动了恻隐之心，想到了这三百九十个家庭的父母、老小、妻子儿女？或者皇帝是想对自己的国家治理、司法公正做一个测试？总之，李世民下了一道令所有人都大惊失色的命令：把所有这些家伙——全部三百九十个死刑犯放回家去，让他们和家人再在一起过个春节。皇帝和他们约定，请这帮罪犯第二年秋天自己回来服刑。

第二年秋天，约定的时间到了。这帮坏家伙居然一个不少地按时回到监狱。李世民极为高兴，动用了皇帝的特权，把他们全部特赦出狱。这件事情，充满了令人惊心动魄的宏大想象空间。而不管从哪个角度考虑，都足以令人叹为观止。至少一点：如果这里面存在着司法不公正，就断然不会出现这种结果！

李世民做过的另外一件事情也挺有意思。

我们知道，李世民是靠战场上一刀一枪拼杀出来的，他能够登上皇位，靠的是一大批生死与共的战友与支持者。对于登上高位的人们来说，这种人其实是最难安排也最难管理的。

党仁弘就是这么一位。

当时，党仁弘担任广州都督，仗着自己是太原起兵时代的老功臣，在广州勾结当地有钱的地头蛇，收受贿赂，敲诈在此地经商的外国客商。这是重罪，按照法律该判处死刑。

李世民晚年很恋旧，再加上这党仁弘当时年岁不小，已是满头白发。李世民实在不愿意看到自己的老部下“白首就死”，于是，就想了一个辙。他将所有五品以上的高级干部召集起来，宣布说：“法律，是上天授予君主的，绝不可以因为私情而废弃。今天，我对党仁弘有私情，想要赦免他。这是违法乱纪，是违背上天意志的。因此，我要在南郊睡在草席上，每天只吃一顿蔬菜，向上天谢罪三日，以便求得原谅。”

他很动感情地继续说：“在这件事情上，自己有三罪：其一，知人不明；其二，以私乱法；其三，好人好事没有受到奖励，坏人坏事没有受到惩处。”

皇帝要用这种方式自罚，弄得大家很慌张，人们也觉得有些不成体统。于是，一拥而上，苦劝皇帝千万不要这么做，并且纷纷表示决心，绝不再惹是生非，惹皇帝生气。就这样，党仁弘算是捡回一条老命，李世民也起到了警示诸位自觉自爱的作用。后来，李世民的老部下再有犯事的，虽然在处置中时常会有皇帝的感情或多或少起一些作用，不过大体都按照法律规定受到了惩处。

李世民的外甥、大姐长广公主的儿子赵节，属于没有这么幸运的人们中的一个。

贞观年间，李世民的皇亲国戚中，从他的叔叔辈，到兄弟堂兄弟辈，再到子侄辈，都有人因为欺凌百姓、贪赃枉法等等事情被处死、判刑、撤销职务、开除公职等等。

太子承乾被废事件，可能是贞观年间最大的一次政治风波。当时，李世民大姐长广公主的这个儿子身居高位，也身陷其中，按照法律要被判处死刑。

长广公主的丈夫是当时的宰相、中书令杨师道。他奉命与长孙无忌等人共同审理这桩大案。杨师道私下里很隐晦地试图为公主的儿子求情、开脱。李世民知道后，立即下令罢免了杨师道的宰相职务，并不允许他参与此案的审理工作。

长广公主看丈夫救不了自己的儿子，便亲自出面来找李世民。她在弟弟面前“以首击地，泣谢子罪”——一边磕头一边大哭着为儿子请罪求情。

李世民也跪在姐姐面前，哭着对大姐说：“奖励功劳时不漏掉仇人，惩罚罪犯时不开脱亲友，这是天下至公至道的基本道理呵，我真是不敢违背。只好对不起姐姐了。”（《资治通鉴》卷一九七，唐纪十三，唐太宗贞观十七年四月）

在中国，只有皇帝做榜样，力量才会无穷。这大约是贞观年间吏治和社会风气都不错的重要原因。贞观之治，不是浪得虚名！

从公元六一一年即隋炀帝大业七年征伐高丽开始，到公元六二七年即唐太宗李世民贞观元年，经过十余年战乱攻伐，中国社会遭遇了极为惨烈的破坏。

大业五年前后，全国户口约为九百万户，人口总数可能达到了四千五百万到五千万左右。到贞观年间，全国户口降到了不到三百万户（《册府元龟》卷四八六，邦计部 户籍），人口满打满算只有一千多万。“自伊、洛之东，暨乎海、岱，萑莽巨泽，茫茫千里，人烟断绝，鸡犬不闻，道路萧条，进退艰阻。”（《贞观政要》卷二，纳谏）想想看，从河南向东，一直到山东沿海地区，荒草杂树生长得无比茂盛，千里沃野变成了没有人烟、毒蛇猛兽出没其间的荒野大泽。遥想当年，那鬼蜮般的世界，真令人不寒而栗。

李世民登基后，国内仍然是“霜旱为灾，粟价腾起，突厥侵抄，州县骚然”（《册府元龟》卷十八，帝王部 帝德）。贞观二年，帝国首都所在的关中地区继前一年遭遇水灾之后，又遭遇大旱与蝗灾，人民卖儿鬻女以度荒年。李世民很沉痛地对臣子们说：“水旱不调都是因为皇帝失德造成的，我的德行不修，上天应该惩罚我，百姓有什么罪过，却要遭受这样的痛苦！”他派遣重臣，携带皇家府库里的金银珠宝，到各地去赎买那些被卖掉的孩子们，还给他们的父母（《贞观政要》卷六，仁恻）。

李世民当上皇帝以后，民间仍然有许多人聚集起来，通过暴力来维护自己的生存权益，这种人习惯上被文人与官府称为“盗贼”。有人认为，治乱世当用重典；建议李世民从严从重打击之。李世民很不以为然，带着嘲讽和不屑的语气说：“老百姓之所以做强盗，是因为被剥夺得太厉害、官吏们太贪婪，令他们饥寒交迫活不下去了，才会不顾一切的。只有从我皇帝做起，裁减奢华，节俭开支，轻徭薄赋，再选用优秀的官员，使百姓衣食有余，不愁温饱，他们自然就不会违法乱纪了。哪里可以滥用重法呢？”（《资治通鉴》卷一九二，唐纪八，高祖武德九年十一月）实事求是地说，在中国历史上，能够如此明白事理的统治者，实在是凤毛麟角，少之又少。

李世民采取的措施明快有力。

唐朝草创之初，李渊为了加强皇室的力量以震慑天下，曾经将他的很多堂兄堂弟及他们的子孙封为亲王，哪怕是拖着鼻涕满地乱跑的低幼顽童。这几十位尊贵的王爷，既享受着崇高的待遇，又需要耗费大量国家钱财供养他们。

李世民很从容地征求大家的意见：“遍封皇室宗亲，对治理国家很有利吗？”

封德彝回答说：“以前，只有皇帝的兄弟和儿子才封王，其他皇族成员如果不是有大功劳是不能封王的。太上皇为了敦睦九族，大封宗室诸王，从两汉至今，还从没有过这么多人被封王。他们地位崇高，又要用大量人力物力供养，恐怕很难让人们相信这是一种天下为公的表现。”

李世民说：“是啊，我是天子，职责是抚育天下苍生，怎么可以劳动百姓供养自己的宗族呢？”遂下令，把皇族宗室郡王降格为县公，只保留了那些确实立过功劳的人们（以上事见《资治通鉴》卷一九二，唐纪八，高祖武德九年十一月）。

这一手很厉害。因为，这些被撤去郡王爵位的倒霉蛋儿们，基本上是凭借血缘和裙带关系捞到的高位，无德无才无功劳。没有功劳也就自然很难有威望，他们差不多是一帮令人厌恶的寄生虫。李世民拿这些皇亲国戚们开刀，既向天下显示了自己至公的胸怀，又没有得罪那些立下功劳从而享有威望的皇族成员，在某种意义上甚至可能还会令他们感觉很愉快。显然，这是一个很高明也很刁钻的政治设计。

精简中央和地方行政机构，淘汰冗官冗员，既可以节省财政开支，提高行政效率，又可以避免过多的官吏无事生非、鱼肉百姓，是一个很得人心的举动。很多年以前，隋文帝杨坚为了改变“十羊九牧”的局面，曾经将中央和地方政府机构做了大幅度的合并裁减，效果极为明显，成为促进隋朝社会经济发展的一项德政，受到相当广泛的赞誉。贞观元年，李世民即位不久，就开始精简各级行政机构和裁汰冗官冗员。他看得非常明白：“治理国家的根本，在于审慎地发现和使用人，如果得到称职的人才，虽然少也足够用了；不称职的人再多又有什么用呢？”遂下令，将中央机构中的内官编制，由两千五百八十一人一下子压缩到了六百四十人。李世民很高兴，说：“足够了！我要用这些位子来安置天下贤才。”（《新唐书》卷四十六，百官志）

隋文帝杨坚大力裁减地方政府机构，将州、郡、县三级制，裁并为州、县二级，形成了极高的行政效率。隋炀帝天下大乱后，割据势力山头林立，每个人都需要堂皇的名目，用来安慰心灵，获取利益。原有的行政格局七零八落。李渊在太原起兵后，需要同时诱惑、收买和笼络两类人——隋朝各级各地官员和各种割据势力。为此，曾经大肆封官许愿，用打白条子的方式随意分割地域，设置州县，用来换取这帮家伙的效忠。结果，到唐朝初年，全国州县及其官吏数量猛增到了隋朝的一倍以上。

显然，这种情形在造成此种景象的唐高祖李渊手下不大容易改变，一直延续到了贞观初年。李世民做了皇帝后，深感“民少吏多，思革其弊”。有道是“一朝天子一朝臣”，对那些已经是姥姥不疼舅舅不爱的角色们，他索性大刀阔斧地痛下杀手，按照当年隋文帝的模式，将那些权宜设置出来的州县统统裁并到了一起。可以想见，此举除了极大减轻人民负担外，好处实在是太多太多了。

李世民认为，治理好天下的根本在于得到优秀的人才——“致安之本，惟在得人”。在一个经典的人治社会，在没有制度、法治保障的前提下，和没有空气人就会死一样，这可以被看成是绝对真理。因此，自然而然也就成了当时社会国家治理的最高境界。当最高统治者既有足够威望又有足够心胸、眼光、能力来识别、选拔、使用人才时，他们的确能够在一个时间段里把国家治理得很好，甚至让人以为真的到了太平盛世。

无奈，一切都没有坚强的制度保证，一切都是以人为转移的。因此，什么样的人上台就有什么样的政治局面，从中央到地方，甚至一个县一个乡镇都是如此，人在政存、人亡政息成了国家与民族政治生活中无法医治的痼疾。情形远远比一朝天子一朝臣要可怕不知多少倍。随着岁月的推移，我们将会看到，大唐盛世是如何在唐明皇李隆基手中降临，又是如何在这位皇帝手中被彻底葬送的。那才真是一个现世现报的经典例证。

但是，不管怎么样，此时此刻的李世民，恰好就是这样一位中国历史上独一无二的政治领袖，他的威望、心胸、眼光、政治军事才干全部超一流。在这些方面，把中国有史可考的所有政治人物统统放在一起，可能都没有人比他更出色。中国历史上受到最高推崇与特殊艳羡的贞观之治，只能出自他的手笔，原因大约端在于此。

在李世民执政的二十三年间，曾经无数次谈到选拔人才问题。除了君臣之间切磋研讨、各种文件中附带提到之外，皇帝为选拔、使用贤能之士而专门发布的诏书文告，就有五次。因此，今天的论者们，在打量了一千多年之后终于看明白了，于是发表评论说：所谓贞观之治，其实就是李世民这个人从用人到实现天下大治的过程。

信哉斯言！

在未来的岁月里，我们对此将会看得越来越清晰。

“才行俱兼”是魏徵为李世民所制定的选拔人才标准，为李世民所欣然接受。当时，君臣二人为官员的选拔伤神，讨论得相当深入。李世民觉得：“君主必须为各个官职配备合适的人选，万不可匆忙草率地用人。”魏徵认为：“天下大乱时只要有才就可以用，顾不上考究其品行；太平之时，必须才行俱兼，始可任用。”（《贞观政要》卷三，择官）从此，“才行俱兼”就成了李世民长期坚持的基本用人原则。

细细想来，真是令人黯然神伤——

当年，曹操身处不知会有几人称王、几人称霸的乱世，曾经提出用人唯才是举，可以不必考究德行。除此之外，任何一个大一统帝国时代的用人标准，大体都会口径不同、程度不同地在“才行俱兼”上打转。

不管怎样，李世民在他的执政生涯中，始终坚持着以“才行俱兼”的标准识别、选拔、使用干部，这方面的故事极多，如前面已经谈到的马周、李百药等等。致使贞观时代人才辈出，众多人成为中国历史文化浩瀚苍穹中璀璨耀眼的星座。翻一翻中国历史我们就会知道，这不是等闲可以做到的。在没有制度保障的情况下，要实现这一点，不但需要政治领袖出于“道心”而不是“私心”，还需要他们具有宽宏阔大的胸怀、长远深邃的眼光和出乎其类拔乎其萃的才干才行。中国数千年历史告诉我们，这是一个太难达到太难达到的标准了。李世民之前，没有人能够做到这一点；李世民之后，仍然没有人能够做到这一点。生活在一千四百年前的唐人和唐朝政治真的很幸运，为中国历史贡献出了一个李世民：致使那么多的人才脱颖而出，没有像蚂蚁一样地被碾死；那么多的忠贞正直之士没有被割断喉管后干掉，而是成了中国历史文化名人。为此，我们的确应该向李世民、向一千多年前的贞观之治致敬！

贞观之治的基础就在这里！大唐盛世的基地就在于此！这是中国人、中国政治、中国历史的不幸，却也真是贞观时代的幸运，大唐王朝的幸运！

对于人性，李世民想必有着透彻的了解。从他的阅历和地位中，他必定清楚地知道：在世间万物里，人心其实是第一靠不住的。因此，贞观元年，几乎在精简机构裁汰人员、合并行政建置的同时，李世民就因应山川形势，把全国划分为十个道，设置监察区，并在当年四月雷厉风行地派出监察人员分赴各地，其职责就是考察地方官员的善恶，并根据他们的施政能力与业绩决定其前程。

一个大政治家和一般政客的区别常常表现在：前者对于人性世事具有精确的洞察能力，并经常以迅速果断的行动引导时势、防患于未然；后者则只能在人情世事的推动下走一步算一步，甚至更加等而下之。譬如棋局：高明的棋手可能能够看出五六步之后的局面，从而，引领着局势的发展；庸手们若能够把眼前这一步对付好就谢天谢地了，哪里顾得上下一步甚至再下一步？

为此，李世民和他的同志们制定了相当完善的干部考察制度。这个制度承袭了隋文帝杨坚和隋炀帝杨广的某些做法，但是更加精准和实用，因应了政治和社会的发展，可能是世界上、人类历史中最早、最完善的官吏绩效考核制度。假如我们了解，这一切不是在模仿或学习别人，我们就会知道它有多么了不起。

简单讲，这个制度可以归纳为“四善”“二十七最”。

所谓“四善”指的是：

其一，曰：德义有闻。指的大概是——这个人的为人处世，高尚、恰如其分，而且已经形成口碑。

其二，曰：清慎明著。意思是说——此人为官清廉、慎重，而且优良的表现为众人所知。

其三，曰：公平可称。指的是这个官儿做事公平，经得起时间和历史的检验。

其四，曰：恪勤匪懈。意思很明白，就是兢兢业业任劳任怨，绝不有一丝一毫的懈怠。

所谓“二十七最”，大体上指的是二十七个政府职能部门官员业绩的考核。其做法，可能就是用“四善”来评价这些政府机构和部门官员们的工作表现，根据“善”“最”，将官员们的业绩考核分成九个等级：上上、上中、上下；中上、中中、中下；下上、下中、下下。

能够达到“四善一最”的，称为“上上”，是业绩考核中的最高一个等级；

“善最不闻”者，指的是那种用“四善”标准衡量，在本机构、本部门、本行业中都不出色的干部，业绩考核评语是为中下；

下下者指的是那些“居官谄诈，贪浊有状”者，意思大约指的就是官场中极为常见的那些拍马屁、没有实话、胡编乱造，工作没有实际业绩，贪赃枉法、巨额财产来源不明的官员。

当然，照古代汉语的语法，有个字放在最后，然而却最重要，就是那个“状”字。“有状”的意思就是贪赃枉法有证据，被人抓住了把柄的意思。直到今天，在中国官场、商场、名利场，这都是最要命的一件事情。在这种情形下——但凡被人抓住了把柄，不被干掉已属幸运，丢官去职应该属于相对来说比较正常的处置或结局。

当然——再说一次当然——有权威者为您保驾护航是另一回事。在中国数千年历史上，这种情形动不动就会出现，于今尤烈，已经大体上被看成见惯不怪的正常现象。其实，只要放宽一点儿视野，我们就会知道，在人类历史上，这种情形一点儿都不正常，属于绝对不正常的非常态事件，常常会积累并成为引发重大动荡的导火索性事件；至少在中国历史上，此种情形几乎百发百中。这既是一个极其好玩儿的话题，也是一个说来极长的话题，过去我们不停在说，今后也会说，现在，我们姑且打住。

不管怎么说，与将近一千四百年前李世民时代的官吏绩效考核标准相比，今日官场、公司、大学与科研机构的绩效考核标准又如何呢？

因此，史书中在谈到贞观之治时，才会用下面这样的语言进行描述：

“官吏多自清谨。王公妃主之家，大姓豪猾之伍，皆畏威屏迹，无敢侵欺细人。商旅野次，无复盗贼，囹圄常空。马牛布野，外户不闭。又频致丰稔，斗米三四钱。行旅自京师至于岭表，自山东至于沧海，皆不赍粮，取给于路。入山东村落，行客经过者，必厚加供待，或发时有赠遗。此皆古昔未有也。”（《贞观政要》卷一，政体）

上述这段话，要是用今天的语言和概念描述，可就太令人神往了：

——绝大多数官吏们都很自觉地清廉谨慎。

——有权、有势、有钱、有地位的人家，包括所有皇亲国戚、各级各类干部及其家人、家庭和各种各样暴发户、地头蛇们，都很畏惧官府的权威，老老实实地收敛自己的作为，不敢违法乱纪，不敢随便欺负人。

——商人和旅行者行走甚至露宿在荒郊野外，不用担心强盗小偷，因此，各个监狱里经常都是空的。

——田野上遍布着牛羊马匹，人们根本就不关院子的大门。

——在这种情况下，偏偏农业上又连连大丰收，一斗米，也就是十斤大米才卖三五块钱，相当于今天三五毛钱一斤大米。

——从长安旅行到南岭也就是广东一带、从山西走到东海之滨，根本就不用带吃的，走在路上随时都会有人给你提供吃的。

——到了山西、河北、河南、山东地区，你行路经过那些村庄时，一定会受到热情丰厚的款待，临走时，可能还会收到人们送给你的各种礼品。

——这种种景象，全都是自古以来从来就没有见过的！

这种种景象，贞观之治以前没有见过，自大唐盛世之后亦是绝响。事实上，除了西汉时期的文景之治，没有什么其他朝代可以在贞观之治面前自称什么“之治”或者“盛世”！那些敢于如此自吹自擂的，除了当政者骄狂弱智、没有自知之明之外，基本可以看作是马屁文人与一类全不自爱的文艺工作者的不要脸。一个并非没有理由的推测是：随着岁月的推移，不管在日常生活中感受到多少苦闷，此类人物和情形，都可能会越来越多地出现在我们面前的荧屏之上和现实生活之中。

有一次，李世民和侍臣们聊天，他问道：“古代帝王有的能够平定境内，却不能令周边的少数民族归附。我的才能比不上古人，成功却比他们大，这是什么缘故？”当时，侍臣们争先恐后地赞扬皇帝的伟大、光荣与正确，一片臭烘烘的马屁声。

李世民说：

“你们说得不对。我之所以成功，有五个原因：

其一，古代帝王往往妒忌有才能的人，我见到别人的才能，就好像是自己的才能一样；

其二，一个人有长有短，我总是能发挥人们的长处，避免他的短处；

其三，过去的帝王们对于自己喜欢的人恨不得抱在怀里，对于自己不喜欢的人，恨不得一脚踹进沟里，我敬重贤良之士，也能够原谅人们犯错误，使人们得到适当的待遇；

其四，帝王常常会憎恶正直的人，明着杀暗着杀，朝朝代代史不绝书，我即位以来，褒奖正直，从来没有贬黜过一位正直之士，更不要说杀戮；

其五，自古以来都是贵中华，贱夷狄，我从来没有这种偏见，对所有民族一视同仁，平等相待，因此，才会有那么多周边少数民族前来依附。

我之所以能够取得成功，就是因为实行了这五项基本原则。”（《资治通鉴》卷一九八，唐纪十四，唐太宗贞观二十一年五月）

仔细翻检大唐贞观年间前后的历史，实事求是地说，李世民没有自吹自擂，在二十三年的皇帝生涯中，他大体做到了上述五条。做得很用心，很仔细，也很到位，绝非仅仅停留在口头上。

就和看上去一目了然一样，这五项基本原则特别简单，完全没有任何深奥难懂、故弄玄虚，譬如紫微太极天道天命之类。前四项基本原则说的全部与人才、人事有关，可以看成是李世民的“人才宣言”，最后一条则是他的民族观与民族政策宣言。

翻翻中国历史，我们会很容易知道，除了那些坏蛋坯子、人渣皇帝之外，几乎所有帝王和政治人物基本上都会做这样的宣示，他们的众多宣言也常常比李世民要冠冕堂皇得多，要漂亮得多。但能够像说的一样去做，且真正做到位的，确是绝无仅有。原因不是他们不想，而常常是不会，或者不能。因为，要想做到这一点，的确不完全是政治人物的品性问题，除了他们的品质之外，还真的需要他们具有大心胸、大眼光，需要他们具有大才干、大智慧。古今中外政治历史上的所有大手笔，都不是随便什么人想做就能做到的。

中国历史上，有爱美人图的皇帝，有爱春宫图的皇帝，有爱山水风光画的皇帝，有爱花鸟鱼虫的皇帝，有对着自己的画像自恋的皇帝。当国家安享太平，人民能够吃饱饭时，几乎所有帝王或政治人物都会认为这是“朕”“寡人”在上天保佑下，天纵英明的结果，是自家伟大、光荣、正确的结果。上下几千年，似乎只有一个李世民，从来没有杀过功臣；从来没有把任何一位正直坦诚之士折磨得生不如死；在数不胜数的政治人物里，似乎也只有他一位，把自己的二十四位同志、战友和部下绘制成图画，悬挂在凌烟阁里，给予了崇高的推崇与地位。并且不止一次相当真诚地宣告天下说：“天下大治，是你们的功劳！”“多亏有了大家的努力，才会有国家的今天！”翻检史书，这样的谈话和表示不止三五次（事见《贞观政要》卷十，慎终；《资治通鉴》卷一九四，唐纪十，贞观六年七月等）。

不必考究古代，只要想想我们眼前，那些离李世民还有十万八千里就已经忘了自己姓什么的嘴脸们，我们就可以知道，李世民做到这一步有多么不容易。

历史学家们说“唐多能臣”，认为“前有汉，后有宋，皆所不逮，则劝奖人才以详治理”——在鼓励人才投身国家治理上，唐以前的汉朝与唐以后的宋朝都没有达到唐朝那种高度（王夫之《读通鉴论》卷二十，唐高祖八）。

岂止如此！

那还是中国人活得最舒展、最大气的时代，是男女人物丰神俊朗、风华绝代的时代，是为人类贡献了李白与杜甫的时代，是令中国有了永恒不朽的唐诗的时代。在这一点上，大唐同样达到了前无古人而后无来者的巅峰，从此以后，至少在政治领域里，中国人再也没有了那份奔放的胸襟，那份豪迈的气概，那份真诚的情怀，那份阔大的视界，那份正直的激情。一切，似乎只剩下了充满小家子气的权谋智术和猥琐不堪的阴冷柔滑、凶残暴虐。而这一过程，大体上拜帝王政治和儒家教义之所赐。这才真的令人无法不黯然神伤，无法不扼腕叹息！

谢天谢地，中国历史上曾经有这样一个时期，人称贞观之治；谢天谢地，我们曾经有这样一个朝代，可以被叫作大唐盛世；还有一位为之奠基的政治家，名叫李世民。我们应该记住他和他的同志们所做的一切。这一切，令生活在后世乃至今天的中国人，还可以抱有一份真诚的、名副其实的光荣与梦想。虽然，在中国的人治社会里，这种所谓的“治世”“盛世”，带有浓厚的个人人格化特征，不可复制，不能模仿，没有可延续性，也不可能做到可持续发展。

然而——

这份光荣与梦想除了玄武门之变时的血腥残暴之外，基本上是真实存在过的，不是虚假的、纸糊的、被钳住嘴巴后愣灌进脑子里的，因此，也就不会是一捅就破的。

玄武门之变在政治上是李世民的致命伤：屠兄、杀弟、逼父、灭侄、夺取大位——在传统的儒家思维中，差不多犯下了比天还大的罪孽。然而，在后来一千多年里，李世民却受到了世世代代的尊崇与颂扬，使他几乎成为一位政治完人。除了当时皇家及其御用文人们的努力之外，必定还要有其他更加令人信服的理由才行。我们上面所谈到的一切，大约可以看作是部分原因。

当一个社会的运转，不是建立在法律、程序和具有制约功能的组织结构之下，而是完全寄希望于统治者个人的德行与修养时，道德标准当然就成了这个社会最重要的价值评判尺度。而在这种国家形态下，显而易见，道德要求恰恰又是最没有保障的一个领域，在那些握有权力的人们那里，尤其如此。这个悖论困扰了中国社会几千年，从皇家到民间的无数悲喜剧，差不多都是在这个基地上衍生出来的。对此，中国人虽九死而其犹未悔。中国父母斥骂孩子时，常常会说他们像猪一样记吃不记打！鲁迅先生对中国人善忘的特点痛入骨髓，真的不是没有道理的。

就现代人的眼光来看，在一家一姓的政治制度下，争夺最高权力的斗争导致残酷血腥甚至骨肉相残，具有其内生的必然性，呈常态分布，并不需要大惊小怪。发生在莎士比亚笔下的北欧丹麦王宫里哈姆雷特的故事表明，在相同或类似条件下，人性所呈现的状态大同小异。这就是为什么人类致力于改革与完善制度的根本原因。

翻阅史书，宫廷之中的骨肉相残可以说是史不绝书，比比皆是，但绝大多数都是“玩儿阴的”，像李世民这样光天化日之下大砍大杀，还真不多见。应该说，这一点多少反映出了当时情势演变和紧张的程度。以在道德上吹毛求疵见长的中国文人，在玄武门事变之后的一千多年间，对李世民显得格外宽容，似乎也在一定程度上表达了某种谅解。

如果由此做一个反向推论的话，我们会发现：在中国历史上，杀掉自己同胞亲人夺取权位的帝王中，能够得到崇高而热烈赞颂的情形极为罕见，几乎绝无仅有，能够做到这一点的，好像只有一个李世民。这可能表明了人们对他个人品行和治国功绩的双重肯定。或者换一句话，也许还可以用一句时下流行的说法来评价：李世民大约是中国帝王中最具有人格魅力的一位。

心平气和地审视起来，作为一位拥有至高无上地位和为所欲为权力的君主，不论怎样比较，也不论与什么人比较，李世民的政治才干、智慧、修养与胸怀都处于超一流的顶尖级水平，中国没有什么其他政治人物能够与他比肩。

贞观年间，鼎鼎大名的唐三藏——玄奘法师到印度求法。中天竺国王尸罗逸多曾经专门询问玄奘："我听说中国出了一个圣王，做过一个《秦王破阵乐》。你为我讲一下，这位圣王是怎样的一个人？"

玄奘举了一些例子，向这位异邦国王介绍了李世民的情形。国王说："要是真的像你说的这样，我自己都想去看看他了。"

后来，贞观十五年，这位国王果然派遣使节，来到大唐首都长安，向大唐皇帝李世民致敬；李世民礼尚往来，派遣级别很高的皇家宗室梁怀王李敬回访中天竺，建立起了两个国家的通使关系。可见，贞观之治的影响已经远远超出了大唐的国界。

中国历史上浪得虚名的人物与故事多如牛毛。关于李世民及其手下那些文臣武将们的传奇，在官方正史与民间流传得极多极广。我们能够讲到的只是其中很少的一部分而已。从隋朝末年到贞观初年，十几年间军阀混战，百姓痛苦不堪，天下极度萧条。又过了不到二十年，到贞观年间的中后期，中国就被恢复治理得如此令人神往。由是观之，说这些故事不是空穴来风，说贞观之治不是浪得虚名，想必不算冒昧和草率。

史书记载说，晚年时，老伙伴们不断凋零，李世民会一个人来到凌烟阁，在那二十四位功臣画像间久久流连徘徊，据说，他每每会潸然泪下，泪流满面。

前面谈到，李世民没有杀过功臣，总体上看，他们君臣之间相处得应该算是很不错。李世民本人的英武超拔似乎也成为很难撼动的定论。然，即便如此，他们之间的关系也时有微妙之处，常常五味杂陈，特别意味深长。

李靖是中国历史上少见的军事家，他在军事理论与实践上的造诣，远远在同时代其他人之上，大唐帝国的缔造中，有他不小的心血辛劳。死后，进入了中国民间传奇与神话系统，成为玉皇大帝面前的托塔李天王，脚蹬风火轮、和齐天大圣孙悟空没完没了的哪吒三太子是他的儿子。

史称，李靖相貌魁梧英俊，青年时代就以文武才略闻名。他的舅舅韩擒虎是隋文帝杨坚时最为著名的军事将领，曾经拍着他的后背说："这年头儿，能够谈论一下孙吴兵法的，也只有你了。"有一次，隋朝最为显赫的宰相杨素，指着自己屁股底下的椅子，对李靖说："好自为之，将来这把椅子会由你来坐。"

李靖和李世民的父亲李渊有很深的过节，几次险些死在李渊手里。原因是他较早觉察了李渊的野心，曾经准备向隋炀帝告发。李渊起兵后，李靖成了李渊的阶下囚。当时的情形很像李靖之前的韩信、李靖之后的岳飞。就在即将开刀问斩之际，李靖大喊："你举义兵不是为天下除暴乱吗？为什么却要为私怨杀壮士！"史书记载说，李渊"壮其言"——看重他的豪壮，再加上李世民很坚决地为他求情，于是，壮士李靖捡回了自己的性命。

此后，李靖南征北战，在大唐帝国创建时期辉煌的军事记录中，李靖的成就应当不在李世民之下。初唐时期许多重要军事将领，包括超级重要人物徐世勣—徐懋功—李世勣—李勣，甚至包括李世民的军事造诣，可能都在李靖的言传身教中受益不浅。

从史书上看，李靖能文能武，但显示出来的更多是军事才能。和许多有大才的人一样，李靖表现得比较矜持，担任宰相期间，史书形容他：“性沉厚”，“恂恂然似不能言”。意思是很少讲话，就像口齿不太灵光似的。其实，很可能与李靖本人的矜持、自爱有关。

玄武门之变应该是李世民一生中最为重大的事件。当时，为了向自己的一兄一弟开刀，李世民颇费踌躇，曾经秘密征求李靖的意见。李靖作为一个大军事家，表现得很自重，委婉地表示自己不愿意介入。史书记载说，因此，李世民更加看重李靖。其实，实际情况很有可能是，李世民从此将李靖从自己的心腹嫡系中排除出去了。

贞观九年，李靖已经六十五岁，辞职在家养病。边境发生了紧急军报。李世民对身边的臣子说：“要是李靖能够出山为帅该多好！”李靖听说后，找到宰相房玄龄，说：“李靖虽然老了，不过确实还能再走一趟。”李世民极为高兴，将他任命为五路大军总管的统帅。

在李靖的指挥下，这一仗打得极其漂亮，基本解除了西北地区的安全隐患。不想，李靖却陷入了尴尬。原因是，当时，有一个叫高甑生的一路大军总管，属于李世民的嫡系部下。此次作战中延误军机，受到了李靖的责罚。因为此人是李世民的老部下，因此，李靖只是“薄责之”，就是从轻处罚的意思。不料，还是受到此人的怨恨。不久，这家伙联合其他人一起控告李靖谋反。

以前，房玄龄、杜如晦、魏徵等人也曾经受过类似的控告，李世民有时连问都不问就把诬告者流放出去，甚至干掉。偏偏对李靖这样一个已经六十五岁且德高望重的人，李世民下令司法部门立即专案调查。结果，证明高甑生等人是诬告。当时，为了防止诬告帝国重臣，李世民曾经下令实行反坐，就是用诬告的罪名为诬告者判罪。这一命令曾经在贞观年间实行了很长时间。此次，对高甑生，李世民却从宽处理，把他的死罪改为流放充军。从此，李靖全家闭门谢客，再也不和外界交往，就连亲戚也不能随便来访。

李世民对李靖一直算是客气，早期甚至当皇帝以后都一度称呼李靖为兄，自称“世民”，而不是那个令人厌恶至极的“朕”。贞观晚期，李世民准备征讨高丽，把李靖召来坐在一起聊天。李世民问李靖：“您南面平定过江南，北方扫荡过沙漠，西部制服了慕容，唯独东边的高丽不服，阁下意下如何？”李靖回答说：“往年仰仗天威，立过一点儿小功；如今残年朽骨，但愿还有机会。皇帝如果不嫌弃，老臣的病马上就会好。”李世民看他衰老病弱的样子，心生怜悯，没有再次起用他为帅。

公元六四九年，是为大唐贞观二十三年，李靖与他的皇帝李世民在这一年同年去世。李靖享年七十九岁，李世民可能是五十二岁（以上事见《旧唐书》卷六十七，列传第十七 李靖；《资治通鉴》等）。

尉迟敬德是中国民间神话系统中的两尊门神之一，民间对他的另外一个名字——尉迟恭可能更熟悉一些。关于他的故事，我们已经知道得不少了。现在只要知道，对于李世民来说，尉迟敬德应该是第一大功臣就可以了。这位大功臣的晚年过得算是味道十足。

唐朝人特别喜欢留在京城里当京官，把外放出去当地方官视为畏途，哪怕是做威震一方的封疆大吏和土皇帝。尉迟敬德功劳大，脾气也很直率暴躁，在朝堂上看到长孙无忌、杜如晦、房玄龄这些人有什么过失，常常会直言不讳地当面斥责，和宰相们的关系搞得极为紧张。大概因为这个原因，贞观三年，李世民把这位大功臣贬到外地去做官。

有一次，在宫廷宴会上，大约相当于今天的所谓国宴吧，有人坐在尉迟敬德的上首，尉迟敬德很不满，发问道：“你有什么功劳，配坐在我的上首？”坐在他下手的任城王李道宗赶紧劝他，谁知，这尉迟敬德一记直拳，几乎把李道宗的眼睛打瞎。

李世民极不高兴，下令停止宴会。随后，痛斥尉迟敬德：“我读史书，看到汉高祖刘邦的功臣能保住命的很少，心里经常怪他；所以，做皇帝以后，时常想着要保全功臣。后来，看到你做官经常触犯国法，这才知道，那些功臣被杀不全是刘邦的过错。你好好提高自己的修养，不要留下后悔的事情！”

史书记载说，尉迟敬德晚年迷上了神仙方术，练功炼丹十分忙碌，大量服食云母粉，大约很想练成白日飞升、长生不死的今世神仙。修建了不少亭台楼阁，全部用绫罗绸缎装饰。并且不和外界交往，过了十六年神仙一般的日子。他比李世民多活了九年，显庆三年，以七十四岁高龄去世。

中国人很少有人会不知道秦琼卖马的故事，不过，知道此人并不用金装锏，而是使用长矛的人可能不会很多。秦琼武艺高强，极为勇猛，用下面这句话来形容他，应该不算过于夸大——百万军中，取上将之首，如探囊取物——能够成为中国神话中两尊门神的另外一尊，显然不是靠吹气能够做到的。

玄武门之变时，秦叔宝参与了行动，是李世民的大功臣之一。随后，他就经常生病。他说：“我从小在军队大院里长大，一生当中，大小二百余战，流的血恐怕也有百八十斤了，哪里会不生病呢？”他是在贞观十二年去世的，是凌烟阁中二十四功臣之一，享年不详。

程知节的另外一个名字程咬金，在中国家喻户晓。他使用的兵器也是长矛，而不是那柄可笑的大斧。此人不但勇猛，也很有见识，与秦叔宝一样参加了玄武门之变。在凌烟阁二十四功臣排名中，尚且排在秦叔宝的前面。

晚年，此人干过一件特殊残暴的事情：在受命出征西域时，翻过帕米尔高原后，一个城市的人们并没有拼死抵抗，明明已经开城投降，这个程咬金还是下令屠城。将满城人杀光后，却放跑了真正的敌人，遂引咎辞职。他一口气活到了大唐麟德二年，即公元六六五年，比他的皇帝李世民多活了十六年，比他的老朋友秦叔宝多活了二十七年。享年不详。

令人最是一言难尽的人，是徐懋功—徐世勣—李世勣—李勣。在大唐帝国创建和唐朝初年的几十年间，李世勣在军事上的贡献，如果不能说成是第一人的话，至少可以说他的军事成就不在李世民与李靖之下。玄武门之变时，李世勣和李靖一样，很委婉地表示不愿介入。此后，他一直镇守在北方边防重镇并州，就是太原一带，前后长达十六年。李世民认为：李世勣镇守北方边疆，比万里长城还管用。

贞观十七年，李世勣已经回到首都，担任宰相。在一次小范围私人性质的宴会上，李世民对李世勣说："我年纪大了，要考虑托孤了，想来想去终归觉得没有人比你更合适。当年，你不肯抛弃李密，如今，我相信你也一定不会辜负我。"李世勣流着眼泪向皇帝表达自己的心意，把手指头都咬出了血。随后，李世勣大醉，李世民脱下自己的衣服盖在他的身上。

贞观二十三年，李世民病重期间，把太子李治召来，对他说："你对李世勣没有什么恩情，我把他贬黜到外地去。我死后，你再把他召回来，任命他做宰相，他感激你，就会出死力为你效忠。我贬黜他时，如果他徘徊观望，不马上前去上任，你就处死他。"随后，下达了对李世勣的处分决定，将他降级安排到了一个很偏远的地方任职。

李世勣接到皇帝的命令后，没有任何异常反应。他离开皇宫，连家都没回，就直接远赴外地上任去了。

中国历史上最伟大的帝王，也要用权谋智术来侮辱自己和别人。临了临了，出此败笔，李世民为此给自己招来后世不少讥讽。这个政治文化传统真的有太重大太重大的缺陷！

李世勣大约是大唐开国元勋中活得最久的一位。他是在大唐总章二年即公元六六九年去世的，比李世民多活了二十年，享年七十六岁。

临死前一年，即公元六六八年、大唐总章元年，七十五岁的李世勣为大军统帅征伐高丽，终于把让隋文帝杨坚、隋炀帝杨广、唐太宗李世民几代帝王丢盔卸甲的高丽征服了，俘虏了高丽国王，将高丽五部分为九个都督府，四十二个州，并在平壤设置了安东都护府。

据记载，我们今天的西安，即唐朝贞观时代的长安，当时气魄宏大，东西长约十公里，南北阔约九公里，其市区面积是今天西安市区面积的八倍。其城市中心的南北主干道宽达一百三十米以上。在今天，找遍世界，可能都找不出如此宽阔的阳关大道。

当时，来去如风的突厥铁骑，在李世民派出的大军面前溃不成军，其嚣张不可一世的元首甚至成了大唐军队的俘虏；

当时，远在喜马拉雅山脉南麓、恒河边上的印度王子向大唐天子表达了由衷的敬意；

当时，一个阿萨姆的篡位者被押解到大唐首都来接受审判；

当时，长安城里熙熙攘攘，来自叙利亚、阿拉伯、波斯、伊拉克、印度、尼泊尔、越南、日本、高丽、西域与中亚的外交使节与商人络绎不绝，国子监亦即国立大学中，坐满了来自这些国家的留学生；

当时，万方乐奏有于阗。大唐天子李世民被众多不同民族的首领心甘情愿地尊称为天可汗。

那是一个伟大的时代，一个直到一千多年以后，我们还愿意为之感动、为之泪流不已的时代。这个时代成了我们的光荣我们的梦想，哪怕后世没有重现过，我们仍然在心底里知道，我们的身上曾经流淌过高贵而高傲的血液！

直到今天，日本女子的发型、传统服饰，日本的室内布置，物品装饰，围棋，书法，乃至奈良、京都的城市风貌，甚至朱雀门与朱雀大道的名称，都是直接从大唐长安拷贝过去的。

公元六四九年，即贞观二十三年，李世民去世。时年五十二岁。从历史记载上看，他的过早去世，和大量服食道家的所谓养生丹药有关。

李世民去世的前一年春天，为太子李治撰写了《帝范》十二篇，将自己一生所做过的错事写给儿子看，希望他以古代圣贤为师，不要再犯自己犯过的错误。除了玄武门之变，在儿子面前，他对自己所犯的许多错误，写得都很坦率，基本没有什么矫情和矫饰。

对于自己的后事，他交代了八个字："以山为陵，容棺而已。"就是说，只要能装下棺材就可以了。他很恋旧，下令将他最喜欢的六匹骏马雕成石像，竖立在自己的陵墓前面，这就是著名的昭陵六骏。

尾声　李世民知道了，儿子才是最难对付的

有时候，儿子比敌人还难对付，而且难对付多了。

天下有此感慨的父母想必不在少数。

中国皇帝与权贵的儿子们距离世界上最为庞大的权力最近，自然而然地也就成了世界上最难对付的一群儿子。说起来，几千年间，中国人为了对付这帮儿子，算得上是费尽心机、绞尽脑汁了；然而，一直也没能将这个问题完全搞清爽。可见，在中国政治文化传统之下，其难度之大。事实上，放眼世界，对于儿子问题的处理，简直可以成为衡量一个民族是否具有政治智慧的标杆了。

玄武门之变前后，李世民肯定让李渊老爹伤透了脑筋伤坏了心。如今，差不多同样的烦恼也落到了李世民自己的身上。中国的政治文化传统带有一种极度嗜血的天性，其运行和传承时常需要大量鲜血来浇灌、润滑。

李世民有十四个儿子。老大常山王、太子李承乾，老四魏王李泰和老九晋王李治是李世民的正妻长孙皇后生的，属于他的嫡

子；其他十一个儿子分别由九位母亲所生，是他的庶子。

在中国政治史上，李世民如果不是占据着最为崇高的个人地位，至少也是位居最为崇高之前列；长孙皇后则享有同样崇高的尊敬。此二人几乎成为中国历史上政治完人的典范，受到世世代代的尊崇，至今没有什么人，也没有发现什么足够坚实的证据，能够撼动他们的地位。

他们的权势富贵世间无人可以望其项背，他们的贤德名声在中国历史上似乎也无人能够企及。按理说，这样一对儿父母教养出来的孩子应该同样优秀，他们的命运更是应该羡煞天下人才对。殊不知，实际情况与此大相径庭，统统令人百感交集一言难尽。

这十四个儿子中，老九李治做了皇帝，另有三人早年夭折、一人过继给了李建成，其余九个儿子有八个未得善终，用民间的话说，叫作不得好死；只有一个儿子可能属于正常死亡，然而死前也是磨难不断。以至于堂皇二十四史之一、官修正史《旧唐书》上，言之凿凿地记载说：他们的一个直系血亲，恰在面临叵测之前景时，看到一户普通人家办丧事，不禁感慨万千，叹息说："人生在世能够得病死去，是一件多么幸运的事情！我不明白他们干吗要伤心？"

德国古典哲学家认为：住在皇宫里和住在茅棚里的人，想的不可能一样。信哉斯言。这可能是中国人至今也没有完全想清楚、整明白的事情之一。在未来的岁月里，随着李世民儿孙们命运的展开，我们将会明白斯人何以会有这样的感叹。

翻翻史书，我们很容易发现，在中国，天家骨肉遭逢此种命运者相当常见；然而，英武贤明如李世民者，时代又离中国历史艳羡已极的贞观之治没有几年，其子孙命运竟是如此之不济，多少还是会令人感到中国政治让人不寒而栗的深不可测。

李祐封齐王，是李世民的第五个儿子，属于权贵子弟中很常见的那类纨绔。北方人谈到此类人时，喜欢说他们“干啥啥不行，吃啥啥没够”——就是品行、才能全都糟不可言的意思。读完他的故事，会让人有一种云里雾里的感觉，不明白这小厮究竟犯了什么毛病。不过，唯其如此，我们才会从中知道，那些骄狂不可一世却又志大才疏的中国权贵子弟们，敢于怎样思维、怎样行事、怎样胆大妄为却又全不成器。

贞观十年，李祐受封为齐王，并被任命为齐州都督，管辖的地面大约在今日山东济南、临淄、青州一带。当初，李世民看自己的儿子们陆续长大，为了让他们成才，给他们延请的师傅都是当时最为德高望重的学识渊博之士。儿子们封王并授任各封地职务时，为他们配备的助手——长史和司马也都是一些为人正直、敢于直言并具有才干的人。

这些皇子诸王和长史、司马的关系，十分复杂。譬如，权万纪作为齐王李祐的长史，既是李祐的助手、部下，是李祐手下的行政一把手，又带有老师、保姆、顾问、监管人、皇帝代理人等多重职能。显然，这是一个把全然不同的各种职能，狗屁不通地杂糅到了一起的综合角色，充满了中国特色的一厢情愿。因而，是一个极难拿捏、比陪太子读书还要吃力不讨好的工作。司马则是负责军事工作的一把手，职责大概比长史要简单一些。李世民规定，这些皇子诸王有任何违法乱纪的事情，长史、司马都必须如实报告。同样明显的是，报告的结果常常蕴含着完全不可测的风险。

权万纪的前任长史叫薛大鼎，曾经吃够了李祐的苦头。

李祐被封为齐王时，他的舅舅私下里给他出主意：“王爷的兄弟很多，皇上百年之后，需要有像样的武士帮助你才行。”这显然是一个极不安分、随时准备着招灾惹祸的主意。李祐却欣然采纳。他舅舅就把自己的大舅哥燕弘信推荐给了李祐。李祐极为赏识，一口气赏赐给了这位壮士许多财宝，并让他暗中为自己收罗武士。按照帝国正统的观念，这种江湖人士大都属于招摇撞骗的小人或亡命之徒。李祐不管那么多，经常与这些人打得火热。

李祐酷爱射猎。生活在今日中国城乡里的人们，可能很少有人能够体会到打猎的刺激与快乐了。城里人很上瘾的钓鱼，和打猎比起来，其刺激与乐趣几乎完全不在一个数量级上。想想看，骑着骏马，风驰电掣般奔腾驰骋在山林田野，追逐射猎那些或凶猛或惊慌失措的猎物，其高强度的刺激曾经使得众多人们终生乐此不疲。当然，这也是一个特别高档、特别奢侈的嗜好，不是随便什么人都爱好得起的。李唐皇室的身上流淌着匈奴、鲜卑人的血液，那是游牧、渔猎民族的血液，是在马背上来去如风、勇武而剽悍的血液。当今皇上李世民如此，皇上的第五个儿子、齐王李祐也是如此。他喜爱射猎，显得恰如其分。

问题在于，这种爱好偶一为之还无所谓，若是成了生活的常态就不好玩儿了，就成了纨绔子弟的标准做派。如今，齐王李祐和那些私下招募来的武士们，几乎把射猎当成了自己的事业，令夹杂在其中的长史薛大鼎不尴不尬，万分苦恼。史书记载说，薛大鼎屡屡劝告谏阻李祐，无奈齐王根本不予理睬。薛大鼎向上报告的结果，则是引起了皇上的不满。李世民认为，薛大鼎辅导无方，方才导致这种局面，遂下令将薛大鼎就地免职。

权万纪本来是吴王李恪的长史。李恪是一位很有名望的贤王，权万纪又以正直、有节操著称。于是，李世民将权万纪调来，继任齐王李祐的长史，希望权万纪能够匡正李祐，帮助这位天字号的顽主改邪归正。从此，权万纪掉进了无边的噩梦之中。与他比起来，薛大鼎简直称得上是个幸运儿了。

权万纪到任之后，很是希望不辜负皇上的信任，能够把这个顽劣的齐王辅导好。因此，每当看到李祐有什么不上路的举动时，都会不顾一切地予以谏阻。当时，李祐身边有两个武士，骑射功夫很好，特别受齐王赏识。三人在一起玩得极其投缘。权万纪再三劝阻，李祐均不理不睬。权万纪便不管三七二十一，下令将这两个人赶了出去。不料，这边权万纪刚刚下了斥逐令，那边厢齐王已经派人将二人请了回来，大家裹在一块喝酒吃肉，玩儿得十分开心，权万纪目瞪口呆，大约就差背过气去了。

公平地说，在教育子女的问题上，与后世那位号称明君的康熙皇帝比起来，李世民的做法与他享有的名声更加相符。他知道这些个儿子们不好对付，也担心齐王李祐不肯轻易就范，因此，一再写信予以痛斥，帮助权万纪修理自己的儿子。

可能是有了前车之鉴的缘故，面对皇帝斥责李祐的书信，权万纪不由自主地产生了患得患失心态，害怕自己也像薛大鼎似的，不明不白地获罪丢官。于是，对李祐说："您是皇帝的爱子，皇帝为了您能改过自新，所以才多方教导训诫。如果您能够克制自己，承认错误，我愿意去和皇帝说，让皇帝知道您的决心。"李祐接受了权万纪的安排，自己给皇帝写了一封类似今天检讨书加决心书的东西，让权万纪带给皇帝。

权万纪见到皇帝后，认为李祐肯定能够改过自新，希望皇帝再给他一次机会。李世民听后，感觉很好，对李祐的怒气消减了许多，赏赐了权万纪，对其劝勉有加。同时，将李祐以往的过错归纳起来，做了一个整体的总结式批评，意思无非是希望他能够吸取教训，以利进步。

消息传回来后，李祐特别郁闷：凭什么权万纪又得赏赐又受嘉奖，唯独自己一个人没头没脑地挨批？他认定，肯定是权万纪这小子在皇帝面前出卖了自己。他越想越觉得自己的判断是对的，为此心中愤愤不平。

权万纪回来后，因为有了皇帝的理解与支持，做事情便更加生猛。他下令：没有自己的允许，不准放李祐走出城门；将李祐打猎用的猎鹰、纯种良犬统统放生；并再一次下令将那两位备受齐王喜爱的武士赶将出去。权万纪严厉警告他们，不许他们再见齐王，否则将要给他们好看。

齐王李祐哪里受过这个，他暗地里将武士找来，大家一起商量着，准备干掉权万纪。那权万纪也不是简单人物，很快就知道了他们的策划，于是，瞅准机会，将他们一网打尽，统统抓进了监狱，并派人火速报告皇帝。

李世民并不懈怠，立即派遣刑部尚书前来审理。同时，急召齐王李祐和长史权万纪进京。不久，又下令让权万纪先行回首都汇报。李祐就此机会脱出身来，派壮士燕弘信的哥哥燕弘亮追上权万纪，一箭将他射死在半路上。

随后，大唐皇帝李世民的五儿子、齐王李祐宣布起兵反唐。他们征召城中十五岁以上的男子参军，成立中央级机构、设立崇高官爵、打开官府仓库来吸引和奖励参与进来的义士们。

晚上，李祐将自己坚定信任和宠爱的武士们请到王府后院，和自己的王妃姬妾们一起吃酒。史书上说，齐王十分亢奋，觉得自己终于可以不受别人的窝囊气、终于能够大展宏图了。谈笑间，说起了朝廷的军事布置。当时，李世民派来镇压叛乱的前敌统帅中，有一位是大唐建国之初战功最为显赫的李世勣。

刚刚射死权万纪的燕弘亮，全然没把这位百战百胜的大将军放在眼里。他很潇洒地端起酒杯说："诸位不必担心。我一手端着酒杯，另一只手——"他挥了挥空着的另一只手，"轻轻一拂就可以干掉他。"《旧唐书》作者认为，李祐特别欣赏和宠爱燕弘亮，觉得他一定可以端着酒杯就干掉李世勣。史书上的原话是："弘亮曰：'不须忧也！右手持酒啖，左手刀拂之。'祐爱信弘亮，闻之甚乐"——李祐听了燕弘亮的话，特别快乐（以上事见

《旧唐书》卷七十六，列传第二十六，太宗诸子 庶人李祐）。

李世民亲笔给儿子写来一封信，算得上是字字血声声泪。李世民说："我听说过古代不成器的公子王孙乖戾猖獗，没想到我生的儿子居然也会如此；除了上愧对天、下愧对地之外，还有什么可说的呢？""过去你是我的儿子，如今已经成为国家的仇敌。真是痛心，你怎么会蠢到这个地步。"据说，李世民写这封信前后，时常痛哭失声泪流满面。

最后，事情的结局颇有闹剧色彩。

李世勣等朝廷大军还没有开到，李祐们就先乱了阵脚。原因是，李祐管辖地面上的几乎所有部队，都不听从李祐的调遣；李祐向各地发出的檄文也无一得到响应。大家顿时就找不到北了，纷纷建议李祐：干脆一不做二不休，把全城男女裹挟到豆子坑去，做山大王算了。这个豆子坑在山东境内，是一个类似水泊梁山的地界，到处都是沼泽地、芦苇荡，大约钻进去万把人很难找到踪影。隋炀帝末年天下大乱时，这里便着实聚集了不少支草头王的队伍，每支队伍都号称有几万甚至几十万大军。在很长一个时间段里，隋朝军队对他们万分头痛，毫无办法。

就在一人一个主意，李祐和他的武士们全都不知如何是好时，李祐部下一个名叫杜行敏的中级军官，决定要逮捕齐王李祐。这个提议一说出口，立即得到了大家的赞同。于是，当天晚上，杜行敏就和他的同志们凿塌了齐王李祐府邸的围墙，把李祐和他四位最忠实的武士围在了屋子里。杜行敏招呼大家搬来柴草堆在屋子外面，喊话说："过去你是皇帝的儿子，如今变成了国贼。为国讨贼，我们没什么可顾忌的。你要是不赶快投降，我们就一把火把你们烧成灰。"史书记载说，齐王"祐遂出就擒"——李祐钻出屋子举手投降了。随后，被送到京城，贬为庶人。这个处罚，从字面上理解，是撤销一切爵位、职务、开除皇家资格、贬为普通人，实际上可能和今天剥夺所有政治权利是一个意思。随之，被李世民下令赐死。

李愔是李祐的弟弟，排行老六，贞观十年受封为蜀王，授任益州都督，治下在今天的成都平原。在古代汉语里，愔这个字有安安静静不出声的含义，李愔的为人和他的名字反差不小，他不但喜欢出声，而且和他的五哥李祐一样，时不时地就会发出恶声。

譬如，他会经常把归自己管辖的地方官，比如县长一类召来，然后，无缘无故地将其痛打一顿（《旧唐书》卷七十六，列传第二十六 太宗诸子 蜀王李愔）。没有什么原因，也没有什么理由，只是他想打。

古代的县长虽然只是七品小官，权力和能量却都不可小觑，号称“灭门的县太爷”，其中作恶多端、该打该杀的，从历史上看，历来不在少数。但也实在不是这么个打法，这确实是有点儿过了，给人一种看当代荒诞恐怖片的感觉。

李愔的另外一项嗜好和他五哥李祐一样，就是对狩猎事业的极度热爱。如果说二人之间有什么不同的话，那就是在热爱的程度上，弟弟比哥哥还要深得多。《旧唐书》在描述李愔的此项爱好时，使用的说法是：“田猎无度，数为非法。”就是说他打起猎来已经没有什么限度，没有什么东西能够制约他了，包括法律。

史书继续描述说：他打猎是不问季节的，田野中是否长着庄稼和庄稼长得怎么样，他一概不管不顾，带着部下便是一通奔腾驰骋，哪怕即将成熟的庄稼被践踏得七零八落。他的一个部下曾经拉住马缰绳劝阻他，被他拉过来就是一顿痛打。从此，自然没有人敢于阻拦这位爷。百姓对他恨之入骨又无可奈何。

李世民对这个儿子大约也曾经同样痛恨过。《旧唐书》记载说，李世民曾经痛骂他说：“禽兽经过调教，尚且能够被人驯化；铁石经过磨炼，也能成为有用之材。怎么这个李愔就是不进油盐，真个是连禽兽铁石都不如啊！”为此，下令将他的待遇、权限、管辖的部属等等削去一半，并将他降级，贬为虢州刺史。

到了贞观二十三年，也就是李世民去世这一年，不知是李愔改恶从善了，还是李世民对这个儿子也同样无可奈何了，或者就是暮年的父爱战胜了对不肖之子的讨厌，那一年，李愔的待遇不但恢复，而且封户还从八百户提高到了一千户。从史书上看，原因显然和李愔的弃恶从善无关。因为他痛打那位劝谏自己不要在庄稼地驰马的部下，就是在此期间发生的。

李世民去世后，李愔的九弟李治继承皇位。御史大夫忍无可忍，对李愔提出弹劾。李治为此发表了长篇大论的谈话，核心意思就是为李愔感到羞耻。遂下令将他再降级，贬为黄州刺史。同时，皇帝把那位因为劝阻李愔而遭痛打的官员请到京城，对他劝勉有加，除了赏赐五十匹绢之外，还越级提拔了他的职务。

三年后，即大唐永徽四年，长孙无忌制造冤案，愣说吴王李恪谋反，李愔遭人讨厌，而且和李恪是一母同胞的兄弟，遂也被牵连进来，贬为庶人，流放到蛮荒的巴州安置。不久，改封为涪陵王，后来活了十几年，乾封二年时死去。

在李世民的十四个儿子中，除夭折的三个、过继给别人的一个和当了皇帝的李治外，李愔是剩余九个中唯一一个恶行不少却能够得以善终的儿子。

李恽排行第七，贞观十年受封为蒋王，授任安州都督，地点可能在今日安徽安庆一带。

这位皇七子不像他的五哥、六哥那么恶形恶状，却也没给历史留下什么好记录。原因在于，这位不愁吃穿的皇子可能有某种恋物癖，在任期间，为自己收集、制作了数量极大的物品，以至于离任时，需要四百辆大车方能载运。当时，为了让人民休养生息，各地官府每年能够动用的劳役是有数的，没有人能够一下子承受数量如此巨大的运输任务；再加上李世民是少见的贤明皇帝，结果，这件事情被监察官员所弹劾，闹到了皇帝那儿。

李世民大约觉得这个儿子还不算过分恶劣，于是，动用皇帝的特权，特别宽恕了李恽，没有修理他。

到了李治称天皇、武则天称天后，二人并称二圣的上元年间，有人控告李恽谋反。结果，明明是没影儿的诬告，却把这位蒋王吓坏了，不等别人前来调查，自己先把自己挂在了房梁上。

李贞是李世民的第八个儿子，贞观十年受封原王，不久改封越王，授任为扬州都督，治下可能在今天的扬州。

从少年时代起，李贞就善于骑射，而且阅读了大量文史著作，在当时算得上是个文武双全的人物。他还有一样本事，就是善于处理行政事务，很有做官的才能。按理说，这么一个人物应该留下不错的口碑才是，无奈，当时的人们却很鄙视他，认为此人是个有才无德之辈。

据说，主要是下面两种情形导致了这种结果：

其一，李贞偏听偏信，尤其喜欢顺耳的甜言蜜语，这恰恰是小人们的专长。因此，他部下中正直、正派的人，时常受到不公正的打击，为此被贬被逐的大有人在。溜须拍马的谄媚之徒则很是意气风发扬眉吐气。

其二，他的奴仆欺压百姓时，经常可以在他那儿得到保护与支持。史书记载说，这种情形曾经一而再、再而三地发生。这也就注定了此人很难有什么好名声。

李贞名声不好，在历史上名气却很大，原因在于他参与发动了一场针对武则天的挑战。武则天从一个无足轻重的小人物，发展为有能力革唐命的庞然大物，在其成长壮大的整个过程中，李唐皇室只进行过一次像模像样的反抗，就是李贞参与发动的这一次，史称“越王贞之乱”。

事情是由武则天举行明堂落成大典引发的。当时，武则天准备把李唐天下变成武家江山的意图已经成为公开的秘密，几乎所有人都意识到了改朝换代就在眼前。为此，当武则天修建好明堂并准备举行盛大典礼时，分散在全国各地的李唐皇室成员们，几乎全部陷入到了恐慌之中。在他们当中盛传一个谣言：所有李唐皇室成员，将应召前去首都参加庆典，届时，他们将如落入虎口的羊群，被武则天一网打尽。

此时，除了李世民儿孙一代宗室外，还有一批李世民的兄弟姐妹们尚在人世，像韩王李元嘉、鲁王李灵夔、霍王李元轨等人。这几位老王声望很高，颇受时人推重。比如霍王李元轨，是武则天的丈夫李治的伯父，手不释卷学识渊博，更兼箭法高妙。据说，在一大群奔跑的野猪中，指定任何一只，他都可以指哪儿打哪儿，百发百中。他性情淡泊宁静，除了读书，几乎没有其他嗜好。李治活着时，每当有什么疑难问题，都要暗中向他请教。武则天当政后，这些宗室诸王大都被指令离开首都，分散到各地任职，彼此之间的联系受到很大限制。

如今，风云紧急。他们之间密信不断，却谁也不知道应该怎么办。鄅王的儿子东莞郡公李融写信给京城的朋友，朋友只回了八个字："如欲活命，勿来京都。"韩王李元嘉给诸王写信，认为："大典之后，武则天一定会下手杀光诸王，不如先发制人，否则，李家可能要断子绝孙了。"李元嘉的儿子黄国公李譔用暗语写信给李贞的儿子琅琊王李冲："内人病渐重，需要早点儿看医生，要是拖延到今年冬天，恐怕会无药可治。"

最有英雄气概的，不是天策上将的这些兄弟子孙，而是李世民的妹妹常乐长公主。李贞的儿子李冲和大家约好一同起兵，然后，共同杀向东都洛阳。为此，李贞给常乐长公主的丈夫寿州刺史赵环写了一封信，告诉他说："我将率领盼望已久的义兵，经过您的辖区。”常乐长公主对送信来的人说：“回去告诉你家越王，我们只和他共进，绝不会和他共退！你们诸王如果还算是真男儿的话，早就该起兵了，绝不应该到现在这种时刻还没有行动。不要虚生浪死让后人笑话。”

让人始料不及的是，事情还真让这位巾帼豪杰的乌鸦嘴给说中了。

本来大家约好要共同起兵，结果，届时真正起兵的只有李贞、李冲父子和常乐长公主夫妇。结果可以想见，起兵前后不到二十天即告平定；李冲和常乐长公主夫妇被杀，李贞服毒自尽；李唐皇室成员被大量屠杀，至少有五家李姓诸王被满门灭绝。

谁能想到，李世民一世英雄，他的兄弟子孙们竟会是如此不成器。

李世民的儿子中，真正在百姓那里口碑不错的，是排行第十的纪王李慎。

李慎自幼喜欢读书，长大后在文史方面学识渊博，而且也很有行政管理方面的才能，因此，当时人们经常把他和越王李贞相提并论，称为“纪、越”，认为此二人的才干在皇家子弟中是最为出色的。不同的是，李慎在任何一个地方任职时，都以处理事务公允、妥善著称，为此，李世民不止一次下诏嘉奖他，当地老百姓也自发地给他立碑，纪念他为地方做的功德好事。在中国历朝历代的皇家子弟中，这很罕见，应该说很不容易了。

李贞起兵时，有人也曾经给他写信，他明确表示不愿介入，并竭力让自己置身事外。无奈，武则天在获取权力的过程中，极为凶狠，特别不能容忍李家有才干、有威望的男人。因此，事情平息后，李慎还是被扯了进来，罪名是知情不举，被判处死刑。在押赴刑场即将执行时，接到了武则天免于死刑的命令。

死罪虽然免了，活罪却更难受。他的五个儿子全部被杀死，他本人被武则天改姓虺，这个字的意思是古代神话里的一种毒蛇。然后，武则天下令把这条已经年近六十岁的毒蛇装进囚车，流放到蛮荒的广东去。走到蒲州时，死去。

曹王李明是李世民最小的儿子，似乎并不出众，没有什么值得表彰的事迹。唯一值得一提的是，他和武则天的儿子李贤关系不错。谁知，偏偏赶上武则天要收拾自己的儿子，便顺手把他也给牵连进来一起收拾了。武则天下令，把李明降格为零陵王，贬到黔州安置。

不料，当地的最高首长——黔州都督，名叫谢祐，属于中国官场常见的人渣——为了表达自己的忠心，愣是逼着这位零陵王自杀谢罪。

这个龌龊官儿万万没有想到，自己想拍马屁的手，竟然一下子拍到了马蹄子上，而且是当今之世最为坚硬强劲的马蹄子。当时，唐高宗李治还活着，他可能本来心情就很坏，觉得李贤的事情有些莫名其妙，如今又出来这么一个垃圾官员，遂大怒。他对付不了武则天，可对付这些令人作呕的官痞们却是绰绰有余。于是，整个黔州的官员被他下令全部撤职查办。

后来，谢祐的下场还真是很符合他人渣的身份。他的官职丢了之后，有一天晚上，睡在家里很考究的寝阁里，不知怎么，第二天早晨，家人发现他的脑袋竟然没有了。当时，家里姬妾奴婢有十几个人，谁都不知道老爷的脑袋怎么就会不翼而飞了。又过了好几年，武则天准备取唐而代之，对李唐皇室大开杀戒时，杀到李明的儿子零陵王李俊、黎国公李杰，抄家的时候，发现了谢祐的脑袋，已经被制作成了尿壶，上面写着谢祐两字，这才知道是李明的儿子们派刺客取走的（事见《资治通鉴》卷二〇三，唐纪十九，高宗永淳元年五月）。

李世民的儿子中，最优秀、最有人望、死得也最冤的一个，大概得算是吴王李恪了。

李恪是李世民的三儿子。他的母亲杨妃是隋炀帝杨广的女儿，按照当时人们的看法，这是无比高贵的出身。李恪能文能武，富有才干，李世民经常说，李恪的英武和自己最像。史书上谈到他时，使用的说法是："既名望素高，甚为物情所向。"（《旧唐书》卷七十六，列传第二十六，太宗诸子 吴王李恪）意思是说，李恪的名望一直很高，人们内心真正希望的是——他能够成为皇帝的接班人。

过去，我们曾经看到，青年时代，李世民经历的最大一场政治风波，是围绕太子名位展开的玄武门之变；不久之后，我们很快会看到，李世民晚年最大的一场政治风波，仍然是围绕着太子名位所展开的殊死格斗。只是格斗双方变成了李世民的儿子们。

长孙无忌作为李世民的首席助手与顾问，又是太子李承乾、魏王李泰和晋王李治的亲舅舅，他在选立李治成为皇位继承人的问题上，曾经发挥了绝大的作用。在这个过程中，李世民很犹豫，担心柔懦的李治承担不了治理国家的重任，一度准备选李恪做太子。后来，在长孙无忌的坚决劝阻下作罢。从此，长孙无忌和吴王李恪之间产生重大过节。司马光认为，很有可能，就是在那个时刻，长孙无忌产生了干掉李恪的念头。

我们知道，房玄龄是李世民最为忠心耿耿的助手，是中国历史上千古传诵的名臣贤相。他是在公元六四八年即贞观二十二年七月去世的，第二年五月，李靖和李世民在同一个月份里死去。房玄龄死后，他的两个儿子围绕名位打得鸡飞狗跳。李恪可能无论做多么可怕的噩梦也不会想到，房玄龄家里臭不可闻的一地鸡零狗碎，竟然会把自己卷进万劫不复之中。

房玄龄的长子名叫房遗直，次子叫房遗爱。房玄龄去世后，房遗直继承了父亲的爵位。按照帝国制度与惯例，作为长子，这本来是无可争议的。不料，房遗爱不依不饶，就是不干，并为此闹出了一场巨大风波。最后，直闹得大家一拍两散，不止一个家族家破人亡。

之所以会发生这么不可思议的事情，全部原因端在于房遗爱娶了一个不同寻常的老婆。

房遗爱的老婆不是一般人，是李世民的女儿高阳公主。李世民曾经非常喜欢这个女儿，连带着对女婿也很爱重。史书记载说，李世民给予房遗爱的待遇，超过了所有其他驸马。在一般人想来，既是皇帝的女儿，有着天一般大的富贵，又承受着皇帝他老人家的如此厚爱，可能早就躲回家里快乐地享受生活去了。这是一般人的想法，太俗，不可能是高阳公主的想法。这位公主似乎生下来就是要不停地折腾，直到家破人亡为止。

在《资治通鉴》里，司马光详细记载了这位公主的事迹，细细读来，特别有助于我们理解“不作死就不会死”这句话中博大精深之文化内涵——

房玄龄死后，高阳公主撺掇房遗爱和兄长房遗直争夺家产；随后，反过来在李世民那儿告房遗直的状，大概是说房遗直胸襟狭窄且贪财，不能容房遗爱之类。皇帝的爱女如是说，逼得房遗直不得不到皇帝面前为自己申诉。李世民是何等样人？一听之下，就大体明白了其中奥妙，遂把自己的女儿召来痛加责备。司马光记载说：“由是宠衰，主怏怏不悦”——从此，李世民开始冷淡公主，不像以前那么宠爱；公主很是怏怏不乐。

恰在此时，监察部门在查获的一桩盗窃案里，有了一个重大发现：一名小偷竟然在“孙悟空的师傅”、举世闻名的大和尚——玄奘大师的徒弟、一个名叫辩机的小和尚那儿，偷来一件出自皇宫的宝贝。追查之下才知道，该宝贝价值连城，只是高阳公主送给这个和尚的众多宝贝中的一件。为了堵住老公房遗爱的嘴，公主还在与和尚幽会时，让两位美女同时前来侍候自己的丈夫。李世民得到报告后，想必会气得差点儿背过气去。他动用酷刑，腰斩了美貌灵秀的花和尚辩机，并一口气杀掉了十几个知情的奴婢。从此，高阳公主恨上了父亲，据说，李世民去世时，她的脸上完全没有悲伤的神情。

李治登基后，高阳公主不屈不挠，鞭策丈夫继续和哥哥死掐，搞得李治不胜其烦，索性把这哥儿俩统统打发到外地去做地方官。

这位高阳公主似乎和佛家弟子们特别有缘。如今，老公不在身边，她这回不是和一个，而是和一帮和尚打得火热。同时，她开始干一件犯大忌的事情：收买宫廷管理人员收集宫中机密，特别是各类大师们推演宫廷命运之类的秘密。一般说来，这已经可以和谋反挂上钩了。

薛万彻是一个很能打仗的将军，犯错误后被贬职，肚子里装了不少牢骚。他和房遗爱私交极好，两个人曾经一起嘀嘀咕咕，说："国家万一有什么事儿，我们就拥戴荆王李元景。"恰好，李元景的女儿是房遗爱的弟弟房遗则的妻子。人海茫茫，能够找到知音和同志实在不易；就此，大家惺惺相惜，厮混成了自己人。

据李元景说，他曾经做过一个梦，梦见自己把太阳和月亮拿在手里把玩。这个梦，实在是深了去了。就凭这一个梦，是可以动员起千军万马，直教他血流成河的。

按理说，面对这么令人振奋的梦，高阳公主应该全力以赴投身于这个大事业才对。她偏不，她极为执着，她还是要折腾大伯房遗直那点儿破事儿，她非得要把房遗直继承的爵位抢给自己的老公不可。为此，她使出了自认为可以一剑封喉的招数——亏她想得出——控告大伯房遗直对自己非礼。

这一下子，高阳公主大错特错！她算是把房遗直逼到了墙角里，逼得房遗直别无选择，只好对方哪儿痛就往哪儿捅了。于是，把弟弟房遗爱和高阳公主的事情一一抖搂出来。遂使一地鸡毛的烂事，演变成了一桩骇人听闻的谋反大案。

查办这个专案的最高负责人是长孙无忌，他很快就查出了房遗爱、薛万彻和李元景们的梦，遂使这谋反大案变成了一桩铁案。这时，直到这时，房遗爱这个公子哥儿蠢货才恍然大悟，知道害怕了。为了立功赎罪，他想出了一个非常卑鄙的主意：他对长孙无忌说，自己可以把吴王李恪拉扯进来，证明他才是这桩谋反大案的主谋，他希望用这个宝贵礼物，在长孙无忌那儿换取自己的性命。他很清楚长孙无忌和吴王李恪之间的过节，知道长孙无忌最想从自己手里得到什么。

就这样，文武全才、享有很高声望、李世民认为英武最像自己的三儿子吴王李恪，坐在自己家里，却成了这桩谋反大案的主人公之一。

大唐永徽四年春天，李世民死后第四年，房遗爱用卑鄙换来了通往地狱的通行证，和薛万彻等人一起被处死；高阳公主、荆王李元景、吴王李恪等人被赐自尽。

薛万彻临死时说："我薛万彻是响当当一条好汉，留下来为国家效死沙场不好吗？干吗为了一个房遗爱杀我？"

吴王李恪临死时高喊："长孙无忌窃弄威权，陷害忠良！宗社有灵，灭他全族不会太久！"（以上事见《资治通鉴》卷一九九，唐纪十五，高宗永徽三年、四年）

李恪一语成谶。

六年后，长孙无忌还真是差点儿被灭了族。当然，要灭他的不是李家宗社之灵，而是想要李家江山的武则天。此是后话，暂且打住。

上面谈到的七个儿子，都是李世民的庶子，既不是李世民的正妻所生，也不是出自一个母亲。如果说他们的命运还不够典型的话，太子李承乾、四子魏王李泰、九子晋王即后来的唐高宗李治三人，是李世民的嫡子，全部由贤德的长孙皇后所生的一母同胞，乃大唐皇家正统之所在。这哥儿仨的故事，应该足可以代表中国政治文化传统中，皇家子孙之正宗事迹了。

李承乾是李世民的嫡长子，生在承乾殿，所以就叫了这个名字。玄武门之变那年，承乾只有八岁，特别聪明机敏，李世民非常喜欢他，即位后，就把他立为太子。后来，李世民居丧期间，让承乾代替自己处理国政，发现他颇识大体。从此，凡是李世民不在京城外出巡幸时，都要他留守京师，处理国务。

有人认为，李承乾后来的行为变得不可思议，大概是在贞观七年前后开始的。按照当时人们的观念，这时的李承乾已经成年，可以娶妻生子了；按照今天的看法，十四五岁这个年龄，正是自以为无所不懂、无所不能，实则什么都半懂不懂、什么都半会不会、一切都似是而非的青春叛逆期。

和今天的孩子们一样，李承乾的叛逆也是从对异性和音乐的喜爱、追求上开始，因为缺少有效的纠错机制，而逐渐变得吊儿郎当、令人厌恶的。承乾害怕父亲知道自己的情形，于是，每次在公共场合或者处理政务时，他都会大谈仁义廉耻、忠孝之道，说到动情慷慨处，时常会声泪俱下。然，一回到自己的东宫，就立即关起门来，和一批宵小之辈厮混在一起。

在理论上讲，太子是未来的国君，太子成为皇帝是再顺理成章不过的事情。因此，皇帝为太子东宫配备的所有老师、大臣、僚属、管理人员，和太子之间都是君臣关系，有诸多礼仪制度和未来前景，界定了彼此的关系。

承乾聪明机智，每当东宫师傅、臣僚要向他进谏时，他都会事先就知道了他们想说什么，于是，每每正襟危坐，或一脸严肃，或万分痛心，或理直气壮地抢在他们前面，辩白，认错，或者从理论高度阐述自己的理由。在他高智商兼极好口才的滔滔雄辩之下，那些师傅臣僚们连按照礼仪制度拜谢、称颂都来不及，哪里还想得起来给未来的皇帝提意见？司马光说：宫省深密，外人不知，满朝文武几乎没有人知道承乾的真实情况，大家都以为自己未来的君主，是一位圣贤般的太子呢。

大约是为了追求与众不同、标新立异或是“酷”的感觉，承乾的另外一种表现，也和今日青春期不良少年很像：喜欢奇异的装扮和反主流、反传统的做派。

初唐与盛唐时期，中国号称世界帝国，正值南北朝之后各民族文化大融合之际。那时的人们，从心理到生理都很威武雄壮，既不需要说大话狠话给自己壮胆，也用不着拿什么假冒伪劣来为国争光；并且——如鲁迅先生所言，他们吃鸡肉时，并不害怕长出羽毛，令自己也变了鸡去。于是，从精神到物质，从吃喝拉撒衣食住行到宗教习俗文物制度，从音乐歌舞诗酒杂技语言文字到皮肤雪白眉目如画的胡姬胡女，什么好东西都敢拿来为自己所用。

从史书记载上看，唐高祖李渊和唐太宗李世民都很豪放爽朗，身为至高无上的皇帝却很少装模作样地端着，时常会在快乐的场合，或者率先弹起琵琶，跳起胡舞，或者邀众人一起跳将起来，尽欢而散；并不板着、端着，忸怩作态。是故，大唐帝国的首都长安充满了各种民族文化融合的美丽景象，用一句诗形容，叫作“冲天胡气透长安”。

用这样的视角回望过去，我们会发现，那李承乾所犯的错误实在是太小太小的了，给他几年时间和耐心，帮助他度过这段叛逆期，可能就“一切 OK”了。可惜，中国官场及其意识形态，除了道貌岸然的说教，就是假模假式的伪善，私底下则是毫无廉耻、你死我活的争夺。致使所有的结局，几乎都是以令人黯然神伤、不忍卒睹告终。

据说，李承乾很喜欢突厥语言、服饰与习俗。他挑选了一些类似中西亚地区少数民族相貌的人，模仿部落习俗，将他们每五人分为一落，每五落合为一部，然后，让大家把头发编成辫子，穿上老羊皮袄，假装在那儿放羊；他自己则制作了五面狼头纛和许多旌旗，设一座穹庐，自己住在里面，寻找着风吹草低见牛羊的感觉。

他制作了一个八尺直径的大铜炉和六隔大鼎，招募鸡鸣狗盗之徒去偷民间马牛，自己亲自宰杀烹煮，然后，和大家团团席地而坐，共食之。或者，让那些假扮的牧羊人，献出羊来，大家宰之烹之，抽出佩刀来割肉，互相喂着吃。大家没有什么尊卑贵贱，大碗喝酒，大块吃肉，想哭就哭，想笑就笑，想唱就唱，想跳就跳。去过草原牧区的人们会知道，那实在是一件非常快乐的事情。

承乾喜欢突厥习俗是全方位的。譬如，他会假扮成死去的可汗，僵卧在地上，让大家用突厥人的丧葬风俗来对待自己。按照这种习俗，可汗的亲人、朋友、部属必须骑在马上，大声号哭着围死者转七圈，再走近死者的身边，用刀子把自己的脸部和耳朵划破，号啕痛哭七次，让血、泪交流在一起，以表达自己真挚的伤痛和依恋。

史书记载说，这些程序一一完成后，良久，承乾缓缓翻身坐起，无限神往地说："有朝一日得到天下，我要率领数万骑兵到兰州以西去打猎；然后，散开头发做突厥人。要是能够成为阿史那思摩部下的一个高级将领，那才真算没有白活一场。"当时，阿史那思摩归顺了唐朝，被李世民任命为高级官员，并立为突厥人的首领。

承乾的作为可以理解成是恶作剧，可以看作是不成体统，唯独不能被说成是愚蠢。事实上，将他的举动，看成是反叛期中的年轻人，对官场及主流文化中虚伪、道貌岸然的反动与极度厌恶，倒可能更加贴近事实。

但有几件事情显然超出了青春反叛期的限度，让李承乾惹起了众怒。

当时，李世民为太子配备的老师、臣僚，都是最为德高望重的一时之选。有一位老先生多次批评劝谏李承乾。李承乾恨透了，竟然派出两个刺客准备杀掉他。不料，这两个刺客倒比派他们的人还懂道理。半夜，他们摸到老先生家里一看，名望、地位如此之高的老先生，竟然住在茅草房里，而且家中简朴得几乎家徒四壁。两个刺客无论如何不愿下手杀这样的人。

另外一位老先生的运气没有这么好。李承乾派去的人夜里在半路上截住了他，凶手用马球杆猛击老先生的头部，差一点儿就把他打死。

汉王李元昌是李世民的弟弟，也是一个不成器的东西，多次被李世民训斥，心里怨气不小。承乾和他的关系特别好。两个人经常在一起玩打仗游戏。他们把部下分成两拨，穿上铠甲，拿起竹制的长矛，真的布阵对打。凡是不认真作战者，就把他们绑在树上打，以至于有人被打死。承乾说："如果我当了皇帝，明天就在宫里设置万人营阵，那该多好！到那时，我想干吗就干吗，有谏阻我的，就杀掉他，杀他个几百人，大家就老实了。"至此，这李承乾差不多从一个反叛期青少年，转变成了一个彻头彻尾的恶少。一般说来，在中国，这种转变经常很容易完成，只要家中在权力或者金钱两方面拥有任何一项再加上无原则的溺爱就足够了。

让李世民对承乾感到失望的，可能是"称心事件"。

太常寺是国家最高礼乐部门，里面有一大批从事歌舞表演的文艺工作者，其中有一个少年男演员，长得很漂亮，且能歌善舞。李承乾对他非常着迷，"特加宠幸"，还给他起了个名字，叫作"称心"。两个人同吃同住，形影不离，成了标准的古代断背山。

古代这种事情很多，所以，古人能理解，也就很宽容，并不像今天这样大惊小怪，一般古书上所称相公癖，或者断袖癖的，大体即属此类。李世民却无法宽容，他知道后，极为恼怒，下令将称心处死，将承乾身边几个装神弄鬼的大师一并杀死，并用极为尖酸刻薄的语言，连挖苦带痛斥，把李承乾修理得体无完肤。

承乾遭遇重创，伤心兼怀念不已。他在东宫专门修建了一个房间，制成真人大小的称心雕像供奉在里面，雕像前摆着偶人车马，每天早晚祭奠，承乾常常一个人在里面徘徊流泪，并在自己的宫苑中，为称心修建陵墓，树碑立传，追赠给他官职。可见，这承乾是动了真情，且用情够深够专的。

承乾患过脚病，后来不良于行，走路很困难。对于一个大国君主来说，这显然是有碍观瞻、有损威仪的。历史上，经常有皇家子弟因为此类生理问题，而被排除在了最高权位候选人的考虑范围之外。如今，再加上承乾诸多失德的举动，遂令他的地位变得高度敏感微妙。而他的同胞弟弟李泰，则暗暗生出了取而代之的念头。

李泰是李世民的第四个儿子，从小喜欢读书，善于诗文。后来，李世民自己曾经说，确实非常喜爱这个儿子。所以，除了被封为魏王之外，还授任了一连串显赫的官职，比如扬州大都督、左武候、大都督、雍州牧、左武候大将军、鄜州大都督、遥领相州都督，等等。史书专门写了一笔说，每授予一个新官职，以前的老官职还仍然如故，由他兼任。

对于李泰来说，最重要的还不在于这些官职，而在于李世民允许他在魏王府中开设文学馆，随便他召引学士。这就不能不让人联想到玄武门之变，联想到秦王李世民开天策上将府、设置文学馆的往事，联想到民间称之为“登瀛洲”的、著名的十八学士。

李世民成功发动玄武门之变，与他的赫赫武功有关。李泰生活在和平时期，没有可能通过战争建功立业，却可以通过文化盛事来确立自己的地位。事实上，他也确实为中国文化贡献了一件相当漂亮的工作：修撰了到那时为止中国最好的综合地理著作《括地志》。这部大书共有五百五十卷，有极高的史料和学术价值。到南宋年间，在大唐的不肖子孙手中亡佚失传。即便如此，其零星片段仍然以非常高的频率被后人引用，留传到今天收集整理出来的，尚有十多万字。

贞观十二年，李泰的顾问告诉他：自古以来，贤王召集文化人著书立说，都会成为人间佳话、历史美谈。李泰欣然接受。李世民则欣然批准。于是，李泰开始组织修撰《括地志》。贞观十四年，李世民临幸李泰在延康坊的住所时，特赦雍州、长安两地死刑犯以下的罪犯，豁免延康坊居民当年的赋税，赏赐了李泰身边的几乎所有工作人员。这个举动相当不同寻常。

贞观十五年，《括地志》完成，李世民下诏秘阁收藏，赏赐李泰一万匹绢帛，参与修撰工作的人们也都受到奖励。有资料说，此时，李泰每个月得到的钱、帛、物料等超过了东宫的太子。李泰很胖，史书称其“腰腹洪大，趋拜艰难”，李世民特别下令允许他乘坐小车到朝堂。在当时，这是一项极为特殊的优待。史书强调说：“其宠异如此”，李泰“宠冠诸王”。

在中国官场，嗅觉灵敏是极要紧的基本生存技能。李泰身边很快就形成了一股不小的势力，有级别很高的人物为他奔走，使用珠宝结纳朝中重臣，散布李泰聪明，是最高权位合适的接班人，等等。这些消息传到李世民耳边，他“隐而不言”，并不追究。由此，围绕太子名位，李承乾、李泰兄弟二人暗中“各树朋党”，渐渐形成水火不容的局面。

称心事件发生后，承乾认为是李泰在背后使的坏，心中痛恨不已。有一次，他派人伪装成李泰身边的工作人员，给皇帝送去一封信。李世民打开一看，里面全都是揭发李泰的隐私和罪状。李世民下令，火速去抓那个投书人，那人已经不见踪影。当时，承乾尽管知道李世民对自己已经十分不满，但似乎并不特别买账，以身体欠佳为由，动不动就是几个月不上朝、不露面。同时，私下里养了刺客纥干承基等一百多个壮士，意图寻找机会杀掉李泰。

李世民杀过两个功臣，一个是张亮，一个是侯君集。

玄武门之变前，李世民曾经派遣张亮，携重金前往洛阳做防变准备，是李世民身边的重要骨干。后来，几位算命大师认为他的命贵不可言，被忽悠得找不着北，遂自己给自己挖了一个深坑，结果，被李世民处死。

侯君集很早就在李世民的秦王府工作，几乎参与了李世民所有重大事件，是名副其实的开国元勋，也是凌烟阁二十四功臣之一。高昌国就是他率军征服的，功劳很大。但是，平定高昌之后，他自己私吞了很多奇珍异宝，导致部下们成了一伙无人能够约束的、打家劫舍的强盗。结果，受到弹劾。后来，李世民认为他功劳大于过失而宽免了他。当时有人告诉李世民：侯君集自负而浮躁、志大而智小，早晚会出事。李世民不以为然。

侯君集的女婿是太子东宫的侍卫，太子知道侯君集因为高昌事件牢骚很大。于是，几次将侯君集请进东宫，向他请教自保之道。侯君集劝太子的话很含糊，但核心意思很明显，显然是鼓励太子，不妨也来一次玄武门之变。侯君集举起自己的手对太子说："这么好的一只手，该为太子殿下使用了。"他警告李承乾，当心重蹈隋文帝杨坚废黜太子杨勇的覆辙，要小心戒备。承乾深以为然，不停地在掌握实权的首都警卫部队中下功夫。

那位汉王李元昌也劝承乾当机立断，他的追求很明确："前些天，皇帝身边站着一个美人，琵琶弹得很好。事成之后，希望能够得到她。"史书记载说，承乾很痛快地答应了这个不算过分的请求。

中国历史上，房玄龄、杜如晦是一代名相的典范，房谋杜断是为千古佳话。如今，杜如晦的儿子杜荷加入到了承乾的阵营，他为承乾谋划兼决断的方案是：向皇帝报病危，皇上必会前来探视，届时，自然落入掌握之中。从这个方案看，杜荷对李世民颇为了解，这个方案可行的程度相当高。

然而——

恰在此时，齐王李祐莫名其妙地造起反来，使我们再也没有机会验证杜荷这个方案的可行性了。原因是，首先，李祐造反被平定的速度太快；其次，李祐把承乾部下的骨干纥干承基牵连了出来；最后，纥干承基为了活命，把承乾们的打算一股脑儿全都兜了出来。就此，承乾的玄武门之变还没有发动就流产了。

李世民把侯君集带到自己面前，对他说："我不想让那些刀笔吏侮辱你，我想亲自问问你，到底是怎么回事？"起初，侯君集不肯承认，后来，他的女婿出面对证，侯君集沉默了。李世民对重臣们说："君集是有功之人，我为他求个情，留条活命吧。"在场的人们全都认为不可。李世民对侯君集说："就此与君诀别，今后只能在凌烟阁上看你的画像了。"说完，泪流满面。史书记载说，侯君集"自投于地"，可能就是跳起来用头撞地的意思。当时，人们情绪到达极点、又没有办法纾解时，经常会使用这个动作。

李承乾获罪之后，魏王李泰每天进宫侍奉李世民，李世民答应将立他为太子。长孙无忌坚持认为，应该立晋王李治。李世民对大家说："昨天，青雀扑到我的怀里说：'我今天才真正做了陛下的儿子，就像再生之日一样。我有一个儿子，我死时将为陛下把他杀掉，把皇位传给晋王。'人谁不爱自己的孩子？我听他这么说，心里很疼他。"青雀是李泰的小名。

在这关键时刻，褚遂良站出来说了一番很激烈的话："皇帝您太离谱了。请您仔细想想，别一错再错。哪里可能有这种事情？您千秋万岁之后，魏王拥有天下，会杀掉儿子传位晋王？！过去，您既然已经立了太子，却又宠魏王，待遇甚至超过了太子，所以才造成今天的大祸。前事不远，足以为戒。您要是一定想立魏王，就必须先把晋王处置了，才不会再出事！"

李世民说："我做不到！"然后，哭着离去。

在这波诡云谲的时刻，聪明一世的李泰干了一件糊涂事，他对李治说："你和汉王李元昌的关系那么好，他出了这么大的事儿，你怎么跟没事儿人似的？"李治一听，吓坏了，以至于来到李世民面前后，很长时间还是一副魂不守舍的样子。李世民很奇怪，问他出什么事情了？他把李泰的话告诉了李世民。李世民愣住了，开始后悔答应立李泰为太子。

随后，李世民见到了李承乾。承乾对他说："我已经贵为太子，还有什么可求的？我是被李泰逼得没有办法了，才向人请教如何自保。仅此而已。现在您立李泰为太子，正好落进他的套儿里了。"这番话，可能对李世民的震动很大。后来，他将李治立为太子，并将"太子名位绝不可落入钻营者手中"，定为大唐皇家的祖宗家法，可能都与承乾的这番话大有干系。

事实上，这里已经碰到了中国政治文化传统的核心问题，而且是一个至今都没有找到解决之路的问题。应该说，李世民在他的时代做到这个样子，已经算是很了不起了。司马光评论说："唐太宗为了杜绝祸乱，不把天下名位授予自己喜爱的孩子，可见是一位有远见的政治家。"（以上事见《资治通鉴》卷一九六，唐纪十二，太宗贞观十六年；卷一九七，太宗贞观十七年。《旧唐书》卷七十六，列传第二十六，太宗诸子 恒山王李承乾、濮王李泰等）

李承乾被废黜后，迁到黔州居住，两年后死去，时年约二十七岁。李泰被贬为东莱郡王，迁到均州居住，九年后去世，时年约三十三岁。留有著作文集二十卷。

公元六四三年即贞观十七年四月，李世民立李治为太子。他的一个重要考虑是：如果立李泰，则李承乾和李治可能都会有危险；如果立李治，则李承乾和李泰都会比较安全，因为，李治虽然能力差一些，但心地仁爱厚道。

事实证明，李世民大错特错。他的这个决定几乎把他的兄弟、姐妹、子孙统统葬送干净；差一点儿就把大唐帝国也葬送掉。当然，这是后话。

不管怎么样，李世民的时代已经悄悄走向过去。